"当代经济学创新丛书"编委会

主 编 夏 斌

编 委（以姓氏笔画为序）

韦 森 田国强 白重恩 许成钢 杨瑞龙 姚 洋

National Economics Foundation
北京当代经济学基金会

当代经济学创新丛书
［全国优秀博士论文］

数据要素、数据隐私保护与经济增长

张龙天 著

上海三联书店

"当代经济学创新丛书"

由当代经济学基金会(NEF)资助出版

总　序

经济学说史上,曾获得诺贝尔经济学奖,被后人极为推崇的一些经济学"大家",其聪慧的初露、才华的表现,往往在其年轻时的博士论文中已频频闪现。例如,保罗·萨缪尔逊(Paul Samuelson)的《经济分析基础》,肯尼斯·阿罗(Kenneth Arrow)的《社会选择与个人价值》,冈纳·缪尔达尔(Gunnar Myrdal)的《价格形成和变化因素》,米尔顿·弗里德曼(Milton Friedman)的《独立职业活动的收入》,加里·贝克尔(Gary Becker)的《歧视经济学》以及约翰·纳什(John Nash)的《非合作博弈》,等等。就是这些当初作为青年学子在博士论文中开启的研究领域或方向,提出的思想观点和分析视角,往往成就了其人生一辈子研究经济学的轨迹,奠定了其在经济学说史上在此方面的首创经济学著作的地位,并为日后经济学术思想的进一步挖掘夯实了基础。

经济学科是如此,其他社会科学领域,包括自然科学也是如此。年轻时的刻苦学习与钻研,往往成为判断日后能否在学术上取得优异成就,能否对人类知识的创新包括经济科学的繁荣做出成就的极为重要的第一步。世界著名哲学家维特根斯坦博士论文《逻辑哲学导论》答辩中,围绕当时世界著名大哲学家罗素、摩尔、魏斯曼的现场答辩趣闻就是极其生动的一例。

世界正处于百年未遇的大变局。2008年霸权国家的金融危机,四十多年的中国增长之谜……传统的经济学遇到了太多太多的挑战。经济学需要反思、需要革命。我预测,在世界经济格局大变化和新科技革命风暴的催生下,今后五十年、一百年正是涌现经济学大师的年代。纵观经济思想史,历史上经济学大师的出现首先是时代的召唤。亚当·斯密、卡尔·马克思、约翰·梅纳德·凯恩斯的出现,正是反映了资本主义早期萌芽、发展中矛盾重重及陷入发展中危机的不同时代。除了时代环境的因素,经济学大师的出现,又有赖于自身学术志向的确立、学术规范的潜移默化、学术创新钻研精神的孜孜不倦,以及周围学术自由和学术争鸣氛围的支撑。

旨在"鼓励理论创新,繁荣经济科学"的当代经济学基金会,就是想为塑造、推动未来经济学大师的涌现起到一点推动作用,为繁荣中国经济科学做点事。围绕推动中国经济学理论创新开展的一系列公益活动中有一项是设立"当代经济学奖"和"全国经济学优秀博士论文奖"。"当代经济学创新丛书"是基于后者获奖的论文,经作者本人同意,由当代经济学基金会资助,陆续出版。

经济学博士论文作为年轻时学历教育、研究的成果,会存在这样和那样的不足或疏忽。但是,论文毕竟是作者历经了多少个日日夜夜,熬过了多少次灯光下的困意,时酸时辣,时苦时甜,努力拼搏的成果。仔细阅读这些论文,你会发现,不管是在经济学研究中对新问题的提出,新视角的寻找,还是在结合中国四十多年改革开放实践,对已有经济学理论模型的实证分析以及对经济模型假设条件调整、补充后的分析中,均闪现出对经济理论和分析技术的完善与创新。我相信,对其中有些年轻作者来说,博士论文恰恰是其成为未来经济学大师的基石,其路径依赖有可能就此开始。对繁荣中国经济理论而言,这些创新思考,对其他经济学研究者的研究有重要的启发。

年轻时代精力旺盛,想象丰富,是出灵感、搞科研的大好时光。出版这套丛书,我们由衷地希望在校的经济学硕博生,互相激励,刻苦钻研;希望志在经济学前沿研究的已毕业经济学硕博生,继续努力,勇攀高峰;希望这套丛书能成为经济科学研究领域里的"铺路石"、参考书;同时希望社会上有更多的有识之士一起来关心和爱护年轻经济学者的成长,在"一个需要理论而且一定能够产生理论的时代,在一个需要思想而且一定能够产生思想的时代",让我们共同努力,为在人类经济思想史上多留下点中国人的声音而奋斗。

夏　斌
当代经济学基金会创始理事长
初写于 2017 年 12 月,修改于 2021 年 4 月

目 录

图表目录

前　言

　　近年来，随着互联网、云计算、大数据、人工智能等新一代信息技术的快速发展，以及信息通信等基础设施的大规模建设和普及，各国数据量呈现出指数级爆发式增长，当今世界已进入一个由数据驱动的全球化数字经济新时代。而数据资源作为数字经济社会的底层基座和"新石油"，已然成为引领这一新时代发展的关键核心和重要生产力。2020年3月30日，由中共中央、国务院共同发布的《中共中央　国务院关于构建更加完善的要素市场化配置体制机制的意见》中明确指出，"数据"被纳入市场化配置改革的五大基础生产要素，与土地、劳动力、资本、技术等传统要素并列。这意味着，随着我国社会经济各领域数字化转型的全面推进，数据已逐渐成为能够类比土地和能源的新型生产要素和基础性战略资源，数据要素对其他要素生产效率和人均产出的影响正开始凸显。2022年第2期《求是》杂志刊发了习近平总书记的重要文章《不断做强做优做大我国数字经济》，将数字经济的发展提升到了统筹中华民族伟大复兴战略全局和世界百年未有之大变局的新高度。2022年12月19日，中共中央、国务院进一步发布了《中共中央　国务院关于构建数据基础制度更好发挥数据作用要素的意见》（即"数据20条"），从数据产权、流通交易、收益分配、安全治理四个方面为我国数字经济发展和数据要素基础制度的体系构建提供了主要方向。这一系列的论述和举措，都体现了国家层面对在以大数据、人工智能等技术为代表的"第四次工业革命"中取得领先地位和最终胜利的坚定决心和伟大信心。

数据要素是数字经济深入发展的核心引擎,蕴含着新的竞争优势。《"十四五"数字经济发展规划》指出,数字经济是新经济形态,是重组全球要素资源、重塑全球经济结构、改变全球竞争格局的关键力量。在数据要素的推动下,我国数字经济规模已经连续多年位居世界第二,成为引领全球数字经济创新的重要力量。作为世界人口大国、第二大经济体、全球最大货物贸易国、世界工厂、全球重要的产业链与供应链,我国拥有着非常丰裕的数据要素资源。根据国际数据公司希捷(Seagate)的一份报告,中国创造和复制的数据将以每年3%的速度增长,超过全球平均水平,并预测到2025年,中国产生的数据量将超过美国(Reinsel et al.,2018)。在新时期、新时代,我国应充分利用这些庞大的数据优势,抓住先机,充分发掘和释放数据要素价值、激活数据要素潜能,释放"数字红利",重塑中国经济的国际竞争力,加快构建内外双循环新格局,努力实现我国经济的高质量发展,从而率先在新一轮的国际分工和经济浪潮中占领全球价值链的制高点。

目前,针对数字经济以及数据要素的研究还处于初步探索的阶段,尤其是从宏观的、长期的角度看待数据要素尚未有一套完整的理论框架。针对这方面研究的不足,本书尝试将消费者产生的数据作为一种关键要素引入知识积累过程当中,并由此构建了一个全新的内生经济增长模型。在这个模型中,消费者的效用由最终品的消费及提供的数据量共同决定,受雇于生产部门或 R&D 部门,并且需要在提供数据带来的收益与数据被使用导致的潜在隐私侵害之间作出权衡。最终品生产厂商通过雇用劳动力和中间品在完全竞争的环境下生产。中间品生产厂商在进入市场之前首先使用劳动力和数据进行研发活动,取得成功之后即获得相应的专利权,并可在垄断的环境下生产。结果表明:(1)去中心化经济能够达到与社会最优情形相同的平衡增长路径（BGP）的增长率水平，并且在消费、技术水平等的 BGP 增长率为正的同时，数据提供量的 BGP 增长率为负；(2)虽然两种情形下的 BGP 增长率相同，但是与社会最优的分配相比，去中心化经济下的 R&D 部门仍然存在着劳动力雇用不足和数据使用过度的问题。这意味着，从长期来看，由于数据要素逐渐在创新部门积累、以知识的形式储存，并影响未来时期的创新效率，经济中的数据使用量会逐渐下降。由此，与数据使用相关的隐私问题将不再是影响消费者福利的重要问题。但需要注意的是，即使是在未来这样低数据使用量的经济中，也存在着由于创新部门的垄断所导致的效率损失问题，仍然需要由政府出台一系列相关政策以减轻这些扭曲造成的损失。

在进一步的扩展中，本书还考虑了数据的动态非竞争性对结果的影响。在允许不同进入时间的厂商之间的数据交易并考虑创造性破坏风险的条件下，得到了关于跨期数据交易行为的新结论：除非在创造性破坏发生的概率升高到了极端的情形下，去中心化经济中的在位者总是愿意出售多于社会最优水平的数据量给进入者的。除此之外，本书还从多个方面进行了深入讨论，例如，考虑当企业拥有数据产权时的情形、考虑消费水平对数据的使用效率有增强效果的情形，以及相关的政策含义。最后，本书还初步展示了一个重要的扩展模型：考虑由生产者直接产生的数据作为另一数据来源。这一新类型的数据不再受到隐私问题的制约，从而能够推动经济以新的模式增长。这一扩展模型是笔者目前正在不断推进和完善的研究之一，也势必在未来产生重要影响。

除了针对 BGP 情形的研究外，本书还采用数值分析的方法研究基准模型的社会计划者问题条件下在到达 BGP 之前的过渡态变化趋势，并得出结论：随着数据经济走向成熟，经济中数据的使用量会由快速增加至某个峰值之后逐渐减少，隐私保护问题也将由不断加重逐渐变得不再重要。

当然,在当前数据经济发展的初期阶段,我们仍然需要平衡好当下的隐私保护问题与长期经济增长之间的关系。在本书的末尾,还通过整理和比较欧洲、美国和中国在数据隐私保护和数据经济发展方面相关的证据,来对得到的结论进行初步的验证。

总之,本书为理解数字经济和数据要素提供了一个基础的理论性框架,从长期视角分析了这一新兴经济形式在未来的可能发展趋势,从而为我国对数字经济的长远规划提供扎实的理论基础。同时,本书的模型也可作为今后相关研究的重要参考框架,关于数字经济的长期理论,还有许多问题尚待发现和解决。而这也是笔者近年来研究工作的最主要目标。

本书的写作首先需要感谢谢丹夏和丛林两位老师,感谢两位老师教会了我如何作出世界前沿的经济学研究,在未来,我唯有继续努力,砥砺前行。还要感谢我在清华读博时的诸位同窗好友,是你们为我的博士生涯增添了许多色彩。其次,我要感谢领导和同事的帮助、鼓励和支持。中财国贸学院为我提供了优越的科研环境,帮助我尽快地适应了教职生活。我还要感谢中央财经大学统计与数学学院的常清博士(现为清华大学社会科学学院博士后),作为我从事教职之后第一个非正式指导的学生,我非常赞赏常博士对学术的追求和认真态度,在完善这本书的过程中也为我提供了很多帮助。最后,我还要感谢当代经济学基金会以及上海三联书店的各位老师对本书出版给予的大力支持,若没有你们的帮助和支持,这本书难以有机会不断丰富、完善并最终呈现在读者眼前。此外,我还要感谢我的家人对我一如既往的包容、支持和鼓励。

由于时间仓促,本书难免存在错误和缺陷,恳请读者们多提宝贵的意见。

第一章　绪论

第一节　问题的提出

当今的经济运行过程中正产生和使用越来越多的数据。数据作为一种新兴的生产要素,能够被用于生产创新性的产品或提升其他现有产品的生产效率。从古至今,人们一直都非常清楚数据在生产生活中占据的地位。从中国古代每个封建王朝建立之初都会对全国的人口、耕地等进行统计和丈量,到近现代世界各国越来越关注经济运行中的各项指标,无一不在体现着数据对人类发展的重要性。近年来,随着经济体中积累的数据量日益庞大,并且能够迅速处理这些体量的数据的软硬件得到快速发展,IT产业中的大数据技术正逐步显现出其对实现经济持续增长的重要性。

作为经济学概念的数据经济是指人们通过大数据技术对大量的信息进行快速收集和处理,并能从中得到许多从前不容易观察到的规律和结论,从而实现资源的快速优化配置、实现经济高质量发展的经济形态。徐晋(2014)对大数据经济学这一概念给出了定义:"大数据经济学侧重于分析网络时代大数据现象的产生、组织和运动,并研究数据对传统经济影响以及社会经济全息化重构模式的新经济学科。"在更广泛的概念中,数据经济以及大数据经济对比于常常被提到的数字经济,是一个相对聚焦的概念,前者更加集中于一些高度依赖数据驱动发展的产业,如自动驾驶汽车、人工智能产业等;而后者则包括了所有与数字化、虚拟化有关的产业,如网络通信技术等。在国内相关的研究与报道当中,更多见到的是"数字经济"而鲜见"数据经济"的概念,更多地去关注由数字化对人们生活所带来的一系列新的变化。因此,为分析的方便,在本书接下来的内容中,均不再对数字经济、数据经济以及大数据经济等概念作过多的区分,而是混用在一起共同表示一大类数据在其中扮演重要角色的经济形式①。

目前,数据经济的发展依旧保持着非常强势的劲头。针对这一新兴的经济现象所催生出的新的经济组织形式,人们该如何去理解其在长期经济增长中所带来的影响呢?现有的研究中,虽然对于信息交换的过程等问题已经有了比较全面的论述,但将数据本身作为推动经济增长的一种要素,还没有太多的研究者进行过尝试。例如,对数据利用的深化必然会带来有关个人隐私保护的相关讨论,人们将如何权衡各方面的利弊?另外,数据影响经济增长的方式可能存在很多种,不同的参与方式则对应不同组织形式的产业,那么这些不同将会对经济增长模型产生哪些不同的影响?最后,从世界各国的实践出发,目前有哪些经验是值得我国的政策制定者借鉴的?如果能够比较全面地对数据这一新的变化进行分析,并对发展趋势给出一些初步的预测,则能够加深人们对于这一新现象的认识,并有可能为未来发展的新变化提前作好一些相应的准备。

在目前这样的时代背景之下,对数据经济这一新兴经济形式进行一些基础性的框架研究显得非常有必要。具体来说,本书将致力于构建一个加入了数据作为影响经济运行的关键要素之一的增长模型,并围绕上述的一系列问题展开,重点关注在数据经济当中常常被提起的隐私保护问题,通过在基准模型之上构建更多的扩展模型以更好地解释不同的经济现象,并寻找相应的实证证据以支持本书的观点。本书旨在为目前快速发展的数据经济提供一个长期范围内的研究视角,以期对相应的政策制定提供理论参考,更进一步地,期望能够为经济增长这一领域的研究进展作出贡献。

---

① 受限于数据经济这一形式尚属于较新的概念,相关的研究还比较缺乏,因此在本书的许多地方,我们会用数字经济的相关事实来代替数据经济进行说明。尽管这两种经济形式不完全相同,但可以肯定的一点是,这两种经济有着非常强的相关性。

第二节 研究背景及意义

一、研究背景

由数字经济伴随产生的一系列新技术正重新定义着社会管理与国家决策、企业管理决策、商业组织运作以及个人决策等方方面面的形式与流程。2020年3月30日,由中共中央、国务院共同发布的《中共中央 国务院关于构建更加完善的要素市场化配置体制机制的意见》中更是明确指出,"数据"被纳入市场化配置改革的五大基础生产要素,与土地、劳动力、资本、技术等传统要素并列①。这一举措体现了中央领导层对在以大数据、人工智能等技术为代表的"第四次工业革命"中取得领先地位的决心和信心。而要想实现这一目标,加深对"数据"这一概念的理解是最基础的。目前在各类场合被经常提起的两个概念——5G和人工智能,都是数字经济的双引擎驱动力量,但其最底层逻辑仍然是数据。

数据区别于土地、资本等其他传统的生产要素,本质上有着很大的差别。数据的使用不具有竞争性,数据不存在稀缺性,以及数据的价值会很快地衰减。数据具有非竞争性是因为数据在被使用之后通常不会影响其被用在其他地方,或被其他人所使用。并且,数据来源于人的本身,是人在多个维度上的体现,而随着技术水平的不断提高,数据收集的方法会不断更新迭代,也就有了几乎可以说是"取之不尽、用之不竭"的数据。但是,数据的价值本身又具有非常强的时效性②。当然,被用于不同用途的数据,其价值衰减的速度也会不尽相同。正

---

① 在这个指导意见的第六条中明确写道:推进政府数据开放共享、提升社会数据资源价值,以及加强数据资源整合和安全保护。这三条意见的背后都与本书的研究主题息息相关。

② 在一些研究和新闻中,我们还可以看到一个新的趋势,即有一部分的数据不再来自人本身,而是来自生产过程。例如,工业物联网大数据,即将世界上各种机器、设备组、设施和系统网络,与先进的传感器、控制和软件应用程序相连接形成一个大型网络,像核磁共振成像仪、飞机发动机、电动车,甚至发电厂等工业生产中的重要组成部分,都可以（转下页）

是因为数据的这些性质,会深刻地改变全世界的生产模式和格局,同时也为人们带来诸多的便利和经济上的效益。数据的大规模利用离不开大数据技术,这项技术的广泛应用为经济运行中的各个领域节省了非常庞大的开支。麦肯锡公司在一份报告中预测,大数据技术的运用能够为欧洲节约超过 1 000 亿欧元的企业运营成本,以及为美国减少 8% 或 3 000 亿美元的医疗支出(Manyika et al.,2011)。除此之外,随着数据的收集和分析技术的不断进步和完善,这一新兴工具还会在传统的医疗护理领域掀起一场新的革命。病人们将不再需要采用传统的一对一咨询的方式而是通过计算机进行检验和诊断。这种方式通过处理大量病人的数据并将具有相似症状和基因背景的病人相关联起来,并且,这样通常比医生的诊断更有效率,也更容易理解。大数据技术在医学领域的应用同样能够为专业医生节省大量的时间和精力,可以将省下的时间用于攻关那些复杂的疾病(Tirole,2017)。

然而,尽管大数据技术能够为我们的生活带来如此多的方便,一些潜在的问题也同样需要我们去关注。博伊德和克劳福德(Boyd and Crawford,2012)提道:"正如其他的社会性技术现象一样,大数据技术既能带来乌托邦,也能带来反乌托邦的结果。"一方面,数据以及大数据技术能够作为解决一系列诸如精准销售和高效医疗等社会问题的工具,减少了信息收集过程中的无谓耗费。而另一方面,在大数据时代,如果我们无法有效地防止其被滥用,我们的个人信息将会非常容易地受到侵害,这将导致公民权利和个人自由的损害。目前,许多国家已经逐渐意识到采用大数据技术带来的副作用,并开始着手制定法律来防止产生潜在的危害。2018 年 5 月 25 日,欧盟通过了《通用数据保护条例》(*General Data Protection Regulation*,GDPR)。这一新法律因其管辖范围之

(接上页)连接到工业物联网中。通过网络互联与大数据分析技术相结合进行合理决策,从而能更有效地发挥出各机器的潜能,提高生产力。在这一过程中同样会产生海量的数据,而这些数据则与个人本身的关系将不再那么紧密。在本书的第七章,我们会对这一新的经济形式进行一些初步的探讨。

广、处罚力度之严重,被认为是有史以来用于规范个人信息使用的最严格的法律(Malgieri and Custers,2018)。在我国,关于数据使用和个人隐私侵害之间的矛盾也同样不容小觑。笔者从中国信息通信研究院的年度报告《中国数字经济发展与就业白皮书》中找到了该机构对中国数字经济总体规模的估计,并从中国裁判文书网的数据库中整理出历年与个人数据泄露造成隐私侵害相关的案件(区分民事案件与刑事案件两种类型)并加以统计,如图 1-1 所示。由此图可以看出,在中国的数字经济经历高速发展和扩张的同时,与个人数据滥用及隐私侵犯相关联的法律案件数量也在同步上涨,尤其是刑事案件的数量。国家互联网应急中心发布的《2019 年上半年我国互联网网络安全态势》指出,每款App 应用平均收集 20 项个人信息,大量 App 存在监测用户对其他 App 软件的使用,或是读取写入用户设备文件等一系列的异常行为,对用户的个人信息安全造成潜在安全威胁。2016 年由中国青年政治学院互联网法治研究中心发布的《中国个人信息安全和隐私保护报告》中也对当前的公民隐私问题提出了立

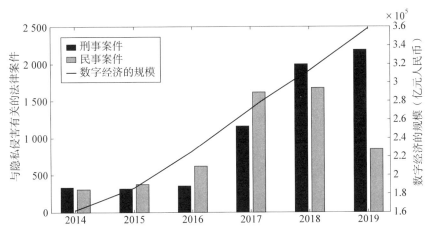

图 1-1　中国数字经济的规模及与个人隐私泄露相关的法律案件数量变化趋势（2014—2019）

数据来源:中国信息通信研究院、中国裁判文书网。

法方面的迫切需求。在对个人信息保护的立法方面,中国政府也在不断加快步伐。2019 年 10 月,全国人大常委会法工委公布了《个人信息保护法》(专家建议稿),这部法律以"两头强化、三方平衡"理论为基础理念,通过强化个人敏感信息保护和强化个人一般信息利用,实现信息主体、信息业者、国家机关三方主体之间的利益平衡。该部法律已于 2021 年 11 月 1 日起施行。

数字经济在我国的快速发展与广泛应用,对于近年来我国不断保持强劲的增长势头、成功跻身世界第二大经济体的发展进程而言具有非常重要的意义。在 21 世纪的第二个十年里,以数字金融为代表的中国数字经济经历了快速发展,涌现出了以支付宝、微信支付为代表的新兴支付手段,深刻地改变了人们的生活和理财习惯。这一变化极大地改善了一般民众对金融服务的可得性和便利性,尤其是对于那些在传统的金融市场中难以获得及时有效帮助的人群而言,具有更为重要的意义。通过采用大数据技术的评价和分析手段,能够有效而准确地判断出个人的还款能力和信用程度,实现了真正的无抵押小额贷款,极大地缓解了众多小企业主的资金来源难题,同时还加快了资金的流动速度、扩大了消费的总体需求。立足机会平等要求和商业可持续原则,以可负担的成本为有金融服务需求的社会各阶层和群体提供适当、有效的金融服务,即普惠金融(Inclusive Finance)发展的要求和目标,对于我国持续减贫、实现全面小康事业都是不可或缺的一环。世界银行一直以来都非常关注世界各国的普惠金融发展情况,并主导过一系列针对这一领域的调查活动,拥有比较丰富和全面的数据库。与欧美发达国家主要采用信用卡作为支付手段所不同的是,我国的支付手段发展几乎跳过了这一阶段而直接进入了移动支付的时代。其原因主要在我国很大一部分人群并不具有足够征信条件来获得这一类金融服务,而以移动支付为主要手段的普惠金融的推广和实施,则能够让人们在日常的购物、生活费用缴纳等活动中积累信用,获得相应的金融服务(张勋等,2019)。移动支付不同于相对较早的信用卡支付手段,而是依托于新兴的大数据技术以及数据大量收集变得可行而实现的,为我们的生活带来了全新的变革与诸多的便利。如何更好地把握和利用好这样的新兴技术，也成为各个研究领域所重点关注的话题。此外，基于这一类新兴的支付手段，还产生了一种新的经济形式——通证经济（Tokenomics），目前也成为相关研究中的一大热点（徐明星等，2019；Sunyaev et al.，2021）。

二、研究意义

关于大数据技术与经济发展关系的问题，学术界有着截然不同的两种观点。一方认为，大数据技术的发展和推广，会在发达与贫困地区之间、高低收入人群之间，造成更加难以逾越的数字鸿沟（digital divide）；另一方则认为，大数据技术可以带来丰厚的数字红利（digital dividends）（邱泽奇等，2016；许竹青等，2013）。这虽然属于学术讨论的范畴，但是否应当以及如何把大数据技术应用到促进经济发展当中，却是非常重要的政策问题。现有关于数字鸿沟或数字红利的研究通常从较宽泛的层面出发，往往缺乏必要的结构化经济学理论模型作为分析的基础，因而难以揭示大数据技术对促进经济发展作用的关键性机制和原理。鉴于此，本书将主要从宏观经济增长理论模型构建和经验检验两方面，对以大数据技术为主要载体的数字经济形式进行深入研究和探讨。特别地，本书将重点关注在数字经济这一新兴经济形式的运行过程中公民个人隐私保护等相关领域的问题，以期对数字经济未来发展的政策方向提供合理的建议。具体来说，本书对目前相关领域的发展主要有以下两点理论和现实的意义。

第一，通过构建以数据为核心的新形式的经济增长模型，为实现对这一新兴经济形式的长期趋势判断提供重要的理论框架与决策参考。从经济学这一学科诞生之初，经济增长这一领域由于其直接关系到国家的长期发展和策略选择，一直都是宏观经济学甚至是整个经济学学科中非常重要的研究领域。因在内生增长模型中的开创性贡献，2018 年的诺贝尔经济学奖授予了保尔·罗默（Paul Romer）等人，再一次将经济增长问题的重要性提升到了一个新的高度。在大数据技术日益成熟的今天，数据作为要素直接或间接地参与生产活动，促进生产力的发展已经是一个不可忽视的新变化。针对这样的新现象,需要有一个完整的增长理论框架去对数据在其中发挥的作用进行描述,并作出一些合理的预测。目前在国际上,仅有极少的几篇论文从这一角度出发进行了研究,因此,仍有许多重要的工作值得我们去探索。

第二,以移动支付为代表的普惠金融服务在推广和实施的过程中,同样也会遇到与公民个人隐私保护相关的各类问题,通过对世界各主要国家有关数据和资料进行收集整理和分析,能够为我国数据经济的发展提供重要的参考,也为在这一过程中产生的与隐私相关的冲突提供必要的启示。目前,世界各国正逐渐意识到个人隐私的重要性,纷纷立法明确个人信息的产权及保护措施。我国在这一方面的法律也正处于起步的摸索阶段,仍有许多实施细节尚待明确,需要在法律和政策实践中逐步完善。为了更好地保护我国公民个人隐私不受侵犯,同时又需要兼顾数据经济相关领域的发展,需要在别国的理论与实践的基础之上,探索出最适合我国国情的政策路径。

总而言之,以大数据技术为核心推动力的数据经济发展,以及在这一过程中涉及的公民个人隐私保护问题是现阶段我国经济发展的重要战略方向中所遇到的重要议题。通过本书的深入探讨,我们将为理解这一新经济现象的产生和发展趋势提供可靠的理论模型框架,并通过收集一些初步实证证据梳理目前的发展态势,这具有重要的理论和现实意义。

第三节　研究内容及方法

一、研究内容

本书的所有研究都将从一个加入了数据作为新的关键要素的经济增长模型出发,主要从理论分析的角度探讨数据在当今新兴的数据经济形式中所扮演的各类重要角色,尤其是这一经济形式在长期中的发展趋势。本书将要展示的是一个研究数据经济这一新兴经济形式的基础研究框架,并从个人数据隐私保护的角度基于这一框架所得到的一些基本结论进行分析。具体来说,本书主要包含有以下三方面内容。

第一,基准模型及其扩展。本书的所有研究都将从一个数据经济的基准模型出发。在这个基准模型中,我们假设数据直接产生于消费者自身的活动,通过出售给进行创新活动的中间品生产厂商为消费者获得一定的额外收益,而这份收益是用于补偿由于个人数据被使用而造成的潜在隐私泄露风险的。通过对这一基准模型的求解,我们发现了一些关于在这样的经济形式中数据使用方面的无效率情形,并基于此进行了一些政策讨论。此外,在这个基准模型的基础上,我们又构建了若干个扩展模型以进一步地研究这一新的模型,主要有以下几个方面:放松基准模型中数据无法积累的假设、讨论数据具有非竞争性且可在企业之间进行交易的情形、数据的不同所有权属带来的不同结论、消费水平对数据使用效率可能的增强效果,以及关于去中心化经济如何能够接近社会最优分配状态的政策讨论。除了对长期趋势进行讨论之外,我们还通过数值分析的方法研究了经济在达到稳态之前的过渡状态的变化趋势,也同样得到了一些有现实意义的结果。本部分内容对应于本书的第四章至第六章。

第二,不同来源的数据。除了基准模型以及由此出发得到的一系列扩展模型之外,本书还初步地对另一新兴的经济形式进行了讨论,即来源于生产过程的数据。与基准模型的设定所大不相同的是,本部分除了保留原有关于由消费者直接产生的数据相关的一些设定之外,还添加了一种新的数据来源形式——直接产生于最终品的生产过程,作为最终品生产的副产品出现。这一新的数据种类最大的不同是,对这些数据的使用并不会造成对公民个人隐私的侵害。由此,在两类数据不同的组合方式的条件下,我们得到了一些与基准模型有本质区别的结论,并且,从政策意义上来说与原先的结论相比更加重要。本部分内容对应于本书的第七章。

第三,从现实的案例中寻找对模型结论的佐证。由于目前数据经济尚处于发展的初期,相关的统计数据还非常地不全面,因此我们只能从一些碎片化的数据中寻找想要的信息。具体来说,我们主要关注欧洲、美国和中国在公民个人数据隐私保护的立法和司法实践方面的成果,以及这三个重要经济体的数据经济发展态势。本部分仅仅提供了一些初步的统计数据分析,而没有进行更加深入的实证检验。相信在不久的将来,当这方面的数据足够完备时,便可进一步地对我们的结论进行实证检验。本部分内容对应于本书第三章和第八章。

二、研究方法

基于上述的研究内容,鉴于目前相关数据的可得性问题,本书主要采用的是理论建模的方法,再辅以少量的经验证据作为模型主要结论的一些佐证。具体来说,本书所用到的研究方法主要有以下三类。

第一,基于内生经济增长模型框架的理论分析和扩展。内生增长模型理论最早由罗默(Romer,1990)提出,后由琼斯(Jones,1995)将其改进得更适于解释经济增长的现实。本书所采用的模型框架,即是源于后者的建模思想,并在此基础上添加了数据作为研发过程中除了传统文献中所假设的劳动力之外的另一关键要素。琼斯和托内蒂(Jones and Tonetti,2020)同样构建了一个关于数据经济的模型,但他们将数据设定为中间品,直接作用于最终产品的生产上了。本书所提出的模型与他们的相比,是将数据置于一个更基础的位置,在后面的论述中也会提到,本书的模型也能用于解释更广范围内的产业中所发生的事情。

第二,采用数值分析的方法对基准模型到达稳态之前的过渡态的动态变化进行分析。除了通过理论推导得到基准模型以及一系列扩展模型在长期趋向于稳态之后的增长状态以外,我们还关心的是数据经济发展的初期以及到达稳态之前的变化趋势,而这样的分析对于理解当今世界的数据经济发展态势有重要的现实意义。通过分析,我们发现了隐私保护的不同力度对数据经济发展初期的影响,而这些不同,实际上也会对长期造成一定的影响。

第三,通过收集和整理相关数据进行一些初步的统计描述。限于数据的可得性,本书在有关于与现实的联系的内容方面仅能给出一些初步的统计描述,如柱状图、饼图等形式。除此之外,本书还收集了一些隐私保护的典型案例加以分析,以求更加完整地展示隐私保护与数据经济发展之间的联系。

第四节　研究结构及框架

本书的研究框架如图 1-2 所示,以基于加入了数据作为研发活动的关键要素的内生增长模型为基准展开,共分为九章。每章之间逐层递进,联系紧密,具体结构安排如下。

第一章是绪论,介绍本书的研究背景及意义、研究内容及方法、创新及不足之处,为接下来几章的研究内容展开起到提纲挈领的作用。

第二章是文献综述,按照时间线的脉络梳理了关于信息以及数据的各类研究,以及经济增长理论的发展,为接下来几章的研究提供参考和借鉴。

第三章提供了一些基本事实和初步的讨论,主要通过对欧洲、美国和中国在数据隐私保护方面的相关立法,初步地从法学的角度讨论了数据隐私保护的制度建设、数据权属分配,以及数据分享和流动的问题,为接下来几章所展示的各类模型提供现实基础。

第四章展示了本书的基准模型。在这个模型中,数据产生于消费者的消费活动。我们分别分析了去中心化经济和社会计划者问题的结果,并对这两种情形进行了一些对比。这一章是整本书内容的基础。

第五章提供了各类基于基准模型的扩展模型,其中包括数据的长期积累、数据的非竞争性、数据的权属、消费对数据使用的增强效应,以及一些政策含义。这一章进一步丰富了全书的内容,为我们进一步理解数据经济提供了重要参考。

第六章采用数值分析的方法提供了对过渡态动力学的分析。正如前文所述,对于过渡态的分析对我们理解数据经济的运行模型同样重要。这一章为基准模型起到了补充说明的作用。

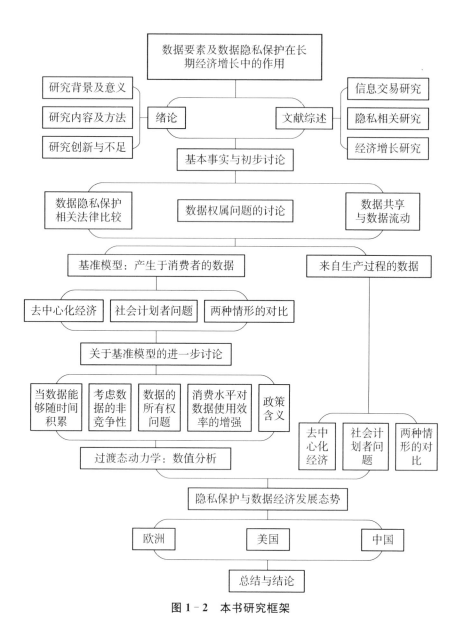

图 1-2　本书研究框架

　　第七章相对独立于前面几章,或者说应该与第四章处于同等的地位。在这一章中,我们在原先的设定之上,加入了来自生产过程的数据,整个经济系统由此发生了本质的改变。这一章仅仅是作为一个新的研究分支进行了一些初步的探讨,同样也是对基准模型起到补充的作用。

第八章从现实出发,收集和整理了来自欧洲、美国和中国在数据隐私保护和数据经济发展态势方面的相关证据,以佐证我们在前面几章中得到的一些结论。这一章为本书提供了一些现实的落脚点,也在一定程度上起到了总结全文的作用。

最后,第九章是结论、启示与展望,对全书的研究进行总结,并探讨本书对数据经济发展相关政策制定的指导意义,也为未来在该领域的进一步研究提供一些可能的思路。

第五节　研究创新与不足之处

从最初的"信息"到现在广泛见于各类研究中的"数据",这一概念历经发展,在当今的经济运行中逐渐扮演着越来越重要的作用。正如在接下来的文献综述中我们还会提到的,目前关于数据的各类研究,大多数仍停留在对数据交易过程以及在这之中所产生的一系列隐私相关问题的微观机制进行研究,而缺乏从一个宏观的视角来刻画出数据对于经济长期增长的影响。本书所做的工作,与发表于《美国经济评论》(*American Economic Review*,AER)上的琼斯和托内蒂(2020)及法布迪和维尔德坎普(Farboodi and Veldkamp,2020)两篇重要文章一道,为将数据引入到宏观经济理论领域作出了重要的贡献。具体来说,我们可以从经济运行机制、结论的形式,以及研究的视角三个方面阐述本书的创新之处。

首先,从揭示出的几种新的经济运行机制来看,本书的研究相比于前文所提的两篇发表于 AER 上的文章有很大的不同,揭示出了更多关于数据经济的运行机制。例如,这两篇文章都基于同一个假设,即数据是作为中间品由消费者的消费行为伴随产生,并直接地作用于最终品生产的。在这两篇文章中,作者们明确地说明了他们的模型仅能用于解释如自动驾驶汽车以及某些金融产品等少数几个"数据密集型"的领域。与之相对地,我们的研究将数据设定为研发过程所需求的要素,而生产领域仍保持着与传统模型类似的机制。这样设定的优势在于我们能够将模型用于解释更加广泛的生产领域,因为在研发过程中所使用的数据可以一般化地视为一些从消费者处收集的用户数据,而产生的中间品则可以视为某项新的研究成果或产品改进。这样不同的设定,也会为我们带来不一样的结论,将在接下来的几章中详细讨论。

其次,从我们得到的一些结论来看,可以发现许多不同于以往的经济运行模式。例如,琼斯和托内蒂(2020)的一个主要结论是,因为数据非竞争性性质的存在,当数据由企业拥有时,会倾向于使用高于社会最优水平的量;而在数据由消费者拥有时,则会倾向于使用低于该水平的量。然而,在我们的模型中,由于我们将数据置于一个更加基础和更加重要的位置,我们发现,此时即使数据由消费者所有,也同样会倾向于使用高于社会最优水平的量,由此引出了关于是否应该限制数据使用的一系列政策制定方面的问题。除此之外,在第七章给出的来自生产过程的数据模型中,我们还发现了在这样的模型设定下,由于有生产者数据的存在,提升消费者数据的使用量相比于基准模型有了加成的效应,从而得到了相比于第四章中所研究的模型的增长率更高的水平。这一结论在基于琼斯(1995)的框架所建立的模型中是非常特别的,并且从政策的角度来说,这样的结论能够大幅提升相关政策可能带来的收益,是非常值得进行深入探讨的。

最后,从研究的视角来看,本书主要关注数据经济发展中的个人数据隐私保护问题,区别于其他两篇文章,也开辟了这一话题在经济增长理论中的相关讨论。本书的研究通篇都关注,在数据经济的运行过程中,由消费者所产生的数据使用量会如何发生变化,而这一变量则直接关系到消费者的个人隐私受到侵害的风险。数据隐私问题是目前大家广泛关注的一大问题,从长期的角度进行分析,具有非常重要的现实意义。

　　尽管本书有以上三点重要的创新之处,但从目前的研究进展来说,仍存在一些方面的不足。具体来说,主要有以下两点。第一,本书主要以理论建模为主,在实证方面的工作相对来说较少。限于目前数据的可得性,本书主要从理论出发,对目前数据经济运行的一些典型现象进行抽象化,从而通过建立理论模型进行解释和预测。而在实证检验方面,本书仅提供了一些碎片化的初步证据。在未来的研究中,笔者还将持续关注这一领域的最新进展,努力收集更多的相关数据,以期能够更加严谨地验证目前研究中所得到的结论。

　　第二,本书的理论模型部分多是关注于在长期趋于稳态之后的经济运行状态,而无法很好地描述经济在发展初期及到达稳态之前的变化模式。尽管在第六章中,我们给出了一些过渡态动力学的分析,但这也仅仅是基于基准模型的社会计划者问题得出的。如果将模型再稍微复杂化一些,由于受目前数学工具所限,不能很好地分析其过渡态动力学。尽管就目前来说,仅分析基准模型的社会计划者问题已经可以得到具有足够理论和现实意义的结论了,但对于某些扩展模型的过渡态动力学研究仍具有比较重要的意义。在未来的研究中,笔者还将继续致力于这方面的研究,寻找合适的方法解决这一问题。

第二章 文献综述

本章主要梳理和总结与本书相关的国内外重要研究。首先,我们需要对本书涉及的几个重要概念进行详细说明。然后,本章将按早期和 2020 年前后两段时间发展的顺序对与数据相关的理论和实证研究进行详细叙述。除此之外,由于本书将有一大部分篇幅致力于构建数据作为一大要素的经济增长模型,故本章还将对经济增长理论的产生和发展进行论述。

第一节 重要概念的区分

在开始讨论这一新兴经济形式之前,我们有必要首先厘清两组重要的概念:想法(idea)、信息(information)、数据(data),以及数据要素(data factor)、数据隐私(data privacy)、数据经济(data economy)。前一组概念主要基于数据产生的来源这一分析视角,需要阐明"数据"这一目前人们热烈讨论的概念的"来龙";而后一组概念则主要基于由"数据"成为影响经济发展的关键因素之后,所催生出的一系列新的研究主题,也就是"数据"这一概念的"去脉"。在以下的两小节中,本章将分别阐述这两组概念之间的关系,以期让读者在正式进入本书的研究之前对这些相关的概念有清晰的认识。

一、想法、信息与数据

在罗默(1990)的研究中,想法被定义为一系列用于生产经济产品的说明,以信息的形式存在,通常还包含其他相关的想法。类似地,阿克兹吉特等(Akcigit et al., 2016)也在文章中提到,新的想法是经济增长的源泉,生活标准能否得到提升取决于人们将新想法转换成用于消费的产品或生产流程的效率。

关于想法的研究，还包括布鲁姆等（Bloom et al.，2020），作者们从实证的角度研究了各个领域内由想法推动技术创新的发展历程。但是，考虑现今的经济组织形式，本书认为"想法"应是某种更加抽象的概念，应当被认为是新产品种类的原型，而"信息"则应被定义为用于描述和实现新产品的更具体的形式。然而，信息的定义依然太抽象了。例如，我们无法确认一条信息是否有商业价值，并且更重要的是，我们无法准确有效地度量出信息的量。而数据作为信息的载体，则能够很好地解决这一问题。信息能够以各种不同的数据形式被储存下来，如文字、图像和声音等。并且，数据可以通过被拆分为有限单位的字节而被准确度量。因此，它能够很容易地被打包成数据集甚至数据库以进行交易。最后，当我们说起大数据技术时，正如前文所述，我们通常认为这是旨在处理体量日益庞大的数据的一系列新兴技术手段。这些技术仅仅在当今这个计算能力极大加强、网络传输速度极大提升、信息收集效率极大提高的时代才会被需求。可以说，数据量的日益膨胀催生了对高效处理这些庞大数据的技术需求，而大数据技术的产生和广泛应用又造就了当今这个数据量以几何级数形式增长的时代。

为了进一步说明以上几个概念间的差别，我们来考虑一个现实世界中的例子，比如虚拟现实（Virtual Reality，VR）技术的发展。VR 是指与现实世界相似或完全与现实不同的模拟体验①。20 世纪 50 年代，当 VR 首次在一部名为《皮格马利翁的眼镜》（*Pygmalion's Spectacles*）的科幻小说中被提出时，这项技术仅仅是一种想象，是一种纯粹的想法。到了 20 世纪 70 年代，有人发明了 VR 设备的原型机，笔者认为此时 VR 开始由仅仅是一个模糊的想法转变成为现实。VR 技术的演进和迭代就好比是数据处理算法的演进历史。为了使用户沉浸感更佳、感觉更像是在现实中游玩一样，对 VR 设备的开发在试图模拟现

---

① 此处关于 VR 的定义来自维基百科。关于 VR 技术的详细介绍，可参见中国信息通信研究院与华为技术有限公司联合编写的《中国虚拟现实应用状况白皮书（2018 年）》。

实世界之前首先需要收集足够量的信息。这些信息可以是各方各面的,如空气流动、光照、温度等,它们需要被转换为不同的数据集合。在这种情形下,只有最有价值的数据集才会被保留。有时候,人们还需要"创造"虚拟人。这需要收集并分析一个现实中的人的行为并尝试还原一些主要的特征。所有的这些都需要大量的数据以及相应的能够整合和处理这些数据的技术。随着如今大数据技术的不断成熟,VR技术也变得越来越接近于当初小说中的描述了。除了VR技术以外,近几年出现的许多新兴技术都离不开大数据技术的有力支持。

琼斯和托内蒂(2020)在他们的文章中所提到的特斯拉自动驾驶汽车也是其中一个典型的例子。在这篇文章中,他们将一辆自动驾驶汽车的制造过程视为实质上是一个机器学习的算法,即从各类如照相机、雷达、GPS等的传感器得到的数据中通过一系列的非线性回归得出一个专业的驾驶员在特定情形下的最优反应。在这个例子中,数据就是从传感器中得到的读数以及专业驾驶员的行为,而想法则仅是使用数据来估计非线性回归模型参数以进行预测的规则。相比于此文中对于几个重要概念的定义,本书更偏向于从大数据技术在其中的实际应用角度出发,更强调大数据技术在整合大量数据中的重要性,因此从这一角度,也论证了信息被物化成为数据并能够被打包进行交易的合理性。

在大多数的文章中,实际上作者们并不会去区分信息与数据的区别,而是比较笼统地将这两个概念混用在了一起。在大多数的研究中,信息抑或是数据都代表着与消费者个人相关的某方面资料,通常由一些类似数据中间商的企业收集,而后打包销售给其他生产企业。在这样的模型设定中,对这两个概念的区分确实没有特别的必要。而在诸如本书所关注的长期经济增长模型中,信息只有在转换为数据之后,才能被企业的生产或研发过程所用,这时就有了区分的必要。

二、数据要素、数据隐私与数据经济

尽管数据早期的形式——信息已经从理论到实证上被研究得非常透彻了,

但数据作为继传统的土地、劳动力、资本等之后的又一新的要素进入人们视野之中还只是近几年的事情。借由大数据技术形成的数据要素,与传统的生产要素有着本质的区别。从来源来看,数据要素既来自人们日常生活的衣食住行、医疗、社交等活动,又来自平台企业、政府、商业机构在为消费者提供服务之后所收集、统计到的各类信息。数据一旦成为要素,便直接催生出数据产权、数据要素收益分配等一系列问题,这也是数据不同于早期研究中所关注的信息的重要方面。本书所提到的数据要素概念,即指的是这些能够被度量、被交易的,影响经济增长的关键变量。

数据要素的产生,离不开人们的生产和生活行为,那么,这些原始数据本身便自然地带有人们某些方面的个人信息。如果这些信息不加以有效的管理,数据来源的个人隐私便极有可能受到侵害。因此可以说,数据隐私保护问题是与数据作为要素进入人们视野中同步产生的。正如第一章中所论述的,与数字经济迅猛发展相伴而生的隐私受侵害问题也呈现高发态势,关于这一主题的讨论也显得尤为重要。基于这些观察,在本书中,我们直接将数据的使用量大小与个人数据隐私受到侵害的风险大小联系在一起,并直接将其计入个人的负效用中。

尽管在本书的开篇便交代了,限于目前相关统计数据的可得性,本书中的所有"数字经济"将与"数据经济"混用,但我们仍然有必要进一步厘清数据经济之于数字经济的差别。根据维基百科的定义,数据经济指的是一个全球范围的数字生态系统,在这个系统内,处于该网络之中的各类数据零售商基于从收集而来的信息中创造价值的目的,对数据进行集中、组织和交换①。也就是说,数据经济从狭义范围指的是以数据交换为主要动力的一些行业,而从更广义的范围来看,则可以包含受到这些行业所影响的上下游行业。这些上下游行业相互联系在一起,同时也可以认为是数字经济。本书中所研究的数据经济,指的

---

① 详细内容可参见:https://en.wikipedia.org/wiki/Data_economy。

正是这一类受到数据收集、处理、交易所影响的行业所组成的经济形式。相比于传统的经济形式，具有更强大的发展潜力，但同时数据隐私的问题也相伴而生。

第二节　信息经济学与个人隐私相关的早期研究

数据是信息的载体，而大数据技术则是当数据积累到一定程度之后，能够进行高效批量处理的有力工具。因此，最早的一批与本书相关的文献应是从对信息的研究开始，如斯蒂格勒（Stigler，1961），及其在劳动力市场中的应用（Stigler，1962）。在这些研究中，"信息"这一概念仅仅被视为经济中的不同个体所掌握的情报的多寡，而与后来研究的针对"信息"的交易等问题有所不同。在前一篇文章中，作者以市场交易中的价格搜寻过程为例说明信息对于消费者福利的重要性，以及信息不对称所产生的摩擦，并分析了广告在减轻这些摩擦造成的损失中的作用。在后一篇文章中，作者则着眼于劳动力市场，分析雇用工人与雇主在相互搜寻和匹配过程中掌握信息多寡的重要性。这两篇文章一起成为信息经济学这一大领域发展的基石，并为搜寻与匹配模型的成熟与完善奠定了基础。信息经济学通常所关注的是由于经济活动中的不同个体之间所掌握的对于对方状态认知上的差异，所导致的经济交往过程中的一些摩擦和福利损失。基于这些早期研究所形成的信息经济学，一个主要的领域就是研究由信息不对称带来的无效率问题，如阿克洛夫（Akerlof，1970）以及斯蒂格利茨和罗斯柴尔德（Stiglitz and Rothschild，1976）等。然而，本书主要关注的则是将信息这一概念物化，作为某种实体在不同个体间相互交易时所产生的一系列问题。因此，接下来的部分将主要从"信息交换"这一视角出发，对现有的重要文献进行梳理和综述。

就与本书所关注的"信息"概念相关的研究主题而言，到目前为止，文献大都集中在构建和发展微观市场理论，如信息交易过程中的议价过程以及信息相关的产权问题。关于信息交易过程的研究，早期的有阿德玛蒂和普夫莱德雷尔（Admati and Pfleiderer，1986）及阿德玛蒂和普夫莱德雷尔（Admati and Pfleiderer，1990）。这两篇文章开始对信息交易的微观机制进行建模，具体来说，在前一篇文章中，作者将信息视为一种信号，一种与世界的某种状态联合分布的随机变量，并且具有外部性——每个个体的信息本身的价值取决于其他人所拥有的信息。此外，在信息交易的过程中，还会存在泄露给其他没有参与交易的个体的风险，这于是催生出了"搭便车"的问题。这样的假设已经比较接近于目前对信息交易微观机制的研究中所采用的，关于信息不同于一般商品的性质以及信息泄露风险对个体造成的影响的一系列假定。此外，在后一篇文章中，作者通过构建一个垄断的信息交易中间商，分别讨论直接（中间商能够观察到卖家自身的信号）和间接（中间商仅提供一系列的资产组合由买卖双方选择）的情形下均衡结果的不同。不同于前一篇文章的是，此处作者引入了一个新的假设——当信息被越多的人观察到时，其价值就越来越小。为了应对这一问题，信息出售方通常会在信息中加入一些噪音以控制其他人对信息的有效使用，这在前一篇文章的设定下，即信息直接地被销售时是合意的，而当信息被间接地出售时，则没有必要再加入噪音了。

由于近年来数据交易市场的逐渐成熟，关于这方面的研究仍层出不穷，具体内容将在下一节详述。除此之外，从 20 世纪末的一些研究开始就已经有了对信息交易过程中个人隐私问题的一些初步探讨。例如，赫舒拉发（Hirshleifer，1971）对信息的私人价值与社会价值进行了讨论，开始强调信息本身的价值以及交易的可能性。在这篇文章中，信息被定义为个体对自身的禀赋和生产机会的认识，即技术的不确定性。基于这样的定义，就私人价值与社会价值而言，这些与技术有关的信息被分成了两类：对于自然的预见并随时间揭示出来，以及仅能由人揭示出的对自然某个特性的发现。作者认为，没有被分享出来的私人信息没有任何社会价值，而公共信息则确实地影响着生产的决策过程。简单来说，文章想要表达的思想是，信息只有在与他人分享之后才能对整个社会的进步作出贡献。

波斯纳（Posner，1981）从法经济学的角度探讨针对个人隐私问题立法中的一些经济学问题。这篇文章对隐私在三个场景下进行了定义：信息的揭露、对和平和安静生活的侵扰、对自由和自治权利的侵犯。关于隐私这一话题的大多数经济学研究通常是针对第一种定义进行的。此外，作者还比较了美国各州在个人隐私方面的立法实践与诸如税负、财政支出结构以及人口结构等因素之间的关系。

墨菲（Murphy，1996）同样从法经济学的角度提出了一些与个人隐私有关的产权问题。这篇文章首先批评了一些通俗的或学术的文章中过分强调个人隐私保护的倾向，从而忽视了个人信息对于社会的价值。由此，作者从产权的角度讨论了个人信息的权属问题——应当由信息所涉及的人拥有，或是由获得的人拥有，抑或是两者的结合。并且，作者还由个人信息产权引申出了信息交易合同订立中的一些基本原则。这篇文章所涉及的思想与本书的主要结论有着比较高的一致性，即个人隐私保护应当是个人福利与经济长期增长之间权衡的结果。

在早期的这些文献中，学者们的关注点主要在于基于博弈论的信息市场交易微观机制以及个人隐私在法学上的一些初步探讨，并尝试与经济学相结合两个方面。前者为后来发展壮大的信息经济学奠定了基础，而后者则引发了一直以来对公民个人隐私保护的关注，也为本书针对数字经济形势下个人隐私保护问题提供了想法和思路上的支持。在后来的研究中，学者们逐渐将这两大方面结合起来，形成了本书所要关注的一大重要问题——信息交易市场运行中的个人隐私问题。一些相关的研究将在下一节中详述。

第三节　数据经济的相关研究

近年来，与信息相关的研究正逐渐与大数据时代的背景联系在一起。范里安(Varian, 2014)率先介绍了一系列可以应用在计量经济学研究中的新兴大数据技术，如结构化查询语言(Structural Query Language，SQL)及机器学习等。在范里安(Varian, 2018)的研究中，他提到了机器学习等新方法是如何影响产业组织形式的，例如，数据作为某种要素加入到生产活动中，同样也具有规模报酬递减的性质。另外，值得注意的是，该研究还提到了从数据到知识(或者说是想法)的关系，即一种被称为"数据金字塔"的概念。作者认为，系统不断地收集各类数据，而后整理并分析以期得到有用的信息，尤其是一些能够方便地被人们所理解的信息，而这些信息带给人们的启示就组成了相关领域的知识，并用于指导实践。相比于前文中关于由想法到数据的定义方式，这里由底层到抽象的逻辑与此并不矛盾。毕竟，通过整合数据得到的知识，最终还是需要基于这些知识去收集和整理更多的数据。此外，国内的学者也对大数据技术的相关应用领域进行了梳理和总结(洪永淼和汪寿阳，2021)。

本部分文献综述将对近几年来涌现出的许多与大数据时代背景相联系的研究进行整理和叙述。具体来说，将分为四个部分：第一部分延续早期关于市场机制设计的研究，第二部分总结一些与个人隐私这一话题相结合的研究，第三部分列举一些近年开始出现的宏观经济学领域的研究，第四部分梳理国内在这一领域的研究进展。

一、与信息交易过程相关的研究

近几年来出现的相关研究，大致来看，主要可以分成两种类型。其中一种是延续早先从微观机制设计角度出发对信息交易过程的研究。例如，卡斯特尔等(Kastl et al., 2018)研究了一种由垄断的信息提供商将通过某种实验得到的信息销售给多个竞争性企业的经济运行过程。这些企业由一个委托人和一个代理人组成，代理人关于自身生产成本的信息是私密的。在这样的环境下，委托人将市场出清价格视为给定，同时选择是否获取信息，以及是否给代理人提供激励相容的合约。信息提供商决定实验设计的精确度(对所有买家都一样)，并产生关于每个代理人生产成本信息的信号(每个买家接收到的都不一样)。

这些信号能够使得委托人更好地筛选代理人,以减少代理成本和扭曲。这就好比一个猎头公司为生产企业提供有关雇员的个人能力信息,生产企业通过购买这些调查资料,更好地选择适合的雇员进行生产。研究发现,即便能够无任何成本地提升信息的准确度,在一些总需求缺乏弹性的行业中,比如一些低竞争的、远离最尖端技术的行业,信息提供商仍然会为了减轻市场竞争,而提供一些不准确的信息,从而无法最大化社会总福利。

贝格曼等(Bergemann et al.,2018)设计了一个给数据定价的理论框架。他们认为,数据买家在决策时面临不确定性,垄断的数据卖家拥有一个与买家决策相关联的类似"状态"变量的数据库。在交易发生之前,数据买家只有关于实际状态的一些片面的信息,这些信息是买家私有的而卖家并不知道。因此,买家所拥有的信息的准确度决定了其是否愿意购买更多的补充信息,而对卖家来说,就会面临许多不同类型的买家。为了筛选这些异质性的买家,卖家会提供各类信息产品的菜单,这些产品是通过一系列统计学实验得出来的。因此,卖家的任务就是设计并为各类不同版本的实验进行定价,这些信息产品都是基于相同的数据库。在现实中,当银行需要决策是否放贷给某个借款人,或者当电商需要对某类客户进行精准营销时,都与此种模型设定类似。研究发现,最优的菜单包含了提供完全信息的实验和提供部分信息的"扭曲性"实验。对后者来说,这并不是单纯地加入了噪音的信息集,而是至少为卖家排除了某些可能状态的信息。

以上两个研究在模型设定方面有许多相似之处:信息的买家在交易之前都拥有部分的私人信息,而卖家则需要决定其提供信息的准确性。可见,对于信息交易过程中,处于信息占优的一方是否有足够的激励提供准确的信息,是这类研究重点关注的一个话题。其他的研究中也同样涉及关于此类问题的讨论,例如,布劳林和瓦莱蒂(Braulin and Valletti,2016)研究了数据中间商将数据(比如与消费者偏好有关的数据)销售给下游的生产企业的问题,也同样发现了一些无效率的结果;延奇(Jentzsch,2017)总结了欧盟委员会对数据使用制定的法律，尤其是对数据的二次使用作出了详细的规定，并且，作者还对比了德国、爱尔兰和荷兰三国的一些实际案例来分析什么样的体制才能增进消费者的福利。由于本书的研究主题是个人隐私问题，以下各节将单独列出那些与这个主题相结合的研究，而不再在本节一一列举了。

二、将信息交易与个人隐私相结合的研究

除了上一节中列出的单纯针对信息交易过程的研究外，另一些研究则试图将早期所提出的信息交易与个人隐私问题相结合进行建模。对于这些研究，可以从时间线上分为 21 世纪初的一些初步研究和近几年的深入研究。在较早的时候，研究主要是对一些现象进行初步的描述和建模，这奠定了这一领域的理论基础。在近几年出现的文章中（其中很多还只是工作论文），有关这一领域的研究逐渐变得复杂起来，开始在微观机制层面深入讨论隐私的产生和作用以及对消费者和社会总福利的影响机理。

（一） 21 世纪初的理论研究

在稍早一些的时候，阿库拉和斯里尼瓦桑（Akçura and Srinivasan，2005）便正式地以模型的形式提出：消费者在出卖他们自身的信息时会面临相应的风险，这一风险由效用函数中的代表负效用的平方项来表达，这一想法也在本书中被用来描述消费者所面临的与日俱增的信息泄露风险。文章认为，消费者在与企业分享数据时会感受到某种程度的风险。这一风险会随着消费者及企业的特性而变化，例如，会因为合约或者交叉销售等问题产生一些风险。与前面所述的研究类似，在一个消费者与企业间是垄断关系的设定下，该研究发现当企业承诺避免一定程度的交叉销售时，便能够获得消费者非常多的信息，建立比较密切的关系。

关于信息交易过程中的消费者隐私问题，泰勒（Taylor，2004）给出了一个初步的结论。该研究比较了两种情形下的消费者福利问题：一种是消费者信息完全不能被销售；另一种是消费者信息能够被销售，并用来进行价格歧视。对福利影响的结果需要区分消费者对销售其个人信息是否有足够的认识。如果

消费者对价格歧视比较敏感,则当企业获取信息后对某些类型的消费者提高价格,会带来更大的需求下降,从而导致获得的信息并没有为销售者带来应有的价值。同时,商品本身的需求弹性,也会影响这一关系。

类似的研究还有赫玛林和卡茨(Hermalin and Katz,2006)。作者们首先批评了早期芝加哥学派关于隐私问题的观点,认为当信息量的增长无法使得各方对称地、完全地了解事物时,那么从交易的一方到另一方的信息流并不能带来事后的交易效率改进。由此,作者提出了两个问题:我们是否能够识别出在哪些情形下公共政策应该鼓励保护隐私,并且在那些适合的情形下,公共政策又该如何去鼓励保护隐私? 不幸的是,对于第一个问题,作者给出的答案是不能,他们列举了一些保护隐私是无效率的情形,但无法很好地去识别现实究竟处于哪一种情形。而对于第二个问题,则是非常明确的,在隐私应当被保护的情形下,就应该全面阻止信息的扩散。

从以上的这些早期研究中,我们可以看出一些与目前的研究热点相关的问题的雏形,如消费者将自身信息被使用时面临的风险计为自身的负效用、信息交易的福利问题,以及个人隐私是否应当以及应当如何被保护等。接下来,本书将继续整理相关的文献,以展示在这些早期研究的基础之上,学者们对信息以及数据相关的经济学理论的推进程度。

(二) 微观经济学领域的理论研究

阿奎斯蒂等(Acquisti et al.,2016)的一篇关于隐私研究的综述文章,将来自不同领域的与隐私有关的理论及实证方面的研究整理并相互联系起来。该文章将关于隐私的经济学理论整理成了三个阶段。第一阶段是 20 世纪 70 年代到 80 年代早期,由芝加哥学派的学者们如乔治·斯蒂格勒(George Stigler)和理查德·波斯纳(Richard Posner)等提出,这些研究本书已在第二章第二节中详细叙述了。第二阶段的变化发生在 20 世纪 90 年代中期之后,这一时期的研究开始注意到一些与信息相关的新兴技术的出现,如加密技术等,这可以被认为是为近年来与大数据技术相关的研究做准备。第三阶段便是进入 21 世纪之后，基于数字经济背景下的一些研究。就第三阶段而言，作者将目前最新的一些研究分成了三类：消费者识别与价格歧视、数据中间商问题、营销技术。这三类研究也对应于本部分综述的几个章节。

卡萨德苏斯－马萨内尔和赫瓦斯－德雷恩（Casadesus-Masanell and Hervas-Drane，2015）较早地研究了竞争与消费者隐私间的关系。企业通过竞争获取消费者信息并从销售商品和二次销售消费者信息中获利，而消费者选择在哪家企业消费并对企业公开个人信息。消费者需要在提供个人信息和商品低价间进行权衡，并且，消费者提供的个人信息越多，企业提供的商品服务质量就越高。研究发现，相比于垄断的情形，在竞争环境下消费者所要提供的个人信息较少，因而在这种环境下，消费者福利得到提升。此外，还有一个比较反直觉的结论是，企业间竞争强度越高，消费者提供的信息就越多，从而减少了个人隐私。这是因为，个人信息公开的增多，会被价格的降低所补偿。这一机制与本书的结论有些许类似的地方。

阿西莫格鲁等（Acemoglu et al.，2022）指出了当消费者向在线平台分享数据时，可能同时会暴露别人的相关信息，由此产生的外部性将导致对数据的定价无效率。阿西莫格鲁等的研究基于的一个重要假设是，个体自身的信息通常是与其身边的其他人相互联系在一起的。在这样的环境下，当某人分享个人信息时，由于考虑到别人可能已经在分享其自身信息时部分出卖了他的信息，就会有激励去过度地分享自己和别人的信息。这样的问题在具有异质性个体偏好的群体中显得尤为突出。由于数据具有这样的负外部性，则会导致市场中存在过多的数据，数据价格也相应地被压得过低。进一步的研究还发现，多个数据平台间的相互竞争非但不能解决数据价格过低及数据提供过多的问题，还会更进一步地降低个体的福利。为了解决这一问题，作者们还提出了一个新的管制框架来减少个体间信息的关联性，从而减少了数据的交易量。这一研究对于我们理解数据交易的微观机制，以及数据交易中产生的个人隐私问题有非常重要的意义。正是因为数据作为商品销售不同于一般意义上的商品，其自带的负外部性才要求各国要对数据交易进行严格的规范。

另外,还有市桥翔太(Ichihashi,2021)对多个数据中间商相互竞争的情形进行了研究。市桥翔太的研究考虑了一个在线平台收集消费者的信息并提供给第三方的情形。第三方使用这些数据可能会对消费者造成损害,如被用来进行价格歧视或提供骚扰广告,但也可能为消费者带来好处,如被用来提升产品质量和进行私人定制服务。与前面所提到的研究类似,作者同样是关注于竞争性的信息中间商是否会增进消费者的福利。基于对数据非竞争性及消费者自主选择分享数据多少的假设,作者发现:当消费者对数据分享要求补偿时,竞争不会带来福利的改进;而当数据分享可以为消费者带来益处(数据中间商要向消费者收取费用)时,竞争则会增进福利。这一研究为近年来讨论激烈的竞争与数据分享的话题提供了新的视角。现有的大多数研究都认为数据中间商之间的竞争非但不会提高消费者福利,还会造成损害,而这个研究则给出了另外一个可能性。

刘壮等(Liu et al.,2020)针对一些具有诱惑性的商品,如赌博和游戏等,研究了互联网平台向消费者提供不同的数据分享机制对消费者福利的和社会总福利的影响。互联网平台常常会对消费者与其分享的数据进行分析,从而实现精准销售。但当销售的商品是某些具有较强诱惑性的商品时,一些意志力薄弱的消费者就可能会被诱导去购买这些商品,而没有购买本应对他们效用更高的商品。作者们考虑了两种极端的情形:消费者对商家完全匿名,以及商家能够精准地知道消费者的所有资料。研究发现,在后一情形下,意志力薄弱的消费者因为受到诱惑而购买的低效用商品造成的社会总福利损失,要大于不受诱惑的消费者因为精准销售而更方便地购买到效用最高的商品带来的福利改进。这一研究的结果对于讨论越来越激烈的消费者个人隐私保护立法来说,是非常值得参考的。

从以上几个研究开始,信息这一概念逐渐地转变成为数据的概念,并且学者们更加注重数据在交易当中产生的一系列比如与隐私相关的问题。这一系列的研究仍然是建立在传统的信息经济学理论之上的。接下来,本书将列举一些相关的实证研究,以期对这一类文献有比较完整的补充。

(三) 数据经济相关的实证研究

关于大数据时代下个人隐私问题的研究,除了上面所列举的理论文章之外,一些基于实证检验的文章也对此进行了一系列的尝试。这些实证文章从各个角度为理论提供了支持,并对模型的进一步改进提供了宝贵的思路。金诺莎和爱丽儿(Ginosar and Ariel, 2017)就网络隐私研究从个人、网站管理方和国家政策三个角度构建了一个分析框架。对个人而言,消费者们通常会在把信息分享给在线平台而带来的风险与相应的收益之间进行权衡;对于网站管理方而言,隐私政策可以被用作管理的一种工具,通过调整政策的透明度和数据的使用范围,能够调整消费者提供的数据量;对于一个国家而言,隐私则是一种挑战,对于隐私保护的立法,需要兼顾到各方的利益。在此之上,作者着重强调了网站的所有者或者管理者对隐私的观点和认识对于网站管理的重要性。通过对一些网站管理方的调查,作者认为管理方通常与用户对隐私有同样的认识,并且越年轻的网站管理员对此越重视。

舒迪和乌蒂卡尔(Schudy and Utikal, 2017)采用实验的方法对影响个体分享其个人信息意愿的四个因素进行了研究,其中包括:信息接收方的人数、与信息接收方的社会距离、单个信息接收方所获得的信息量,以及所提供的信息是否会被验证。结果发现,接收信息的人数越多、社会距离越近、信息接收方越集中,都会降低人们分享信息的意愿。此外,信息是否会被验证对于男性来说会更显著地降低他们分享信息的意愿。

马丁(Martin, 2018)研究了消费者在企业以不同方式侵犯其隐私时的反应。作者采用的是虚拟情境的因子调查法(factorial vignette survey),这个方法通过构建一系列高度文本化的虚拟情境来调查人们对某件事的判断,通过对一些关键变量的改变来观察受访者判断的变化,从而找出主要的影响因素。调查的样本来自亚马逊土耳其机器人（Amazon Mechanical Turk）①，研究发现，企业一旦违背了隐私保护的条例，这一影响不仅会降低消费者对企业的信任程度，还会加大企业重建信誉的困难程度。并且，对于技术了解得越多的客户，越看重这样的事情。

除了经济学领域的研究之外，其他领域还有许多文献分别从政府社会治理的不同角度讨论了大数据技术所发挥的作用以及对人们生活的影响。阿摩尔和皮奥图赫（Amoore and Piotukh，2015）总结了当前新兴的大数据技术和算法等分析方式是如何影响和改变人们的知识结构，以及对经济、社会、政治生活的管理方式的。雷因（Lane，2016）采用了国家创新战略研究中常用的四螺旋（Quadruple Helix）的分析框架，即"大学—产业—政府—公民社会"四方面的动力机制，讨论了大数据技术在公共政策制定过程中所能发挥的作用。格莱泽等（Glaeser et al.，2018）介绍了一系列新的城市数据来源是如何用来提升人们的生活品质和丰富城市功能的，例如，采用谷歌街景（Google Street View）来预测纽约市的贫富分布区域的变化。科布尔等（Coble et al.，2018）介绍了大数据技术在农业生产中的作用。这些研究共同构成了对已经来临的大数据时代各方各面的阐释和预测，也同样为本书的研究提供了研究背景上的支持和补充。

三、进入宏观经济学领域的研究

除了上述从微观机制设计以及实证检验角度出发的各类研究外，近年来还有一部分对大数据技术及数字经济的研究开始逐渐地转向了宏观经济学领域。阿克兹吉特和刘庆民（Akcigit and Liu，2016）将企业间信息的共享与研发过程联系在一起：一些企业研发失败的经验可以为另一些企业的研发提供指导，避免不必要的浪费。该文章建立了一个两个企业间进行"赢者通吃"型竞争的动态模型，每个企业对于创新的成功与否在每一期都有不同的到达比率。企业通

---

① 亚马逊土耳其机器人：一个用于在线收集数据的平台，通过"众包"（crowdsourcing）的方式由研究者发布任务，参与人通过提供数据获取报酬。

过研发进行竞争，研发的项目虽然事前都是有利可图的，但也具有风险。如果研发成功，企业会得到相应的利润；但如果研发失败，企业会什么都得不到。可以想象，处于竞争关系的企业是不会愿意将自己的失败经验分享出去的。为了证实这一动机，作者们还额外加入了一个获益较低、风险也较低的研发线作为类似无风险资产的选择进行对比。研究发现，当低风险研发线的收益为零时，企业没有动机去隐藏失败经验；而只要当低风险研发线的收益大于零时，企业就会选择隐藏。因此，由政府出面协调企业间研发信息的交流，或者建立一个企业间相互交易这一类信息的机制，将会有助于提高社会的总福利，减少重复的研发活动。

贝格曼等（Bergemann et al.，2018）从金融学的角度出发，研究大数据技术对企业规模的影响。该研究建立了一个带噪音的理性预期模型，投资者们选择如何在众多企业中分配信息收集和处理能力，通过得到的信息来配置其资产组合。在这样的环境中，大企业由于其历史相较小企业更久、实力更雄厚，应用大数据技术所能获得的红利要更多。因此，随着大数据技术的不断进步，大企业将会占有超过其份额的数据处理能力。由于大企业的数据更加易得，数据量更大使得分析更加便利，由此得出的结论不确定性也会较低，进而使得大企业在融资时享受更低的成本，拉大了其与小企业之间的差距。并且，这一趋势还会随企业规模进一步扩大而愈发严重，加剧了垄断问题的产生和发展。

加里波利和马克里迪斯（Gallipoli and Makridis，2018）将信息技术的出现和发展与结构变迁联系在一起。他们的研究着重强调劳动力市场的变迁，通过由 O*NET 系统（Occupational Information Network）[①]中的数据首先得出了一系列特征性事实：IT 密集型的工作单位时间内增加值在过去的 60 年里经历了迅猛增长，并且从业者们的收入份额也呈现明显提升的趋势。然后，作者们

①　O*NET 系统是一项由美国劳工部发起并负责开发的职位分析系统。这一系统吸收了多种职位分析问卷的优点，目前已成为美国广泛应用的职位分析工具。

通过构建一个 IT 强度指数来估计 IT 部门与非 IT 部门间各类产业的劳动力替代弹性,这一估计方法能够估计出价格变化与质量变化之间的关系。由此,估计出了在制造业部门与服务业部门的 IT 密集型和非 IT 密集型劳动投入的替代弹性分别为 1.6 和 1.3。

宏观经济学领域的研究还有一大部分是对经济的长期增长进行理论建模。新的模型的产生必定是源于新的经济现象的逐渐显现,如阿吉翁等(Aghion et al., 2019)将人工智能(AI)引入传统的经济增长模型,并讨论企业会如何受到这一新的经济浪潮的影响。作者们首先基于泽拉(Zeira, 1998)提出的引入自动化的增长模型,在此之上将模型调整为自动化与非自动化同时并行的生产方式以更好地拟合实际数据。随后,阿吉翁等进而在模型中引入人工智能技术作为生产技术中新想法的来源,并得出了结论:如果在创新过程中的一些步骤需要人力进行 R&D 活动,那么即使是超级 AI 也最终会通过加剧商业窃取效应(business stealing effect)使得经济减缓甚至停止增长,并反过来抑制人们投资于创新的动力。

进入宏观经济学领域的研究通常会与新产生的经济现象联系在一起。信息技术、AI 技术等都与大数据技术一道,共同改变着我们的生产和生活活动。在建模方面,对这些新兴技术的描述,其背后的作用机制都有许多相似的、可以借鉴的地方。由于本书的一大部分将会是对数字经济这一新经济模式的长期经济增长方式进行理论建模,因此有关这一领域文献的发展脉络,以及目前已有的试图为数字经济提供增长模型的一批最新文献,都将在第二章第五节中单独列出并进行讨论。

第四节　国内的相关研究

最后,本节将对国内的相关研究进行梳理和总结。相比于国外对数字经济众多的理论研究,有关这一领域的国内文献则更加偏重于实证检验。刘航等

(2019)总结了目前有关数字经济的六大研究领域,分别与测算、信息技术、互联网平台、垄断、贸易、民生等几个领域息息相关。在几个领域当中,有如下的一些比较重要的文献值得参考。

在涉及数字经济的测算、增长与发展的研究中,有一批学者致力于完善数字经济相关的经济核算方法,以及对经济增长中出现的一些新现象进行实证研究。例如,向书坚和吴文君(2018)对目前 OECD 国家的数字经济的核算方式进行了总结。首先,作者介绍了 OECD 对数字经济内涵界定的三个视角,还介绍了 OECD 通用的几种数字经济核算方法,如价格、物量以及 P2P 消费品资本化等方面的核算等。最后,他们还以最典型的共享经济为例研究了一些统计实务上的问题。

刘涛雄和徐晓飞(2015)致力于探索采用互联网搜索行为是否能够用于对宏观经济运行进行预测。该研究选取了 13 个结构化数据与 85 个非结构化信息,共 98 个自变量进行宏观经济预测,共对比了六种不同的模型组合。通过对各类模型的对比,作者们提出了"先充分使用结构化数据挑选模型,再加入非结构化信息进行变量挑选"的两步法,对单纯使用政府统计指标的"一步法"作出了极大的改进。更进一步地,在刘涛雄等(2019)的研究中,作者们构建了一个基于在线大数据的通货膨胀现时预测基本框架,并构建了一个实时高频物价指标 iCPI。这一指标首先选定一篮子商品以代表物价的总水平,通过大数据技术每天在固定的时间抓取网络上经营的虚拟商店中各类商品的价格数据,由此算出固定篮子内商品价格的变化率,并通过逐层加权算出每天的实时指标。这一指标相比于国家统计局公布的统计结果,具有时效性强、更新频率高的优势。基于这一在线大数据,进一步的研究还有姜婷凤等(2020)。

此外,还有一些文献针对数字经济带来的新变化和新趋势进行了研究。例如,张勋等(2019)将中国数字普惠金融指数和中国家庭追踪调查(CFPS)的数据相结合,分析并评估了互联网革命推动的数字金融发展对包容性经济增长的影响。李建军等(2020)构建了一整套反映普惠金融发展程度的指标,用于研究这一新兴现象对经济增长和城乡收入差距的影响。

第五节 大数据背景下的经济增长

本书的一大部分将会是建立一个反映数字经济特征的经济增长模型。在此之前,有必要首先对经济增长理论的相关文献进行梳理和总结。本节综述将分为两部分:第一部分对内生经济增长模型的产生和发展进行简单的梳理;第二部分聚焦于介绍自 2020 年以来出现的几篇与本书内容相关的文章,这些文章同样致力于讨论大数据背景下的经济增长问题。

一、内生经济增长模型的发展脉络

经济增长理论可追溯到最早的索洛-斯旺(Solow-Swan)模型(Solow,1956;Swan,1956)。在早期的研究中,这些增长模型中技术进步都是外生的,即模型并没有刻画技术这一经济中的关键变量是如何运动的。最早成功地将技术进步内生化的模型可见于罗默发表的两篇文章(Romer,1986,1990),这两篇文章也因此奠定了作者保尔·罗默于 2018 年获得诺贝尔经济学奖的基础。在罗默模型中,经济由消费者、中间品生产商和最终品生产商三方组成,并且对创新和技术进步的建模是基于产品种类不断增长的假设进行的,这在 20 世纪 90 年代初新产品大爆发、互联网革命刚刚兴起的大背景下是符合现实的。后来,在罗默的模型基础上,阿吉翁和豪伊特(Aghion and Howitt,1992)采用类似的经济环境,转而采用很早之前熊彼特(Schumpeter,1934)提到过的"创造性破坏"(creative destruction)的概念,基于产品质量提升的假设提出了另一类的内生增长模型。这一类模型后来经格罗斯曼和赫尔普曼(Grossman and Helpman,1991)进一步扩展并最终被完善至阿吉翁和豪伊特(Aghion and Howitt,1998)的研究。阿西莫格鲁和曹丹(Acemoglu and Cao,2015)进一步扩展这一类熊彼特模型,将参与创新的厂商区分成对于创新的激进程度不同的在位者和进入者两种类型,并由此探讨企业规模的变化路径。

与类熊彼特模型不同的是,基于罗默(1990)版本的内生增长模型在后来产生了更多的扩展模型。在罗默的模型中,有一个一直被人们所诟病的缺陷,就是由这个模型所求解出的经济长期增长率是与人口水平值正相关的,而这一结论明显与现实的数据不符,人们通常称之为规模效应(scale effect)。为了解决规模效应所带来的问题,琼斯(1995)对该模型进行了一点微小的修改,便使得由模型得到的经济长期增长率变成了与人口增长率正相关,并将这样的增长方式称为半内生的增长(因为人口增长率是外生的)。在此后的与经济增长相关的文献中,采用与琼斯模型类似的设定方式,从而使得半内生增长结果的文献占了主要部分。比如斯托基(Stokey,1998)考察了环境污染与经济增长之间的关系,在消费者的效用函数中引入了一项由污染带来的负效用项,得到的长期增长结果也是与人口增长率正相关的。近年来,琼斯再次扩展了他原先的模型,从人的生命健康这一角度考察与经济增长间的关系(Jones,2016)。他将技术分为会威胁生命的(如导致污染、全球变暖等)和会挽救生命的(如疫苗、新型药等)两种,从而得出结论:随着经济的发展,相比于消费的增长,整个社会都会越发地关注健康和生命安全。之后,琼斯的新研究开始关注于将人口增长内生化,探讨低生育率在长期可能带来的后果(Jones,2022)。

二、大数据背景下的经济增长

2020年,琼斯新发表了一篇经济增长相关的文章,这是一篇将数据作为要素之一引入增长模型的理论文章(Jones and Tonetti,2020)。这篇文章主要强调的是数据作为要素具有非竞争性,在将其以消费的副产品的形式引入模型之后,通过分别比较数据的不同所有权归属情形与社会最优之间的差距,得出了以下结论:当数据属于消费者时,由于考虑隐私的原因,数据的使用量会比社会最优情形下要低;而当数据属于企业时,则会相较于社会最优情形过度使用数据。这篇文章从考虑的问题到得出的结论都与本书关于经济增长理论的部分比较相似,但无论是从模型设定来说,还是从得出的结论来看,还是有许多关键的不同。例如,在他们的文章中,数据被设定成在消费者消费的过程中自然产生的①。因此，数据量在模型中的变化是一个被动的过程，而在本书中，数据被认为是产生于消费者自身的，消费者可决定出售多少数据。考虑到前面几节中整理的一系列针对信息交易机制中隐私问题的研究，可能本书的设定与这些研究更具有一致性。另外，本书对数据作为要素的处理方式与这篇文章的方式也不尽相同。在这篇文章中，数据被直接用于提升消费品生产的效率，即全要素生产率项；而在本书中，数据是通过进入研发过程，提升研发效率，从而间接地影响最终品生产的效率。最后，两个研究对消费者拥有数据时对数据的使用量与社会最优水平的比较结果也不尽相同。本书的结论认为，即使在消费者拥有数据的情形下，仍然会出现数据被过度使用的问题。

除了上文所述的这篇文章之外，自 2020 年开始还涌现出了许多与数据及数字经济相关的最新工作论文。维尔德坎普和钟辛迪（Veldkamp and Chung, 2019）试图从核算的角度，对宏观经济中的数据价值以及数字经济的规模进行估计。法布迪和维尔德坎普（2020）以及法布迪和维尔德坎普（Farboodi and Veldkamp, 2021）则是在琼斯和托内蒂（2020）的模型设定基础之上，试图采用资产定价的方法构建一个数字经济的增长模型。该研究认为数据是被用来预测未来未知状态的，因而附着在资本上能够提高资本的价值。但是，数据对资本的增益作用这一特性具有规模报酬递减的性质，因为一旦数据积累到能够无限接近完全预测未来状态的情况下，新增的数据就不再具有更多的价值了。作者们从资产定价的角度将数据这一要素加入到增长模型当中，从而得出了数据并不能支持经济长期增长的结论。除此之外，在研究过渡状态的时候，作者们还发现了在一些状态下，经济还可能陷入贫困陷阱的结论。法布迪和维尔德坎普的研究仅从资产定价的角度出发，将数据视为生产或研发之外的次要因素，且没有对内生技术进步进行设定，得出没有长期增长的结论是非常合情合理

---

① 具体的设定是 $J_{it} = c_{it}L_t$，其中，J_{it} 和 c_{it} 分别代表第 i 个消费者在第 t 时期产生的数据总量和消费量，L_t 是第 t 时期的人口总数。

的。尽管如此,该研究也为我们对数据的建模提供了一个比较新颖的视角。

与此同时,国内的学者也开始对大数据经济背景下的经济增长进行了理论方面的探索,这其中作出先驱性研究的是徐翔和赵墨非(2020)。他们采用产业组织的创新模型为数据资本构建了其进入经济运行过程的微观基础,并同样将这一新形式的生产要素引入到了内生增长模型当中。在重点研究了数据资本与其他类型资本的平衡增长路径的不同之后,作者们还通过数值模拟的方法估算了我国的数据资本存量水平,并分析了其对我国宏观经济增长的拉动作用。

从宏观的、长期的视角对数据经济进行研究,目前仍然是一个非常前沿的领域,能查询到的相关研究还非常稀少。因此,从这一领域入手,对数据经济的长期经济效应进行一些基础性分析,将极大地填补目前理论方面的空白,也将为未来的研究打下坚实的基础。

第六节 文献评述

本章主要从微观和宏观两个方面,按照时间线的顺序对信息、数据以及数字经济的各类理论与实证研究进行了梳理和总结,同时还总结了经济增长理论尤其是内生经济增长理论的发展脉络及其在数字经济背景下的新扩展。有关这一领域的文献体量庞大,本章仅选取相对重要的、与本书相关性较大的部分理论文章进行梳理和总结。就目前针对数据以及数字经济问题的研究而言,主要有以下三点特征。

第一,对于数据市场交易的微观机制已经有了较为完善的理论体系。从本章的叙述可以看出,这一领域的研究尤其是与个人隐私有关的理论研究数量较多,且直至目前也仍有许多新的研究公开。有关这一方面的研究大多集中在讨论竞争与垄断,消费者公开个人信息在各类情形下是否有助于提升自身和社会的总福利,以及什么样的机制能够最大化社会的总福利等。对于这些问题的回答,学者们在不同的模型环境下给出了较为一致的结论:由于数据具有非竞争性的特殊性质,竞争很可能会导致社会总福利降低。

第二,对于数据在宏观经济运行当中的作用,目前的研究尚不成熟。显然,目前现有的研究中,只有琼斯和托内蒂(2020)有了完整的结论,而法布迪和维尔德坎普(2020)的论文中的设定基础是来源于前者的,其余的相关工作论文都还在进行当中。因此,这一领域的研究,在未来的一段时间里,必然会成为新的研究热点,同时这也是本书研究的重点。

第三,限于相关数据的可得性问题,关于数据对长期经济增长影响以及个人数据隐私保护方面的实证检验,仍处于起步阶段。包括本书在内的所有相关研究,基本上都只是从理论出发,再辅以少量的经验证据作为佐证,而还没有办法系统地去检验这些结论在现实中的正确性。在未来的很长一段时间内,我们同样会继续关注数据经济领域的研究进展,争取能够找到合适的证据以对本书所得的结论进行准确的验证。

第三章　数据要素与数据隐私：基本事实与初步讨论

　　本章将选取数据要素的几个与本书内容密切相关的部分,进行较为初步的探讨,以期对本书的总体立意和主旨有一个比较明确的说明,也可使得接下来几章即将进入的数学模型推导更具有现实意义①。

　　具体来说,本章将分为以下三个部分。首先,我们有必要对当前世界各主要经济体在数据隐私保护方面所采取的措施进行梳理,以使我们对当前数据在经济运行过程中的使用以及相关的数据隐私保护问题有一个比较清晰的认识。具体来说,我们将主要讨论几部影响深远的法律,主要包括欧盟的《通用数据保护条例》(GDPR)、美国的《加利福尼亚州消费者隐私保护法案》(CCPA),以及我国的《个人信息保护法》等。由于本书将侧重于对数据隐私保护进行经济学研究,因此本章仅选取以上这些法律的部分比较重要的条例进行简单的解读,并辅以一些相关的判例进行说明。

　　在完成了从文本的角度对各国相关法律的梳理和总结之后,我们还将从经济学的角度更加深入地分析与数据要素相关的制度问题。其中,一直以来都受到广泛而热烈讨论的问题是数据的权属该如何界定的问题。罗纳德·科斯(Ronald H. Coase)早在他的开创性作品《企业的性质》和《社会成本问题》中就强调了对财产权属界定的重要性,即只要交易费用为零、产权界定明晰,那么合约所产生的结果就总是最优的(Coase,1937,1960)。然而,在工业社会的早期,一般意义上的财产都具备实物作为载体,并且都先天地具有排他性,因此进行

---

① 本章内容主要参考王融(2020)在书中对于数据经济的部分观点,并根据本书内容加入了一些思考,以使其与接下来本书的内容之间的联系更加紧密。

产权界定的工作就比较简单。但是,对于数据要素来说,由于其所具有的可复制性、非竞争性等性质,产权界定将变得复杂。本章将列举几种主流的观点,以便为之后几章中关于数据不同权属带来结果的讨论进行一些铺垫。

最后,我们还将初步探讨一些关于数据的共享和流动的问题。数据要素由于其所具有的非竞争性,即一方在使用后完全可以不损失任何价值地转移给另一方继续使用,因此如何有效地促进其在不同生产主体间的流通将同样是一个非常重要的问题。目前,各国在数据的跨境流动方面大都持有比较谨慎的态度,担心由此产生的一系列涉及国家安全的不良影响。在接下来的几章中,我们同样将涉及对企业间的数据共享问题的讨论。因此,本章的讨论为接下来几章的模型分析提供了现实依据。

第一节 世界各主要经济体的数据隐私保护相关法律

本节将对欧盟、美国、中国以及其他一些国家或地区在数据隐私保护方面的立法进行梳理,并对目前各国或地区在这方面的态度给出一些初步的总结。

一、欧盟《通用数据保护条例》

本章关于隐私保护相关的法案将从欧洲的实践出发。正如在第一章引言部分所提到的那样,面对大数据技术的日渐成熟以及大数据时代的到来,欧盟于 2018 年 5 月 25 日率先通过了被认为是有史以来用于规范个人信息使用的最严格的《通用数据保护条例》(GDPR)。从该条例开始实施到现在,已经产生了许多影响深远的判罚案例,而对这些案例的研究也是现在各主要数据相关的企业重点关注的问题。因此,研究欧洲(包括欧盟,以及脱欧的英国)在数据保护方面的实践,对本章的整个研究问题将起到基准框架的作用。以下,我们将对 GDPR 各主要条例进行分析。第八章将联系目前为止所收集到的相关判例,通过一些初步证据来展现近年来欧洲数据相关经济形态的发展趋势。

关于 GDPR,已有大量的文献从不同角度对这一条例进行了解读。本节将通过收集和整理来自不同重要文献的叙述,同时结合本书的主要结论,对这一条例所释放出的信息,以及对 2018 年之后的数据经济发展趋势所带来的影响进行总结。本部分主要参考蒂基宁-皮里等(Tikkinen-Piri et al., 2018)在该条例正式实施前夕作出的一系列预测,以及范德瓦尔特(van de Waerdt, 2020)对 GDPR 实施一段时间后所发现的问题的总结。

（一） 适用范围的极大扩展

从条例的适用范围来看,GDPR 从过去的"属地"原则向适用范围更广的"属人"原则扩展。在该条例的第三条中,给出了其管辖范围一个非常广泛的定义:不仅仅适用于在欧盟范围内成立的企业以及在欧盟范围内发生的数据处理活动,该条例同样适用于所有在欧盟范围内为数据主体提供产品或服务,或者具有监控数据主体性行为的企业。这一条中所界定的范围保证了 GDPR 将成为一部影响非常深远的法规。这也就是说,任何网站甚至手机 App 软件,只要能够被欧盟境内的个人所访问或使用,抑或是产品或服务所使用的语言是英语或者特定的欧盟成员国语言、产品标识的价格为欧元,都可以适用该条例。因此,这也是 GDPR 一经出台,便在世界范围内引起广泛关注的原因。

（二） 一些例外情形

在统一的制度框架下,仍然存在着一些例外情形。例如,对于儿童年龄范围的界定、处罚的类型、必须设立数据保护官(Data Protection Officer, DPO)的情形、对于生物数据的进一步认定,以及雇用领域的数据保护都存在一些允许各成员国进行细微调整的空间。

（三） 一站式监督

GDPR 的实施所带来的一大好处,对那些同欧盟不同国家有业务往来的企业而言,便是从此不再需要分别与不同国家的数据保护政策打交道,而是只需要遵循统一的标准,极大地降低了合规的成本。此外,为了保证监管的协调统一性,还设立了欧盟数据保护委员会(European Data Protection Board, EDPB)处理此类事务。

（四） 对处理数据合法理由的强制要求

GDPR 规定了几种针对数据处理的合法理由情形，如需要得到数据主体的同意等。对于"同意"这一概念，其有效标准相比以往要严格得多，即同意必须是具体的、清晰的，是用户在充分知情的前提之下由自由意志所作出的。更重要的是，数据主体还拥有随时可以撤回同意的权利。此外，对于儿童个人数据的处理，以及敏感数据（种族、政治倾向、宗教信仰，尤其是生物信息）的处理，GDPR 都有更加严格的规定。

（五） 数据主体的权利

GDPR 赋予了数据主体多项重要的权利。首先是知情权，即数据企业必须向信息主体提供所有必要的信息以供其判断提供信息的行为是否具有合理性。其次是访问权，即数据控制者应当对用户实现此项权利提供应有的便利。最后是反对权，即数据主体随时有权拒绝数据控制者应用数据进行经营活动。在实践中，这些信息的提供通常以许多不同的方式实现，例如，Facebook 允许用户下载包括他们个人数据的文档，谷歌（Google）则给予用户查看和编辑他们自己的行为档案的选择，以及对谷歌服务的一系列反馈。

（六） 数据控制者的义务

虽然 GDPR 大大减轻了数据企业的合规负担，但同时也要求企业在内部建立全面的问责机制。

（七） 数据保护官

GDPR 规定了多种必须设立数据保护官的情形，如政府部门或涉及大规模活动。数据保护官的职责主要包括记录、评估、协商、报告等几个重要的方面。

（八） 安全保障措施

GDPR 对个人数据的匿名化和假名化同样作出了一系列严格的规定。此外，对于跨境数据转移，该条例还进一步完善了合法机制。

（九） 对数据画像活动的特别规制

数据画像（Profiling）主要指通过大数据技术对个人处理的活动，主要用于评估、分析和预测个人的特定方面。由于这一行为直接涉及市场营销活动，GDPR 在这方面有许多特别的规制，如需要征得数据主体的明确同意、有政府的明确授权等。

二、美国《加利福尼亚州消费者隐私法案》

紧跟着 GDPR 的出台，2018 年 6 月美国加利福尼亚州也出台了《加利福尼亚州消费者隐私法案》（*California Consumer Privacy Act*，CCPA），并在随后的一年多时间里，州议会、参议院又陆续讨论了十几项 CCPA 修正案，并审议通过了其中六项法案，推动制度规范不断完善。从形式上来看，美国的 CCPA 与欧盟的 GDPR 有着许多相似之处，但如果深究其制度内核，该项法案仍然体现着美国与欧盟对于隐私的态度的差异，即美国更加注重消费者保护的实际效果，并且致力于在促进企业发展、技术创新之间寻求平衡。与 GDPR 相比，我们可以从两个主要方面说明 CCPA 的不同之处，即对法律适用范围的合理排除，以及选择退出（opt-out）模式的延续。实际上，关于 GDPR 和 CCPA 的对比，除了以下将要着重讨论的两个方面以外，还体现在许多细节上。在对 CCPA 进行详细介绍之前，我们将首先介绍一项与此几乎同一时期颁布的法案，即《澄清境外数据合法使用法案》（*Clarifying Lawful Oversea Use of Data Act*，简称 CLOUD 法案）。这项法案同样对美国的数据隐私保护制度产生了重要的影响。

（一） CLOUD 法案的产生与主要内容

CLOUD 法案签署于 2018 年 3 月，主要目的是修改 1986 年通过的《储存通信法案》（*Stored Communication Act*）以允许联邦执法部门能够查看所有在美国设有总部的企业所储存的数据资料，无论数据是储存在美国境内还是在国外。此外，此项法案还规定了外国政府想要查看储存在美国境内的数据时需要遵循的规则，即 CLOUD 法案认定了一部分"适格外国政府"（qualifying foreign governments），并规定了一系列的查阅规则。这一法案的出台，反映的是美国与欧洲在数据隐私保护相关法律法规方面的博弈，可以说是专门针对 GDPR 的出台应运而生的，由此明确了数据访问权的一系列重要规则。在这一法案的基础之上,紧接着出台的 CCPA 则进一步地对数据隐私保护作出了详细的规定。

(二) CCPA 中对法律适用范围的合理排除

1. 受规制的实体

与 GDPR 所不同的是,CCPA 排除了一些实体在适用法律问题上的限制。首先,非营利机构将不受 CCPA 管辖。其次,提供数据服务的企业(Service Provider),即受到数据控制者委托并提供数据处理服务的企业,也不需要受到 CCPA 的管辖,而是主要通过企业之间达成的服务协议进行约束。最后,CCPA 对于一些没有达到门槛的中小型企业选择予以豁免,从而为这些企业提供了一定的发展空间。

2. 对"个人信息"的合理界定

相比于 GDPR 对于数据界定的广泛范围,CCPA 经过"议会法案 874"的修正之后,缩小了该部法律所管辖的对象范围。对于"个人信息"的合理界定,有助于将有限的法律资源投入到最重要的领域,同时也减轻了企业的合规成本。

3. 受保护的数据类型

在适用保护的数据类型方面,CCPA 排除了诸如集合信息(aggregate information)、去身份数据(deidentified data)、政府公开信息(publicly available information)、联邦立法已覆盖了的信息、雇员信息(employment information)、车辆信息和所有权信息等类型的信息,以使得实践中不会因为法律的限制而拖慢很多重要事务的进展流程。

(三) 选择退出模式

在 GDPR 的框架范围内,在绝大多数商业化场景下,数据控制者在收集、处理消费者数据之前都必须要首先征得数据主体的同意,即我们称之为选择进入(opt-in)模式。而与之形成鲜明对比的是,CCPA 仍然延续着美国隐私法的传统选择退出模式,即除非用户明确表示拒绝或想要退出,企业都可以继续处理用户的个人信息。关于选择进入和选择退出模式孰优孰劣,学界和业界一直以来都有着激烈的争论。一方面,选择进入模式较为保守,能够更有效地保护一些不太关心个人信息的消费者,但也增加了企业的成本,同时,用户将面临铺天盖地的授权申请,造成垃圾邮件的问题。另一方面,选择退出模式则极大地降低了企业的数据处理成本,但也确实存在一定的风险。因此,对于这一原则的不同应用,也体现出了欧美在隐私权保护方面的不同思维。

三、我国个人信息保护相关法律

相较于欧美在数据隐私方面比较成系统的法律体系,我国对于个人信息保护的相关立法工作仍处于起步阶段。值得一提的是,2021 年 11 月 1 日起,《中华人民共和国个人信息保护法》正式实施,标志着我国对于个人信息保护的立法开始逐渐趋于完善。这部法律囊括了目前在隐私保护方面的各个领域,如个人信息处理的基本原则、与政府信息公开条例的关系等。可以预期,在不久的将来,这部法律的实施将会对个人及行业产生深远的影响。

在《个人信息保护法》诞生之前,我国在个人信息保护方面主要以《中华人民共和国刑法》(以下简称《刑法》)和《中华人民共和国民法典》(以下简称《民法典》)两部法律的相关章节为依据,这两部法律分别从刑事和民事两个方面规定了个人隐私权利的保护工作。以下,我们将参考徐明(2017)对于大数据时代背景下侵权法的描述以及孟雁北(2020)对于大数据经济时代背景下个人信息保护法与竞争法之间关系的叙述,简要梳理个人信息保护在这两部法律中的相关做法。

(一) 个人信息保护的刑事立法

有关公民个人信息保护的刑事规定,主要集中在《刑法》第二编分则的第四章"侵犯公民人身权利、民主权利罪"之中。最早在 1997 年发布的《刑法》中仅规定了侵犯通信自由罪(第 252 条),以及私自开拆、隐匿、毁弃邮件、电报罪(第253 条)。在此之后,随着时代的不断发展,2009 年发布的《刑法修正案(七)》中首次引入了"侵犯个人信息罪"的概念,并增加了"出售、非法提供公民个人信息罪"和"非法获取公民个人信息罪",之后在《刑法修正案(九)》(以下简称《刑九》)中进一步将犯罪主体由原先的几类特殊主体扩大至任何单位和个人,并提高了量刑标准和增加了从重处罚的情形。从这一系列的演进过程来看,我国对于公民个人权利的保护重视程度正在随着时代的变化而不断加强,处罚也越来越严厉。2017年5月,最高人民法院和最高人民检察院发布《关于办理侵犯公民个人信息刑事案件适用法律若干问题的解释》,标志着我国针对个人信息侵权行为的刑事处罚体系已经形成了具有鲜明中国特色的理论与实践成果。以下,我们将主要从四个方面来分别阐述我国区别于欧美国家在个人信息刑事保护方面的主要特点。

1. 刑事司法最为活跃

相较于欧美的以罚款为主的管理方式,我国在个人信息保护领域则主要采取刑事追责的方式,特别是自2015年11月《刑九》生效以来,我国对侵犯公民个人信息罪的打击呈现出高压态势,案件数量发生了显著增长,这在图1-1当中也有所体现。

2. 适用主体广

前文提到的美国CCPA中,对于适用主体范围有着很多的豁免条款。与之相较,我国《刑九》在适用主体范围上推广到了任何个人、单位。由于刑事责任是最严厉的法律责任,应当涉及社会全体的公民,故有必要对这一关键要素进行明确规定。

3. 入罪门槛低

同样是相比于美国CCPA中对适用主体门槛的设定,我们对侵害个人信息罪的入罪门槛设定较低。例如,以信息数量为例,如果是在履行职责或者提供服务过程中所获取的此类信息出售或非法提供给他人,则仅需第25条即可以入罪。

4. 适用刑罚较为严厉

相比于世界上大多数国家,我国在侵犯个人信息方面的刑罚标准是较为严厉的。目前,大多数国家的刑罚标准都不包括人身刑,即使有,最高的也不超过两年。相较之下,我国的量刑标准则主要分为两档:第一档为"处三年以下有期徒刑或者拘役,并处或者单处罚金";第二档为"三年以上七年以下有期徒刑,并处罚金"。

(二) 个人信息保护的民事立法

2020 年 5 月 28 日,十三届全国人大三次会议表决通过了《中华人民共和国民法典》,自 2021 年 1 月 1 日起实施。《民法典》是新中国第一部以"法典"命名的法律,在法律体系中居于基础性地位,共分为七编。其中"人格权编"对隐私权、个人信息的定义、保护和具体实施都作出了明确的规定,为数据处理的多场景应用及其正当利益的平衡提供了制度性的保障。以下将从对"个人信息"的定义、免责事由以及基本规则三个方面简要介绍这部法律对我国隐私权保护的影响。

1. 以"识别说"为标准的"个人信息"概念界定

长期以来,学术界对于"隐私权"和"个人信息保护"之间的关系有许多争议。相较于"隐私"更多地归属于私人领域,"个人信息"则同时具有保护和利用的两种属性,需要调和个人利益和公共利益。在"人格权编"中,关于"个人信息"的定义,则以能否被用于识别个人身份为主要的评判标准。因为,如果特定个人的身份无法识别,则相关的信息处理并不会对特定自然人的权益造成侵害或产生侵害的危险,因此也就没有必要对其予以规范,而是可以作为一种商品流通了。

2. 免责事由

"人格权编"中规定了若干种情形的免责事由,如当事人同意公开的、为促进社会公共利益的、用于学术研究的、网络上公开的、合法渠道获取的等几种情形。值得注意的是,如前几年盛行的"人肉搜索",尽管许多信息都是在网络上公开的,但其使用方式仍然构成了对特定自然人的侵害,故不再享有豁免。

3. 基本规则

"人格权编"延续了原有相关法律的一些法律原则和基本规则,如:合理、正当、必要原则；公示信息处理规则；个人可提出查阅、异议、删除等请求；保证数据安全义务，匿名化对外提供的例外规定，数据泄露通知等规定。

四、其他经济体的数据隐私保护相关立法

除了上述欧洲、美国、中国三大经济体之外，其他国家在近年来也纷纷跟进，着手在数据隐私保护方面进行相关的立法工作。为了更好地与欧盟国家进行经济贸易往来，大多数国家的法律普遍地同欧洲的 GDPR 对接。以下是几个主要国家在这方面的立法实践。

（一）日本

2019 年 1 月，欧盟和日本决定相互承认对方的数据保护体制处于一个"充分"的水平。这一举措使得这两个经济体之间的数据传输更加方便，减少了很多文档性工作。进一步地，日本个人信息保护委员会提出了对《日本个人信息保护法》的修正案以加强日本国内数据主体的权利。根据官方的公告，这一修正案包括针对向第三方提供数据浏览的规制、加强数据主体在数据获取和消除方面的权利、对数据泄露事件的强制公告义务，以及当违反相关法律条文时更严厉的惩罚措施等。

（二）巴西

巴西的《通用数据保护法》（LGPD）已于 2018 年通过，并于 2020 年 2 月开始正式实行。然而，在这部法律正式开始实施之前，巴西的数据保护状况并不容乐观。LGPD 试图通过替换某些法规和补充其他法规，整合目前管理线上和线下个人数据的 40 多个不同的法令和法规。此外，与 GDPR 相同的是，LGPD 适用于处理巴西境内自然人的个人数据的任何企业或组织，不管该企业或组织本身位于何处。

（三）印度

印度已于 2020 年正式实施《印度个人数据保护法案》。印度政府多年以来都在致力于制定一部完整、综合的数据保护法律，并指定了一个专门的委员会进行起草工作。他们声称这部法律是一部新的"关于隐私保护的第四条道路"，

不同于欧盟、美国和中国的立法方式。然而,这部法律仍有部分有争议的地方,如对于数据所属国地理位置的要求、对于一些关键事务给政府和数据保护当局赋予了过大的自由裁量权,以及在涉及国家利益和刑事案件执行中的非常广的豁免条款等。

(四) 新加坡

新加坡在个人信息保护领域的立法工作起步较早,早在 2012 年就实施了《个人信息保护法案》。2020 年,新加坡的个人数据保护委员会正在考虑将数据的可携性和数据创新的相关条款加入到原有的法律当中。另一个主要的变化在于,鉴于发生的两起公共部门内严重的数据泄露事件①,新加坡政府正在考虑将原有的法律适用范围扩大到公共部门领域。

(五) 其他国家的立法

2018 年 6 月 12 日,越南通过了《网络安全法》,对个人信息保护作出了相关规定。2018 年 2 月 22 日,澳大利亚的隐私法修正案《数据泄露通知计划》(*Data Breach Notifications*,NDB)正式实施。2018 年 11 月 1 日,加拿大的《个人信息保护和电子文件法案》(*Personal Information Protection and Electronic Documents Act*,PIPEDA)修正案正式生效,主要内容为增强了强制性的数据泄露通知报告要求。

五、小结

本节以欧盟、美国和中国为例,分别梳理和总结了这三个世界主要经济体在数据隐私保护方面的相关法律与实践,并由此得出了一些较为初步的结论。相较于欧美的法律体系,我国对隐私保护的法律实践独具一格,目前已经形成了以《刑法》和《民法典》为支柱的法律体系,并期待在不久的将来,能够通过《个人信息保护法》进一步完善现有的体系。而比较欧盟和美国的法律,则可以看

---

① 这两起事件分别为新加坡新保集团的网络攻击事件和新加坡 14 200 余例 HIV 确诊病例在网络上被公开的事件。

出在对待数据隐私问题的态度上,两者具有较为明显的差别。相比于欧盟GDPR对数据隐私保护之严格、涉及范围之广泛,美国CCPA则表现出更多的实用主义原则,不仅将法律适用主体限定在较小的范围内,还设置了许多豁免的情形,为中小型数据企业的发展减轻了负担,也提供了成长的机遇。这三个经济体在数据隐私保护方面的立法与实践上的不同,造就了数据经济在这三个经济体当中不同的发展轨道,为我们接下来对由模型推出来的一系列结论的现实解读提供了非常重要的参照。

第二节　数据的权属问题

界定明确和清晰的产权归属是交易的基础与前提。然而,当前无论是在理论还是实践中对数据产权的归属问题还在许多方面存在着争议。数据不同于传统的商品,具有许多特殊的性质,如可复制性和非竞争性。这些特殊属性造成了产权界定的困难,甚至可能需要我们将数据产权分解成不同的模块分别进行讨论。除此之外,数据的不同形式也应当有不同的产权界定方式。例如,去除了个人身份属性的匿名数据,已经不再存在泄露数据主体个人隐私的风险,如果仍然对这类数据的使用施加较为严格的限制,是否还有助于社会总体效率的提升,将是一个值得深入思考和讨论的问题。本节将参考张新宝(2015)、纪海龙(2018)和申卫星(2020)在关于数据权属问题方面的相关论述,总结当前关于这一问题的主流观点,并进行一些初步的讨论。

一、数据的财产属性

在讨论数据的财产属性之前,我们首先需要严格地界定"数据"的概念。本书第二章第一节已经从经济学的角度初步地说明了数据是如何区别于其他相关概念如想法、信息等。如上一节所述,我国的《民法典》中已经对数据的概念给出了明确的规定,并且在之后颁布的《个人信息保护法》中得到进一步贯彻。从结果来看,当前经济中个人数据的商品化已经充分说明了其具有的财产性质。

值得一提的是,数据在市场上所具有的价值不仅仅体现在形式比较明确的数据交易行为上,还体现在许多不涉及价格的准市场行为上。具体来说,很多向用户免费提供服务的互联网商业模式,实际上就是建立在以个人数据作为对价的基础之上的。例如,以谷歌为代表的搜索引擎便是一个典型的例子。搜索引擎的开发和维护是需要大量人力成本的,用户实际上是以返还引擎使用费的形式获得了搜索服务。在接下来的几章中,我们设定了消费者在向创新型企业提供自身的数据同时,获得来自这些企业一定程度的补偿,便是基于这样的思想。此处我们设定的补偿,便不仅限于直接的财富转移,还包括了此处所提到的给予一些服务的免费使用权的形式。

二、数据所有权的界定:两种思路

关于数据所有权的界定,常见的有两种较为对立的观点:一部分学者认为个人应对数据拥有优先的财产权利,而另一些学者则认为企业应对数据拥有绝对的所有权。这两种观点都过于绝对,在实践当中也缺乏指导意义。在查阅了相关的文献之后,我们给出两种比较合理的思路,作为数据所有权界定的参考。

(一) 基于不同场景的所有权界定思路

数据的存在形式是非常多样的,即使是产生于消费者个人的数据,不同的收集和处理方式也能够反映出不同的信息。数据的不同存在形式,也要求我们应当区分其不同的使用场景以界定所有权。例如,我们可以至少分为以下两大类场景。

第一类场景是以个人数据为交易对象的情形。在这样的场景下,数据使用者可以直接通过数据推测出数据主体的各方面信息,并能够直接影响到数据主体的人身权利和人格权利。因此,在这样的场景下,数据的所有权应当完全归数据主体本人所有,并作为个人私有的财产进行有效的保护。

第二类场景是去除了个人信息的数据集。匿名化是目前对原始数据处理的一类通用方法,主要目的在于切断数据主体与数据集本身所反映出的信息之间的联系。换句话说,很多时候人们只关心一群人的行为模式,因此需要足够多的样本以进行估计,但并不会去关心具体是谁有着什么样的行为。对于大部分的企业来说,这一类采用大数据技术手段得到的一般性结论,才是指导商业决策的重要参考。因此,这一类数据在实践中通常更加具有交易价值。同时,考虑到数据处理企业在数据清洗处理等过程中同样需要花费相应的人力物力,我们理应当给予这些企业以相应的所有权。

(二) 基于所有权与用益权分离的界定思路

用益物权,是指在一定范围内以使用、收益为目的而在他人之物上设立的定限物权。常见的用益物权有土地承包经营权、建设用地使用权等形式。根据申卫星(2020)的论述,在数字经济背景下,有必要将数据的权属形式划分为所有权和用益权的二元结构。对于数据主体,即数据得以生产的创造者,应当对数据享有所有权;而对于数据处理者,为了鼓励这些数据企业深入挖掘数据的价值,则应当对数据享有用益权。然而,在实践当中,数据的用益权可能会表现成许多具体的形式,包括数据的控制权、开发权、许可权、转让权等。并且,与传统的用益权概念所不同的是,数据并不总是保持原有的存在形式,当集合了大量数据之后才有意义,而这一部分的价值创造的归属,仍需要人们更加深入地思考和讨论。

三、小结

本节简要梳理和总结了关于数据权属问题的几种主流观点,为下文关于数据处于不同权属情形下的讨论提供了现实的铺垫。鉴于数据区别于传统生产要素的诸多特性,目前学术界和司法实践领域仍尚未有一个统一的认识,现实中也常常是针对某一特定事件由法官团队作出裁量。在接下来的模型部分,我们将分别给出数据归属于消费者和归属于数据企业这两种极端情形下的经济发展的结果,以期为这一问题提供一些参考。

第三节　数据共享与数据流动

数据作为生产要素的一大特殊性质是其在大多数情形下,都能够在不损失使用价值的前提下实现重复使用,这也因此产生了关于数据共享的一系列问题。数据共享的最大风险当属数据泄露和数据滥用。并且,由于不同国家和地区对于数据保护的要求不尽相同,源于不同地区间数据共享行为的数据的跨境流动问题也显得愈发重要。本节将首先从分析近年来的最大的数据泄露丑闻之一——Facebook 数据事件出发,总结各国在数据共享与数据流动上的实际做法,并对这一问题进行一些初步的探讨。

一、"Facebook 丑闻"事件暴露出的美国数据政策问题

2018 年 3 月,美国《纽约时报》和英国《观察家报》共同发布了一则深度报道,曝光曾经服务于特朗普竞选团队的数据分析公司剑桥分析公司(Cambridge Analytica)获得了 Facebook 数千万用户的数据,并进行了违规滥用,从而干预了包括美国大选在内的多国政治活动。随后,美国国会参众两院各委员会分别或联合启动了数十场听证会,我们可以大致将这些听证会的主题分为以下两大类。

(一)　内容监管中的平台责任

由于美国宪法第一修正案规定的言论自由原则同样适用于平台,因此,在美国对平台内容进行监管是极其复杂的,这也是美国国会长期以来一直没有为平台赋予更多内容管理责任的主要原因。然而,随着时代的变迁,信息通过一些大型网络平台的传播相较于传统的方式实现了极大的提升,但同时,一些虚假、歪曲的信息也得以借助平台迅速泛滥,产生了平台被恶意利用、干预选举等问题。除了干预选举的问题之外,网络上的仇恨言论、儿童色情等不良信息同样亟待解决。然而,限于"言论自由"的美国基本价值观,目前各大互联网公司的平台的内容管理措施仍然是十分谨慎的。

(二) 隐私保护和数据安全政策

美国在隐私与数据保护方面的立法长期以来都保持着"碎片化"的特征,这也是为什么我们在谈起美国的隐私保护相关法律时,首先提到的是加利福尼亚州的法律,而非一部联邦整体的法律。加利福尼亚州在美国的各州中地位较为特殊,甚至有州地方自己的参议院和众议院,由此才产生了这样独特的法律体系。在经历了此次大规模数据泄露和滥用事件之后,关于联邦层面的统一隐私保护立法的呼声再度成为人们关注的焦点。然而,从目前来看,即使是 CCPA,相较于欧盟的 GDPR,在受影响的实体范围以及关于选择进入还是选择退出两个基本原则方面,仍存在较大的差距。

二、欧盟的数据共享政策探索

相较于美国,欧盟在数据保护立法方面的政策关注点已经投向了更高级的领域数据共享问题。2018 年 4 月,由产业界、学术界、欧盟官方机构共同编写的《欧洲数据经济中的私营部门数据共享指南》报告正式发布(以下简称《指南》)。该《指南》在其基础性研究报告部分将数据共享总结为以下五种不同模式。

第一,数据货币化。这是指数据企业通过向其他企业分享数据从而获得额外收入的方式,也包括因提供数据服务而实现的数据货币化。第二,数据交易市场。数据供应企业与数据需求企业之间往往需要通过一个可信的平台进行交易,平台在交易过程中收取一定比例的佣金。第三,产业数据平台。在某些特定的产业内部,部分企业可以选择达成战略合作伙伴协议,自愿加入一个封闭、安全和专属的平台。第四,数据共享技术服务。在这种情形下,技术服务企业的收益来自通过建立、实施或维护促进企业间数据共享的技术方案来收取费用。第五,数据开放与数据策略。这主要见于一些公益性质的大型企业,这些企业实行开放的数据政策,将数据合法提供给第三方,用于新产品和新服务的研发活动。

三、对我国数据跨境流动政策制定的思考与启示

尽管各国目前都基本在国内范围内建立了符合具体国情的数据隐私保护

和数据共享机制,但由于国与国之间政策的差异,数据的跨境流动仍然是一个悬而未决的难题。我国于 2016 年 11 月出台的《网络安全法》首次以国家法律的形式明确了中国数据跨境流动的基本政策。

与欧盟类似,我国对于数据的跨境流动同样采取了较为积极的干预措施。相比之下,中国对数据跨境流动活动的干预更加直接和深入,因而更需要系统地思考科学有效的机制,以保证数据流动带来的发展机遇和安全之间的有效平衡。具体来说,可能有以下几点做法值得我国的立法决策者借鉴。

首先,建立白名单机制可能是十分重要的措施。我们需要根据各国的个人信息保护状况及对等措施,建立允许数据自由流动的国家或地区的白名单。实现这一机制的有效办法可以是通过多边协议等形式。目前,日本、韩国已分别启动与美欧的数据跨境流动双边谈判,我国也应当加快这一进程。除此之外,提供指引性的数据跨境流动协议范本、鼓励行业内自组织参与安全评估,以及对不同性质的数据采取分类管理的方法等,都是值得我国在立法过程借鉴的制度和措施。

第四节　本章小结

本章在整本书中的定位是起到一个提供启发性事实以及对一些现实中发现的事件进行初步讨论的作用。本章首先梳理和总结了世界各主要经济体在数据隐私保护方面的相关法律,主要关注的是欧盟的 GDPR、美国的 CCPA,以及我国以《刑法》《民法典》和《个人信息保护法》为主要组成部分的个人信息保护法律体系。通过对这三个世界主要经济体在隐私保护立法上的三种截然不同的思路的对比,我们可以初步总结出目前关于数据隐私保护的三种主流态度和思路。在接下来的内容中,我们将通过求解模型得到的结果,进一步讨论不同的隐私保护水平可能导致的不同的数据经济发展进程与结果。因此,在进入模型部分的讨论之前,首先展示这些法律的异同点是非常有必要的。

除了对形成官方文本的法律进行梳理和总结之外,我们还对数据的权属问题和数据共享与流动两个问题进行了一些理论上的初步讨论。这两个问题也将同样始终贯穿于接下来的模型所要展现的数据经济运行模型。数据权属问题一直以来是学术界及法律实践领域所关心且争论不下的问题,数据由于其特殊性质而使得这一问题无论从法学、经济学,还是在实践层面都变得十分复杂。在第五章的扩展模型讨论中,我们将对比不同数据权属情形下经济发展的结果,以期对这一问题的解决提供一些参考。此外,关于数据共享及数据流动的问题,同样会在第五章的讨论中有所涉及。

第四章　基准模型：产生于消费者的数据

本章提出贯穿整本书的基准模型。本书致力于将数据生产、创新与来自数字信息的知识积累，以及有关数据隐私的关注整合在一起建立宏观经济学模型，用以刻画经济增长与消费者数据提供行为两个方面的现象。这一新的"数据经济"由以下三种类型的参与者组成：代表性消费者、若干个创新性中间品生产厂商，以及一个最终品生产厂商。这三种参与者之间的关系及本基准模型的运行模型可由图 4-1 表示。

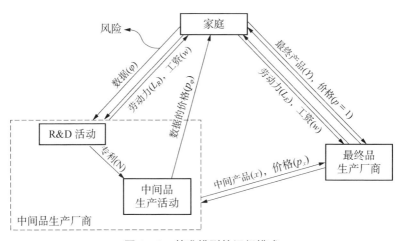

图 4-1　基准模型的运行模式

注：单箭头表示单向的流动，即仅有一方将某种东西交给另一方而不需要任何回报。双箭头表示双向的流动，即箭头两端的双方以一定的价格相互交换某些东西。

具体地，经济中的三类参与者间的关系描述如下：

（1）最终品生产厂商使用劳动和中间品在一个完全竞争的环境中来为家庭的消费生产最终产品。在给定中间品价格的条件下，它决定中间品的使用量和最终品的生产量。

（2）经济中有若干种中间品，每一个中间品生产厂商生产其中一种中间品，并使用它们的产品作为投入。所有的中间品生产厂商都处于垄断的环境当中，每个厂商都能在给定最终品生产厂商的需求行为的条件下，决定它们生产的相应中间品的价格。

（3）在一个潜在的中间品生产厂商进入经济中之前，它需要首先进行 R&D 活动来创造新的专利以生产新种类的中间品。这一过程需要雇用劳动力和使用由家庭提供的数据。

（4）家庭在给定他们的预算约束条件下，通过决定消费水平和提供数据的量以最优化他们的效用。由于提供数据给中间品生产厂商用于 R&D 活动可能会面临一定的风险，家庭从这些厂商处得到一定的补偿。数据的价格由一个完全竞争的市场决定，在这里，家庭将价格视为给定并决定提供的数据量。

在本章以及接下来的几章中，我们将从这一基准模型出发，对数据经济的运行机制以及其中的隐私问题进行详细的理论探讨①。本书与琼斯和托内蒂（2020）及法布迪和维尔德坎普（2021）这两篇文章一道，可以作为数据在长期经济增长中的效应这一领域的奠基性研究之一，具有非常重要的理论价值。

第一节 模型设定

本节主要从代表性消费者、最终品生产厂商以及中间品生产厂商三方面分别给出模型的具体设定，最后给出模型均衡的定义，以及关于数据这一要素在本书中的特殊地位的一些具体阐述。

---

① 本章以及接下来两章的内容，已经发表在 2021 年 10 月出版的管理学顶级国际期刊《管理科学》（*Management Science*）上（Cong et al., 2021）。我们还有另一篇旨在对此模型进行补充的文章发表于经济学国际权威期刊《经济动态与控制杂志》（*Journal of Economic Dynamics and Control*），本书将不再赘述（Cong et al., 2022）。

一、代表性消费者

相比于其他类似的模型,本模型最大的不同之处在于我们将数据的暴露问题考虑在内。具体来说,企业需要消费者的个人信息,这些信息以数据的形式被收集起来,以便提升它们的生产能力。在每一个消费者进行消费活动的同时,数据以副产品的形式产生(Veldkamp,2005),并可以将这些数据卖给中间品生产厂商。然而,由于消费者在暴露他们的个人信息和个人数据时会面临一些风险而产生负效用,他们需要得到一定的补偿[①]。正式地,我们的模型被设定在一个无限且连续时间的经济中,代表性消费者都是同质的,并且时期 t 时的总人口数为 $L(t)$,并以 n 的常数速率增长。每一个消费者在每一期都只无弹性地供给 1 单位的劳动力。故而,对于单个消费者来说,我们有如下所示的家庭效用最大化问题。

$$\max_{c(t),\,\varphi(t)} \int_0^\infty e^{-(\rho-n)t} \left[\frac{c(t)^{1-\gamma}-1}{1-\gamma} - \varphi(t)^\sigma \right] \mathrm{d}t \tag{4-1}$$

使得

$$\dot{a}(t) = (r(t)-n)a(t) + w(t) + p_\varphi(t)\varphi(t) - c(t),\ \forall\, t \in [0,\infty) \tag{4-2}$$

且有

$$\frac{\dot{\varphi}(t)}{\varphi(t)} \leqslant \frac{\dot{c}(t)}{c(t)} + s \tag{4-3}$$

在这个模型中,我们假设数据在每一期都是完全折旧的,也就是说,由消费者提供的数据不能够积累,或者可以认为这些数据一旦被使用过后,就完全过期了。

[①] 在廖理等(Liao et al.,2020)的研究中,他们提供了一个关于由信息泄露所带来危害的例子:一些网络出借人在贷款人申请贷款的过程中获取贷款人的通信信息,并在当贷款人无力偿还时,这些出借人会联系贷款人身边的所有人,告知他们贷款人欠钱不还,并要他们催促其还款。

类似的假设也存在于琼斯和托内蒂(2020)的研究中。人们可能会认为这一假设过强,因为在现实中明显不是这样的。在第五章第一节和第二节中,我们将通过建立合适的扩展模型来说明,即使我们引入数据能够积累这一假设,均衡的结果并不会受到太大的影响。因此,为了简便起见,此处仅考虑数据完全折旧的这一情形。

模型中的各个变量的含义如下所示:$\varphi(t)$ 是时期 t 的消费者提供给中间品生产厂商用于 R&D 活动的数据量;$p_\varphi(t)$ 是给予消费者的数据价格,用于补偿从潜在的隐私侵害中产生的风险;$C(t)$ 是时期 t 消费者的总体消费水平,而 $c(t) = C(t)/L(t)$ 则是人均消费水平;$w(t)$ 是时期 t 的工资率水平;$a(t)$ 是时期 t 由单个消费者持有的资产;$r(t)$ 是时期 t 的资产利率。除此之外,其他参数的含义如下所示:ρ 是消费者的主观贴现因子;γ 是对应于消费的跨期替代弹性的倒数;σ 以负效用的形式代了隐私泄露的程度。此外,s 代表了约束(4-3)的松紧程度,并且取决于一个国家的数据基础设施完善程度、法律制度的发展程度,以及相应的隐私规范政策等。此处的基准模型中,我们将 s 规范化为 0,并在之后的章节中讨论针对 s 进行的一些比较静态分析,以更好地理解政策干预的影响。最后,需要注意的是,在这个模型中存在两个部门雇用劳动力,即生产部门与研发部门。在每一时期,每个消费者只能选择其中一个部门去工作。在这里,我们假设两部门的工资率水平是相等的。

数据提供约束(4-3)意味着对于某个常数 $\chi > 0$,有 $\varphi(t) \leqslant \chi c(t)$。换句话说,数据是经济活动的副产品,它不能超过消费活动的某个固定的比例。并且,在过渡时期动态分析中,只有数据提供量和消费的增长率是相关的变量,因为我们将约束用同一种形式进行表示。约束(4-3)还要求数据提供量的增长率受到消费增长率的限制,这一设定比较自然,并易于进行求解①。数据市场可

---

① 实际上,约束(4-3)在接下来的大部分推导过程中并未实际起作用,仅在第六章的过渡态数值分析中着重进行了分析。设置这一约束的目的在于讨论针对数据使用的 (转下页)

以被视为是完全竞争的,在这里数据的价格 $p_\varphi(t)$ 同时被来自中间品生产厂商的需求和来自消费者的供给所决定。

通过构建一个哈密尔顿函数,并分别求出关于 $c(t)$、$a(t)$ 和 $\varphi(t)$ 的必要条件,我们得到以下两个描述系统运行的欧拉方程:

$$\frac{\dot{c}(t)}{c(t)} = \frac{r(t) - \rho}{\gamma} \tag{4-4}$$

和

$$\frac{\dot{p}_\varphi(t)}{p_\varphi(t)} - (\sigma - 1)\frac{\dot{\varphi}(t)}{\varphi(t)} = r(t) - \rho \tag{4-5}$$

这两个式子将消费和数据提供量通过增长率的形式联系在了一起[①]。

二、最终品生产厂商

经济中只存在一个最终品生产厂商,在完全竞争的环境中生产,并有以下生产函数:

$$Y(t) = L_E(t)^\beta \int_0^{N(t)} x(v, t)^{1-\beta} \mathrm{d}v \tag{4-6}$$

其中,$L_E(t)$ 是受雇于最终品生产的劳动力,$N(t)$ 是时期 t 被用于最终品生产的中间品种类数,$x(v, t)$ 时期 t 被用于最终品生产的第 v 类中间品的总数量。中间品只能在当期被使用,因此我们可以将它们的价格 $p_x(v, t)$ 视为专利权的租金。最后,β 代表最终品生产中劳动力需求的弹性系数。

基于以上设定,最终品生产厂商的利润最大化问题可以写成如下形式:

(接上页)各类法律等方面的约束对经济增长所产生的结果,尤其是在这一新形式的经济的发展初期,这一约束的作用更为明显。

① 注意,当 $\sigma = 0$ 时,即消费的数据被使用不产生隐私方面的负效用时,式(4-5)中的结果将不再成立,也就没有了后面的推导过程。因此,我们仅考虑 $\sigma > 1$ 时的情形以避免一些可能会使模型不成立的特殊情形。

$$\max_{\{x(v,\,t)\}_{v\in[0,\,N(t)]},\,L_E(t)} L_E(t)^{\beta} \int_0^{N(t)} x(v,\,t)^{1-\beta} \mathrm{d}v - \int_0^{N(t)} p_x(v,\,t) x(v,\,t) \mathrm{d}v$$

$$-w(t) L_E(t)$$

$$(4-7)$$

其中，$p_x(v,\,t)$ 是时期 t 第 v 类中间品的价格。这一价格由对应的中间品生产厂商决定，最终品生产厂商将其视为给定。由此，分别求出关于 $x(v,\,t)$ 和 $L_E(t)$ 的一阶条件，我们有

$$x(v,\,t) = \left[\frac{1-\beta}{p_x(v,\,t)}\right]^{\frac{1}{\beta}} L_E(t) \qquad (4-8)$$

和

$$w(t) = \beta L_E(t)^{\beta-1} \int_0^{N(t)} x(v,\,t)^{1-\beta} \mathrm{d}v \qquad (4-9)$$

三、中间品生产厂商

经济中存在无数多的中间品生产厂商，它们根据研发成功并成为垄断者之后由生产对应中间品所能获得的利润，来决定是否以及投入多少到研发过程当中。换句话说，一个中间品生产厂商通过进行 R&D 活动进入经济，并衡量由成功带来的利润（也就是该种类中间品的垄断生产利润），与进行 R&D 活动的所需要雇用的劳动力和使用的数据成本之间的大小。我们采用逆向归纳的方法来求解中间品生产厂商的问题[①]。

（一）生产阶段

市场中有若干个中间品生产厂商，它们中的每一个都在各自的垄断环境中

---

① 在琼斯和托内蒂（2020）的研究中，数据被直接设定为中间品并作为生产消费性商品的投入，而在本模型中，关于中间品的含义仍然是一般性的，正如在罗默（1990）的文章中所设定的那样。这是本书所建立的模型与琼斯和托内蒂（2020）的研究所设定的最大的不同点。为了更进一步地说明本书模型的稳健性，第五章第二节将考虑一个加入了数据非竞争性的扩展模型。

进行生产,并且它们的产品同样也是投入品①。首先,定义第 v 类中间品专利的总价值为:

$$V(v, t) = \int_t^\infty \exp\left(-\int_t^s r(\tau)\mathrm{d}\tau\right)\pi(v, s)\mathrm{d}s$$

其中,

$$\pi(v, t) = p_x(v, t)x(v, t) - \psi x(v, t) \tag{4-10}$$

此处, $\pi(v, t)$ 是时期 t 第 v 类中间品生产所能获得的利润,而 ψ 是这一生产过程的边际成本,在这一经济中我们假设为一个常数。

将式(4-8)代入到式(4-10)中,我们求出关于 $p_x(v, t)$ 的一阶条件,由此得到每一种类中间品的最优价格为:

$$p_x(v, t) = \frac{\psi}{1-\beta} \tag{4-11}$$

由此,我们可以认为不同时期不同种类的中间品价格都是一样的。下一步,将式(4-11)代入到式(4-8)中,我们有

$$x(v, t) = \left[\frac{(1-\beta)^2}{\psi}\right]^{\frac{1}{\beta}} L_E(t) \equiv x(t) \tag{4-12}$$

由此同样可以得到,同一时期内不同种类的中间品使用量都是相同的。

根据以上的推导,我们可以通过将式(4-11)和式(4-12)分别代入到式(4-10)和式(4-6)中,进而得到以下式子:

---

① 我们将中间品生产厂商设定在垄断的环境下生产,一方面是为了遵循内生增长模型中比较通用的设定方法,另一方面也是为了保证模型整体的逻辑自洽性。具体来说,由于中间品生产厂商的行为分为研发和生产两个阶段,在研发阶段中,厂商需要投入一定量的资源以获得新的产品种类,这一过程本身并不会产生任何的收益。因此,为了弥补在研发阶段付出的成本,我们需要给予中间品生产厂商在生产阶段获得正利润的可能性。并且,站在整个过程的角度来说,中间品生产厂商所能获得的总利润仍然是零,这也保证了自由进入条件(4-18)和(4-19)的成立。

$$\pi(v, t) = \frac{\phi^{1-\frac{1}{\beta}}\beta}{(1-\beta)^{1-\frac{2}{\beta}}} L_E(t) \equiv \pi(t) \qquad (4-13)$$

和

$$Y(t) = \left[\frac{(1-\beta)^2}{\phi}\right]^{\frac{1}{\beta}-1} N(t)L_E(t) \qquad (4-14)$$

每一种类中间品生产的利润也同样是相等的。另外,式(4-9)所示的工资率表达式可以进一步地表示成:

$$w(t) = \beta\left[\frac{(1-\beta)^2}{\phi}\right]^{\frac{1}{\beta}-1} N(t) \qquad (4-15)$$

(二) 进入和 R&D 阶段

在这个经济中,由消费者提供的数据被视为是 R&D 活动的一种投入要素。需要注意的是,在这样的情形中,在 R&D 部门中被使用的数据量是由消费者提供的总数据量,即 $\varphi(t)L(t)$。除此之外,R&D 也同样需要雇用劳动力 $L_R(t)$ [①],已存在的知识也具有某种程度的溢出效应[②]。我们假设中间品生产厂商在使用数据进行 R&D 活动之前,还需要支付一种"数据处理成本",由下式表示:

$$数据处理成本 = \theta\varphi(t)^{\phi} \qquad (4-16)$$

其中,$\theta \geqslant 0$ 且 $\phi > 1$。为了简便起见,我们在基准模型中设定 $\theta = 0$,然后在第五章第三节中给出一般形式的解。在一般化的模型中,我们需要 $\theta > 0$ 和 $\phi > 1$ 以保证这个成本函数是一个递增的凸函数。并且,当我们允许企业拥有数据时,我们需要 $\theta > 0$,否则结果就会变得没有意义。这是因为,当企业不需要支付任何成本(既不需要向消费者支付使用数据的补偿,也不存在数据处理成本)

---

① 这些劳动力可以认为是研究者,包括致力于计算和 AI 设计以使得我们能够更高效地使用数据的人。

② 在某种意义上,由企业获取的数据可以被视为这些企业的某种无形资产。这类似于在一些研究中所讨论的客户资本(customer capital)这一概念(Dou et al., 2021)。

时,企业肯定会用光它所拥有的全部数据。

此外,我们还给出了创新可能性边界的演变模式,如下所示:

$$\dot{N}(t) = \eta N(t)^{\zeta}[\varphi(t)L(t)]^{\xi}L_R(t)^{1-\xi} = \eta N(t)^{\zeta}\varphi(t)^{\xi}l_R(t)^{1-\xi}L(t)$$

$$(4-17)$$

其中,$\eta > 0$ 是创新过程的效率项,$\xi \in (0,1)$ 代表创新过程中数据的贡献程度,$\zeta \in (0,1)$ 则代表知识的溢出效应,$\varphi(t)L(t)$ 是每一时期所有消费者所提供的数据总量,而 $L_R(t)$ 是被雇用来进行 R&D 活动以产生新种类的中间品的劳动力。当 $\zeta = 1$ 时,模型就变得类似于罗默(1990)研究中的完全溢出情形。根据劳动力市场出清条件,我们有 $L_E + L_R \leqslant L(t)$,其中 $L(t)$ 是总劳动力水平。于是,$l_R(t) = L_R(t)/L(t)$ 表示受雇于 R&D 部门的劳动力份额[①]。从此处所示的创新可能性边界中我们可以看出,尽管在本模型中数据也像在琼斯和托内蒂(2020)的研究中所设定的那样在每一期都完全折旧,本模型中,数据的影响仍然能够以新的中间品种类的形式通过知识溢出效应扩散到将来的时期。并且,这一长期的积累效应对这类种类扩张模型是非常重要的。这一性质将在第五章第二节中进一步详细说明。

中间品生产厂商需要在开始生产之前决定是否进入市场,即进行 R&D 活动的期望利润应不小于零。我们假设 $V(t)$ 为一个新种类的中间品的总价值,或者说是一个新种类的中间品专利所能获得的总折现利润额。这一变量在前一节中已经被讨论过了。当决定投入多少资源到 R&D 活动当中时,中间品生产厂商需要解决以下问题:

$$\max_{l_R(t),\,\varphi(t)} \eta N(t)^{\zeta}\varphi(t)^{\xi}l_R(t)^{1-\xi}L(t)V(t) - w(t)l_R(t)L(t) - p_{\varphi}(t)\varphi(t)L(t)$$

---

① 我们依照文献的传统来假设投入品规模报酬不变条件;$\zeta > 0$ 表示由于创新本身的积累性质所带来的正向外部回报(Chang, 1995; Cong and Howell, 2021),而 $\zeta < 1$ 则遵循了琼斯(1995)在基于罗默(1990)之上的创新,用以反映随着种类不断扩张,产生新种类的中间品将变得越来越困难这一现象。

最优化问题的第一项表示,在给定现有的知识水平 $N(t)$ 条件下,如果中间品生产厂商投入 $\varphi(t)L(t)$ 的数据量和 $L_R(t)$ 的劳动力所能获得的总收益。另外两项则分别代表该厂商所面临的成本。因此,关于 $\varphi(t)$ 和 $l_R(t)$ 的一阶条件分别为:

$$\eta\xi N(t)^{\xi}\varphi(t)^{\xi-1}l_R(t)^{1-\xi}V(t) = p_{\varphi}(t) \qquad (4-18)$$

以及

$$\eta(1-\xi)N(t)^{\xi}\varphi(t)^{\xi}l_R(t)^{-\xi}V(t) = w(t) \qquad (4-19)$$

以上两个式子被称为自由进入条件,它们共同决定了所有潜在的中间品生产厂商进入市场的行为。当这两个条件同时被满足时,不会再有更多的潜在中间品生产厂商有激励进入市场。而只有到 $N(t)$ 在下一期进行积累之后,才会有新的潜在中间品生产厂商继续进入。这两个条件事实上保证了零利润条件同样对于每个中间品生产厂商也是成立的,即使看起来似乎每个这样的厂商在它们自有种类的中间品市场里是具有垄断力量的。

四、均衡的定义

根据以上所建立的模型,我们可以定义如下均衡。这个均衡由价格 $\{p_{\varphi}(t), p_x(v, t), w(t), r(t)\}_{t=0}^{\infty}$、资源分配 $\{c(t), \varphi(t), a(t), L_E(t), L_R(t)\}_{t=0}^{\infty}$、中间品投入 $\{x(v, t)\}_{t=0}^{\infty}$,$\forall v$,以及知识水平 $\{N(t)\}_{t=0}^{\infty}$ 组成,使得:

- 将数据价格和工资率 $\{p_{\varphi}(t), w(t), r(t)\}_{t=0}^{\infty}$ 视为给定,资源分配 $\{c(t), \varphi(t), a(t)\}_{t=0}^{\infty}$ 是消费者效用最大化问题的解,如式(4-1)、式(4-2)和式(4-3)所示。

- 将中间品价格和工资率 $\{p_x(v, t), w(t)\}_{t=0}^{\infty}$ 以及相应的知识水平 $\{N(t)\}_{t=0}^{\infty}$ 视为给定,资源分配 $\{L_E(t)\}_{t=0}^{\infty}$ 和 $\{x(v, t)\}_{t=0}^{\infty}$,$\forall v$ 是最终品生产厂商利润最大化问题的解,如式(4-7)所示。

- 对于每一个中间品生产厂商而言,给定数据和劳动力的价格 $\{p_{\varphi}(t),$

$w(t)\}_{t=0}^{\infty}$、资源分配 $\{x(v,t)\}_{t=0}^{\infty}$，$\forall v$ 以及知识水平 $\{N(t)\}_{t=0}^{\infty}$，它们需要首先选择资源分配 $\{\varphi(t),L_R(t)\}_{t=0}^{\infty}$ 以满足条件（4－18）和（4－19），然后选择价格 $\{p_x(v,t)\}_{t=0}^{\infty}$ 来最大化它们的利润，如式（4－10）所示。

- 中间品种类（知识水平）$\{N(t)\}_{t=0}^{\infty}$ 的扩张遵循如式（4－17）所示的规则。
- 市场出清条件在资产市场、数据市场、劳动力市场和中间品市场都得到满足。

五、数据的一些独特特征

尽管从以上的模型设定来看，数据进入中间产品的生产函数时所用的函数形式有点像某种专门用于 R&D 活动的劳动力，但是数据在经济增长中所扮演的角色是完全与劳动力和资本不同的。在对模型进行求解之前，我们有必要首先说清楚关于数据的一些独有的特征。

首先，鉴于人口的变动在很多增长模型中都是外生的（例如，可能的劳动力供给水平），数据内生于消费，而消费本身又内生并取决于数据在知识积累过程中的使用水平。此外，一些隐私规制政策如 GDPR 和 CCPA 能够影响内生的生产活动以及数据的使用量，但人口增长则比较难以在短时间内进行干预。并且，需要注意到，资本和劳动力的使用都不会因为隐私问题而产生负效用。

另一个在本章提到的关于数据的独特特征是其动态的非竞争性。在琼斯和托内蒂（2020）的研究中，所有的企业都需要数据进行生产，并且其非竞争性是静态的和跨部门的。在本模型中，只有潜在的中间品生产厂商需要在每一时期使用原始数据，而进入者和在位者同样都会从相同的数据中获得收益而不需要产生较高的复制成本。由于数据是被在不同时期进入的中间品生产厂商之间相互交易的，我们将更加关注跨时期的数据非竞争性。

在我们的模型中还隐含着一个结论：即使数据在每一期都是完全折旧的，它们在未来的时期里同样会以中间品的新种类的形式对知识积累作出贡献。

这与其他文献中仅允许劳动力进入知识积累过程的设定截然不同。从直觉上来说,一家企业可能会通过观察其他企业先前的基于数据的创新而加速自身的研发进程。同样地,数据通过创造新的中间品种类,为未来时期创造了知识溢出,而这也是动态非竞争性的一种形式。

另一个数据区别于某种专用于 R&D 活动的劳动力的特征是,数据可以被企业拥有而劳动力不可以。传统的企业通常采用长期的合约,而近期出现了按需供应型劳动力(on-demand labor)或自由职业者的服务,正如我们在优步(Uber)、任务兔(TaskRabbit)以及亚马逊土耳其机器人等中所观察到的计单式的报酬(spot compensation)(*The Economist*,2018)。所有的这些雇用形式都表明企业无法拥有劳动力。

第五章将给出基于本章基准模型的一些扩展模型,以更好地说明数据与其他传统要素的不同。

第二节　平衡增长路径下的数据经济

一、准备工作

我们首先在平衡增长路径(Balanced Growth Path,BGP)下求解这一模型。在这一路径下,我们要求所有的内生变量的增长率都最终趋于某个常数,这种稳态情形在文献中是最常被讨论的。于是,由式(4 - 4)可知,利率 $r(t)$ 在 BGP 下会趋近于一个常数,即

$$r(t) = r^*$$

并且,由 BGP 的定义,我们还能得到以下关于 $l_E(t)$ 和 $l_R(t)$ 的 BGP 增长率的引理。

引理 4 - 1　在 BGP 下,受雇于生产部门和 R&D 部门的劳动力比例会趋于某个常数,因此它们在此时的增长率均为零。

证明 由劳动力市场出清条件,我们有 $l_E(t) + l_R(t) = 1$,以及 $0 \leqslant l_E(t)$,$l_R(t) \leqslant 1$。由于我们需要 BGP 下的所有内生变量增长都是某个常数,如果 $l_E(t)$ 或 $l_R(t)$ 在 BGP 下以一个正的增长率变化,它们最终肯定会超过 1,这与市场出清条件相矛盾。另一方面,如果它们中的其中一个以负增长率变化,由市场出清条件,又能得到另一个正向变化,这也与定义相矛盾。因此,我们可以得出结论:唯一的可能性是这两个变量在 BGP 下趋向于常数,即

$$\frac{i_E(t)}{l_E(t)} = \frac{i_R(t)}{l_R(t)} = 0$$

这是一个非常普遍的结论,我们将会在接下来的证明过程中用到很多次。因此,在下文中这一结论将会视为已知而直接被使用。需要注意的是,只有在 BGP 下我们才会使用这一结论,而在其他非 BGP 的状态下,这两个比例的增长率是有可能不等于 0 的。

接下来,我们将分别在去中心化经济中和社会计划者问题下求解基准模型。然后,我们还会对比这两种情形下模型解的不同。

二、去中心化经济中的均衡结果

(一)去中心化经济中的增长率

在 BGP 下,一个数据专利的总价值 $V(t)$ 可被简化为:

$$V(t) = \frac{\pi(t)}{r^* - n} \tag{4-20}$$

在设定好了所有的变量之后,我们可以得到关于去中心化经济中 BGP 增长率的如下命题。

命题 4-1 在平衡增长路径下的去中心化经济的增长不会表现出规模效应,并且其 BGP 增长率可以表示为以下几组:

$$g_c^* = g_y^* = g_N^* = g_w^* = g^* = \left[\frac{\sigma}{(1-\zeta)\sigma - \xi(1-\gamma)} \right] n \tag{4-21}$$

在 BGP 下,人均数据提供量的约束条件不再会是紧的,并且它们的增长率为:

$$g_\varphi^* = \frac{1-\zeta}{\xi}g^* - \frac{1}{\xi}n = \left[\frac{1-\gamma}{(1-\zeta)\sigma - \xi(1-\gamma)}\right]n \qquad (4-22)$$

最后,数据价格的 BGP 增长率为:

$$g_{P_\varphi} = \zeta g^* + (\xi-1)g_\varphi^* + n = \left[\frac{\sigma+\gamma-1}{(1-\zeta)\sigma - \xi(1-\gamma)}\right]n \qquad (4-23)$$

证明 将与劳动力相关的自由进入条件(4-19)和最终品生产厂商一侧的工资决定方程(4-15)结合在一起,并将这个式子转化为增长率的形式,我们可以得到

$$\zeta\frac{\dot{N}(t)}{N(t)} + \xi\frac{\dot{\varphi}(t)}{\varphi(t)} + \frac{\dot{V}(t)}{V(t)} = \frac{\dot{N}(t)}{N(t)} \qquad (4-24)$$

考虑到由式(4-20)和式(4-13)可得,$V(t)$ 的增长率为:

$$\frac{\dot{V}(t)}{V(t)} = \frac{\dot{\pi}(t)}{\pi(t)} = n \qquad (4-25)$$

将以上式子代入式(4-24),我们有

$$(\zeta-1)\frac{\dot{N}(t)}{N(t)} + \xi\frac{\dot{\varphi}(t)}{\varphi(t)} + n = 0 \qquad (4-26)$$

经济中人均产出的增长率 $g(t)$ 可由最终产品产出的增长率所代表,即

$$g(t) = \frac{\dot{y}(t)}{y(t)} = \frac{\dot{Y}(t)}{Y(t)} - n = \frac{\dot{N}(t)}{N(t)}$$

同时,将创新可能性边界(4-17)代入以上式子,我们有

$$g(t) = \frac{\dot{N}(t)}{N(t)} = \eta N(t)^{\zeta-1}\varphi(t)^\xi l_R(t)^{1-\xi}L(t) \qquad (4-27)$$

至此,我们可以粗略地得出结论:这一经济的增长率由信息暴露程度和分配于两部门的劳动力,以及总劳动力所决定。

下一步,我们需要确定 $N(t)$ 和 $\varphi(t)$ 的增长率。考虑式(4 – 18)并将其改写为增长率的形式,我们有

$$\frac{\dot{p}_\varphi(t)}{p_\varphi(t)} = \zeta \frac{\dot{N}(t)}{N(t)} + (\xi - 1) \frac{\dot{\varphi}(t)}{\varphi(t)} + \frac{\dot{V}(t)}{V(t)}$$

$$= \zeta \frac{\dot{N}(t)}{N(t)} + (\xi - 1) \frac{\dot{\varphi}(t)}{\varphi(t)} + n$$

然后,由关于消费和数据提供量的两个欧拉方程(4 – 4)和(4 – 5),以及在 BGP 下,消费的增长率与产出的增长率相等这一结论,我们有

$$\frac{1}{\gamma} \left[\frac{\dot{p}_\varphi(t)}{p_\varphi(t)} - (\sigma - 1) \frac{\dot{\varphi}(t)}{\varphi(t)} \right] = \frac{\zeta}{\gamma} \frac{\dot{N}(t)}{N(t)} + \frac{\xi - \sigma}{\gamma} \frac{\dot{\varphi}(t)}{\varphi(t)} + \frac{1}{\gamma} n$$

$$= \frac{\dot{c}(t)}{c(t)} = \frac{\dot{y}(t)}{y(t)} = \frac{\dot{N}(t)}{N(t)}$$

将所有式子整合起来,我们可以得到如下表达式:

$$(\zeta - \gamma) \frac{\dot{N}(t)}{N(t)} + (\xi - \sigma) \frac{\dot{\varphi}(t)}{\varphi(t)} + n = 0 \qquad (4 - 28)$$

然后,我们就能够由式(4 – 26)和式(4 – 28)得到 $\varphi(t)$ 和 $N(t)$ 的 BGP 增长率,如下所示:

$$\frac{\dot{N}(t)}{N(t)} = \left[\frac{\sigma}{(1 - \zeta)\sigma - \xi(1 - \gamma)} \right] n$$

$$\frac{\dot{\varphi}(t)}{\varphi(t)} = -\frac{1}{\xi} n + \frac{1 - \zeta}{\xi} \frac{\dot{N}(t)}{N(t)} = \left[\frac{1 - \gamma}{(1 - \zeta)\sigma - \xi(1 - \gamma)} \right] n$$

由式(4 – 27),我们有

$$g^* = \left[\frac{\sigma}{(1 - \zeta)\sigma - \xi(1 - \gamma)} \right] n$$

同时,由两个自由进入条件(4 – 18)和(4 – 19),将它们改写为增长率的形式,我们可以得到工资率和数据价格的 BGP 增长率:

$$g_w = \zeta g_N + \xi g_\varphi + n = \left[\frac{\sigma}{(1-\zeta)\sigma - \xi(1-\gamma)} \right] n$$

和

$$g_{P_\varphi} = \zeta g_N + (\xi-1) g_\varphi + n = \left[\frac{\sigma+\gamma-1}{(1-\zeta)\sigma - \xi(1-\gamma)} \right] n$$

由以上命题我们可以知道,由于人口增长率 n 在这一系统中扮演着非常重要的角色(当它变为 0 时,增长率也会变为 0),各个变量的 BGP 增长率是以半内生的方式确定的。此外,与传统的罗默(1990)模型不同,但与琼斯(1995)模型相似的是,本书的研究模型也同样没有表现出规模效应,而这一效应是经常被诟病的。本模型更加复杂,因为我们在劳动力之上又添加了数据作为创新可能性边界中的另一种投入。并且可以观察得到,BGP 增长率跟以下除了人口增长率以外的参数有关:消费者的消费跨期替代弹性、消费者对于隐私泄露的厌恶程度、数据在创新过程中的相对贡献,以及知识的溢出效应。

我们还可以进一步探索这些影响 BGP 增长率的参数以得到一些有趣的结论。当 γ 趋近于 1 时,这意味着消费者效用函数中的消费项趋向于对数效用的形式,BGP 增长率将变为:

$$(g^*)' = \frac{1}{1-\zeta} n \tag{4-29}$$

在这种情形下,只有知识溢出效应和人口增长率会影响 BGP 增长率。这一结果与琼斯(1995)模型中的结果有所不同:

$$g_{Jones}^* = \frac{1-\xi}{1-\zeta} n$$

如果给定本模型中所有参数都取琼斯的这篇文章中对应参数的值,可以得出结论:通过将数据作为额外的投入加入到创新可能性边界中,BGP 增长率会相应地增加。这一结论也支持了数据的引入对经济增长会产生正向影响这一论断。

此外,如果给定 $\gamma > 1$——这一条件在实证研究中是比较常见的(Coen,1969;Lucas,1969;Vissing-Jørgensen,2002)——我们可以得出结论:BGP 增长率 g^* 随着 σ 的增加而增加。并且,当 σ 变得非常大时,BGP 增长率也会趋向于式(4-29)。类似地,我们还可以观察到当 ξ 增加时,BGP 增长率也会增加。σ 和 ξ 一起反映了数据在本模型中的重要性,一个从负向的角度而另一个则从正向的角度反映。可能有人会觉得当人们对隐私更加敏感(即 σ 变大)时,BGP 增长率增长这一结论有些反直觉。然而,考虑到消费者的效用函数是由一个与消费相关的正向项,和一个与数据提供相关的负向项组成的,此时更高的增长率会用来补偿隐私可能受到侵害的风险。这还说明了较高的增长率自身并不能保证有较高的效用。斯托基(1998)的研究也有类似的结论。当污染水平较高时,增长率同样也会升高。这是因为人们不喜欢污染带来的危害,并需要更高的增长率来补偿。最后,由命题我们可以得知 γ 和 BGP 增长率的关系是负向的,这意味着当人们更加风险厌恶时,基于这些隐私方面的考虑,他们更愿意生产少一些、增长率低一些。

当各参数取到一些极端的值时,命题 4-1 中的表达式不一定都是有意义的。因此,我们需要进一步探讨 BGP 的存在性条件以便将这些参数的取值限制在合理范围内。在接下来的几节中,有关于这个模型的其他方面性质也将被讨论。

(二) BGP 的存在性

命题 4-1 中的表达式并不能保证 BGP 的存在性,因为我们可以很容易地观察到当不给各参数施加一定的取值范围时,BGP 增长率很可能取到负值。由此,我们有以下命题。

命题 4-2 在这个由数据驱动的创新模型当中,存在由命题 4-1 所定义的平衡增长路径,如果以下的条件能够得到满足:

$$0 < \zeta < \begin{cases} 1 - \dfrac{\xi}{\sigma}(1-\gamma), & \text{当 } \gamma > 1; \\ 1 - (1-\gamma)\left(\dfrac{n}{\rho - n} + \dfrac{\xi}{\sigma}\right), & \text{当 } 0 < \gamma < 1 \end{cases} \tag{4-30}$$

证明 为了保证 BGP 的存在性,经济的增长率需要满足两个条件。第一个条件要求 $g^* > 0$,由此可以推出

$$(1-\zeta)\sigma - \xi(1-\gamma) > 0$$
$$\Rightarrow \zeta < 1 - \frac{\xi}{\sigma}(1-\gamma) \tag{4-31}$$

除此之外,我们还要求增长率满足横截性条件(transversality condition, TVC),即

$$\lim_{t \to \infty} \left[\exp\left(-\int_0^t r(s)\mathrm{d}s\right) \int_0^{N(t)} V(v, t)\mathrm{d}v \right] = 0$$

在 BGP 下,横截性条件可被简化为

$$\lim_{t \to \infty} e^{-r^* t} N(t) V(t) = 0$$
$$\Rightarrow \lim_{t \to \infty} e^{(g^* + n - r^*)t} N(0) V(0) = 0$$

由此推出条件 $g^* + n - r^* < 0$。同时,由式(4-4)可知 $r^* = \gamma g^* + \rho$,则

$$g^* + n - \gamma g^* - \rho < 0$$
$$\Rightarrow g^* < \frac{\rho - n}{1 - \gamma}$$
$$\Rightarrow \zeta < 1 - (1-\gamma)\left(\frac{n}{\rho - n} + \frac{\xi}{\sigma}\right) \tag{4-32}$$

将式(4-31)和式(4-32)结合起来,另外考虑 $\zeta > 0$(我们假设技术不会具有负的溢出效应),我们有

$$0 < \zeta < \begin{cases} 1 - \dfrac{\xi}{\sigma}(1-\gamma), & \text{当 } \gamma > 1; \\ 1 - (1-\gamma)\left(\dfrac{n}{\rho-n} + \dfrac{\xi}{\sigma}\right), & \text{当 } 0 < \gamma < 1 \end{cases}$$

这正是我们所要求的知识溢出效应的取值范围。

与琼斯(1995)模型不同的是,此处我们要求知识的溢出效应要小于某个上限,而这一上限取决于消费的跨期替代弹性。当 $0 < \gamma < 1$ 时,ζ 的取值上限小于 1。这意味着当消费者对消费的跨期替代弹性较高时,则不可能达到完全的知识溢出。另外,当 $\gamma > 1$ 时,即消费者比标准的对数效用形式更加不愿意进行消费的跨期替代,完全的知识溢出情形($\zeta = 1$)则能够被包含在模型当中。对比琼斯(1995)的结果,该模型要求这一溢出效应不能超过 1。

(三) 去中心化经济中两部门间雇用劳动力的份额

除了增长率之外,由引理 4 - 1 我们应该注意到,在 BGP 下,受雇于两部门的劳动力份额应当是常数。因此,我们求出这些份额以更进一步地对本模型进行探索,并得到以下命题。

命题 4 - 3 在这个去中心化的经济当中,受雇于 R&D 部门的劳动力份额 s_D 在 BGP 下是一个常数,由以下式子决定(我们用下标"D"来表示去中心化经济中的结果):

$$s_D = \frac{1}{1 + \Theta_D}$$

其中,

$$\Theta_D = \frac{g^* \gamma + \rho - n}{g^* (1-\xi)(1-\beta)} \tag{4-33}$$

g^* 如式(4 - 21)所示。

证明 由式(4 - 26)可知,在 BGP 下,$N(t)^{\zeta-1} \varphi(t)^\xi L(t)$ 在任意时期 t 都是固定的。因此,

$$g^* = \eta N(t)^{\xi-1}\varphi(t)^{\xi}(l_R^*)^{1-\xi}L(t), \quad \forall t$$

将式(4-19)和式(4-15)结合起来,再代入式(4-13)和式(4-20),我们有

$$(1-\xi)(1-\beta)g^*((l_R^*)^{-1}-1) = r^* - n$$

同时,从式(4-4)我们还能够得到 g^*,并将其与上面的式子联立起来,得到

$$g^* = \frac{1}{\gamma}(r^* - \rho) = \frac{1}{\gamma}\left[(1-\xi)(1-\beta)g^*((l_R^*)^{-1}-1) + n - \rho\right]$$

$$\Rightarrow l_R^* = \frac{(1-\xi)(1-\beta)}{\gamma + (1-\xi)(1-\beta) + \dfrac{\rho - n}{g^*}}$$

令

$$\Theta_D = \frac{\gamma + \dfrac{\rho - n}{g^*}}{(1-\xi)(1-\beta)}$$

其中, g^* 如式(4-21)所示。由此,受雇于 R&D 部门的劳动力份额为

$$s_D = \frac{1}{1 + \Theta_D}$$

由模型设定,我们总是可以得到如式(4-33)所示的 Θ_D 是大于零的,这进一步确保了相应的劳动力份额取值是在 0 和 1 之间的。此外,由以上命题我们还可以知道,较大的 BGP 增长率 g^* 会导致被雇用在 R&D 部门的劳动力份额增大,并且,在创新过程中劳动力的贡献越大,分配到这一过程的劳动力就越多。还要注意到的是,当经济中没有人口增长时,即导致 $g^* = 0$,分配在 R&D 部门的劳动力份额也为零。这是因为在这个经济中,BGP 增长来自新种类中间品的发明,这需要使用数据,并会对消费者造成危害。如果这个经济不再增长,那么再在创新过程中投入资源就不再有意义了,因此也不会有劳动力被雇用在此部门。其他因素如与风险相关的参数也同样会影响两部门间劳动力的分配。

三、社会计划者问题

在这一节中,我们将推导社会计划者问题下的 BGP 增长率以及两部门间的劳动力分配。这是一个用于对比去中心化经济的结果的基准情形。

(一) 社会计划者问题下的 BGP 增长率

显然,由于垄断竞争的出现,在去中心化经济中得到均衡并不是一个帕累托最优的分配结果(因此,福利经济学第一定理不能成立)。在这一节中,我们将从社会计划者的视角来求解这一模型。社会计划者的目标是最大化代表性消费者的效用(4-1),使得资源约束能够得到满足,如下所示

$$C(t) = L_E(t)^\beta \int_0^{N(t)} x(v, t)^{1-\beta} \mathrm{d}v - \int_0^{N(t)} \psi x(v, t) \mathrm{d}v \qquad (4-34)$$

其中,等式右边可以视作净产出,记为 $\widetilde{Y}(t)$。给定了 $C(t)$、$\varphi(t)$ 和 $N(t)$ 随时间变化的路径,社会计划者在每一时期 t 选择 $[x(v, t)]_{v \in [0, N(t)]}$ 的最优水平。

求解最优增长问题的第一步是在给定每一时期的技术水平 $N(t)$ 的条件下,得到静态的资源分配。这就相当于是最大化净产出 $\widetilde{Y}(t)$。 由此,我们得到了以下中间品的最优使用量

$$x_S(v, t) = \left(\frac{\psi}{1-\beta}\right)^{-\frac{1}{\beta}} L_E(t) \qquad (4-35)$$

其中,下标"S"表示来自社会计划者问题的结果。将这一结果与式(4-12)进行对比可以发现,给定相同的劳动力雇用水平条件下,x_S 比去中心化经济中相应的 x_D 大了 $1/(1-\beta)$。 这一不同于来自去中心化经济中的垄断力量,使得中间品生产厂商投资不足。然后,将这个式子代入到式(4-34)的右边,我们可以求出最优的净产出为

$$\widetilde{Y}_S(t) = \left(\frac{\psi}{1-\beta}\right)^{1-\frac{1}{\beta}} \beta N(t) L_E(t) \qquad (4-36)$$

同样可以得到,此时的净产出在相同的技术水平和劳动力雇用水平的条件下,

在大多数情况都比去中心化经济中的净产出高了 $(1-\beta)^{1-1/\beta}/(2-\beta)$。

基于式(4-36)以及创新可能性边界(4-17),我们能够继续对最优增长路径进行求解,如下所示(此处为了符号表示更简明,我们省略了下标"S")

$$\max_{c(t),\varphi(t)}\int_0^\infty e^{-(\rho-n)t}\left[\frac{c(t)^{1-\gamma}-1}{1-\gamma}-\varphi(t)^\sigma\right]\mathrm{d}t \qquad (4-37)$$

使得

$$\dot{N}(t)=\eta N(t)^\zeta \varphi(t)^\xi l_R(t)^{1-\xi}L(t) \qquad (4-38)$$

$$c(t)=\left(\frac{\psi}{1-\beta}\right)^{1-\frac{1}{\beta}}\beta N(t)l_E(t) \qquad (4-39)$$

$$l_R(t)+l_E(t)=1 \qquad (4-40)$$

第一个约束是创新可能性边界,第二个约束是简化了的资源约束,最后一个约束是劳动力市场出清条件①。由此,我们可以得到以下命题。

命题4-4 在 $\gamma>1$ 的情形下,社会计划者问题中的BGP增长率与去中心化经济中对应的增长率相同。

证明 首先,我们由最优化问题构建现值的哈密尔顿函数

$$\mathcal{H}=\frac{c(t)^{1-\gamma}-1}{1-\gamma}-\varphi(t)^\sigma+\lambda(t)\left[\left(\frac{\psi}{1-\beta}\right)^{1-\frac{1}{\beta}}\beta N(t)l_E(t)-c(t)\right]$$
$$+\mu(t)\eta N(t)^\zeta \varphi(t)^\xi l_R(t)^{1-\xi}L(t)$$

$$(4-41)$$

现在,令

----

① 诚然,经济中始终存在着无穷多个潜在的中间品生产厂商准备通过雇用劳动力和使用数据以获得新的中间品种类相关的专利以进入市场。然而,在某一极短的时刻,我们总是可以认为只有一个潜在中间品生产厂商进行研发并成功地获得了相关的专利。因此,在这样的模型设定下,研发过程中的数据在每一时刻总是只被一个厂商所使用,故不会存在数据被多家厂商同时使用而产生与非竞争性相关的问题。

$$A = \left(\frac{\psi}{1-\beta}\right)^{1-\frac{1}{\beta}}$$

然后,分别求出关于 $c(t)$、$\varphi(t)$、$l_E(t)$ 和 $N(t)$ 的一阶条件,我们得到以下式子:

$$\frac{\partial \mathcal{H}}{\partial c(t)} = c(t)^{-\gamma} - \lambda(t) = 0 \qquad (4-42)$$

$$\frac{\partial \mathcal{H}}{\partial \varphi(t)} = -\sigma\varphi(t)^{\sigma-1} + \mu(t)\xi\eta N(t)^{\zeta}\varphi(t)^{\xi-1}l_R(t)^{1-\xi}L(t) = 0 \quad (4-43)$$

$$\frac{\partial \mathcal{H}}{\partial l_E(t)} = \lambda(t)\beta A N(t) - \mu(t)\eta(1-\xi)N(t)^{\zeta}\varphi(t)^{\xi}l_R(t)^{-\xi}L(t) = 0$$

$$(4-44)$$

和

$$\frac{\partial \mathcal{H}}{\partial N(t)} = \lambda(t)A\beta l_E(t) + \mu(t)\eta\zeta N(t)^{\zeta-1}\varphi(t)^{\xi}l_R(t)^{1-\xi}L(t)$$

$$= -\dot{\mu}(t) + (\rho - n)\mu(t)$$

$$(4-45)$$

由式(4-44),将第二项移动至右边,并将整个式子改写成增长率的形式,再代入由式(4-42)式(4-43)推导出来的影子价格 $\lambda(t)$ 和 $\mu(t)$ 的增长率,我们有(此处,我们同样认为在 BGP 下,l_E 和 l_R 会趋向于常数)

$$\frac{\dot{\lambda}(t)}{\lambda(t)} + \frac{\dot{N}(t)}{N(t)} = \frac{\dot{\mu}(t)}{\mu(t)} + \zeta\frac{\dot{N}(t)}{N(t)} + \xi\frac{\dot{\varphi}(t)}{\varphi(t)} + n$$

$$\Rightarrow -\gamma\frac{\dot{c}(t)}{c(t)} + (1-\zeta)\frac{\dot{N}(t)}{N(t)} - \frac{\dot{\mu}(t)}{\mu(t)} - \xi\frac{\dot{\varphi}(t)}{\varphi(t)} - n = 0$$

$$\Rightarrow -\gamma\frac{\dot{c}(t)}{c(t)} + \frac{\dot{N}(t)}{N(t)} - \sigma\frac{\dot{\varphi}(t)}{\varphi(t)} = 0$$

注意到消费 $c(t)$ 的增长率就是我们想要得到的结果,记为 g^*,则

$$\frac{\dot{c}(t)}{c(t)} = g^* = \frac{1}{\gamma}\left(\frac{\dot{N}(t)}{N(t)} - \sigma\frac{\dot{\varphi}(t)}{\varphi(t)}\right) \tag{4-46}$$

然后,我们试图确定 $N(t)$ 和 $\varphi(t)$ 的增长率。由式(4-44)有

$$\frac{\lambda(t)}{\mu(t)} = \frac{\eta(1-\xi)}{\beta A}N(t)^{\zeta-1}l_R(t)^{-\xi}\varphi(t)^{\xi}L(t)$$

然后,式(4-45)可以被改写为

$$\frac{\lambda(t)}{\mu(t)}A\beta l_E(t) + \eta\zeta N(t)^{\zeta-1}\varphi(t)^{\xi}l_R(t)^{1-\xi}L(t) \quad = -\frac{\dot{\mu}(t)}{\mu(t)} + (\rho - n)$$

$$\Rightarrow [(1-\xi)l_E(t) + \zeta l_R(t)]\,\eta N(t)^{\zeta-1}\varphi(t)^{\xi}l_R(t)^{-\xi}L(t) \quad = \zeta\frac{\dot{N}(t)}{N(t)} + (\xi-\sigma)\frac{\dot{\varphi}(t)}{\varphi(t)}$$

$$+ \rho \tag{4-47}$$

等式的右边在 BGP 下应该为常数,因此左边也应该为常数,故有

$$(\zeta - 1)\frac{\dot{N}(t)}{N(t)} + \xi\frac{\dot{\varphi}(t)}{\varphi(t)} + n = 0 \tag{4-48}$$

同时,从式(4-35)我们可以推导出社会计划者问题下的生产函数(人均形式)为

$$y_S(t) = AN(t)l_E(t)$$

所以,该经济的增长率为

$$g^* = \frac{\dot{N}(t)}{N(t)} \tag{4-49}$$

将式(4-49)和式(4-46)以及式(4-48)结合起来,得到

$$g_S^* = \left[\frac{\sigma}{(1-\zeta)\sigma - \xi(1-\gamma)}\right]n \tag{4-50}$$

这与去中心化经济下的结果是一样的。其他变量的增长率也可以通过类似的

方法得出。此外,关于本命题的条件 $\gamma > 1$,我们将在给出命题4-5的证明之后一并说明。

这是一个非常有趣的发现,因为这意味着即使在去中心化经济中存在扭曲,这一经济仍然可以取得与社会计划者问题下相同水平的 BGP 增长率。在琼斯(1995)中,同样有类似的结论①。

(二) 社会计划者问题下两部门间雇用劳动力的份额

显然,仅推导出 BGP 增长率是不能完全描述这一经济的所有方面的,因此我们需要更进一步。类似于去中心化经济的情形,我们还需要推导出社会计划者问题下受雇于两部门的劳动力份额,由此得到以下命题。

命题4-5 在社会计划者问题中,受雇于 R&D 部门的劳动力份额在 BGP 下是一个常数,由以下式子决定:

$$s_S = \frac{1}{1+\Theta_S} \tag{4-51}$$

其中,

$$\Theta_S = \frac{(\sigma-\xi)n+\xi\rho}{\xi(1-\xi)g_S^*} - \frac{(\sigma-\xi)(1-\zeta)}{\xi(1-\xi)} \tag{4-52}$$

g_S^* 的取值如式(4-21)所示。

证明 与去中心化经济的情形类似,在社会计划者问题中我们同样有

$$g^* = \eta N(t)^{\zeta-1}\varphi(t)^{\xi}(l_R^*)^{1-\xi}L(t), \ \forall t$$

由式(4-47)和式(4-48),在 BGP 下我们有

$$[(1-\xi)(1-l_R^*)+\zeta l_R^*]g^*(l_R^*)^{-1} = \zeta\frac{\dot{N}(t)}{N(t)} + (\xi-\sigma)\frac{\dot{\varphi}(t)}{\varphi(t)} + \rho$$

---

① 类似地,如果 $\sigma = 0$,则由哈密尔顿函数求得的一阶条件(4-43)将会是恒大于0的,因此接下来的推导过程将不再成立。与去中心化经济中的情况相同,此处仅考虑 $\sigma > 1$ 的情形。

$$\Rightarrow \left[(1-\xi)(1-l_R^*) + \zeta l_R^* \right] g^* (l_R^*)^{-1} = \left[1 - \frac{\sigma}{\xi}(1-\zeta) \right] \frac{\dot{N}(t)}{N(t)}$$

$$+ \left(\frac{\sigma}{\xi} - 1 \right) n + \rho$$

$$\Rightarrow \left[(1-\xi)(1-l_R^*) + \left(\frac{\sigma}{\xi} - 1 \right)(1-\zeta) l_R^* \right] g^* (l_R^*)^{-1} = \left(\frac{\sigma}{\xi} - 1 \right) n + \rho$$

因此,我们有

$$l_R^* = \frac{1}{1 + \Theta_S}$$

其中,

$$\Theta_S = \frac{(\sigma - \xi)n + \xi\rho}{\xi(1-\xi)g_S^*} - \frac{(\sigma - \xi)(1-\zeta)}{\xi(1-\xi)}$$

这一结果与去中心化经济中的结果并不相同。可以说,这便是模型中来自垄断和数据本身的外部性所表现出来的特征。考虑 Θ_S,它由两项组成:带有增长率的项和不带有增长率的项。为了保证 $s_S \in [0, 1]$,Θ_S 需要为非负,即在这种情形下的 BGP 增长率需要有一个上限,由下式表示:

$$0 < g_S^* < \frac{1}{1-\zeta} \left(n + \frac{\xi}{\sigma - \xi}\rho \right) \tag{4-53}$$

这一上限主要由三部分组成:溢出效应、人口增长,以及与数据相关的项。将 g_S^* 的表达式代入以上式子,我们得到

$$0 < \zeta < 1 - (1-\gamma) \left[\frac{n(\sigma - \xi)}{\rho\sigma} + \frac{\xi}{\sigma} \right]$$

当 $\gamma > 1$ 时,由式(4-30)可知,此时 $0 < \zeta < 1 - (1-\gamma)\frac{\xi}{\sigma}$,这一范围包含了以上所示的条件。然而,当 $0 < \gamma < 1$ 时,以上的条件则不一定能够被满足。由于现有研究中通常认为 $\gamma > 1$,因此社会计划者问题总是有意义的。

此外，我们还可以得出结论，即使 BGP 增长率在去中心化经济中和在社会计划者问题中都是相等的，但它们并不在所有方面都是完全相同的。两种情形下 BGP 增长率相等仅在社会计划者问题下该增长率满足如式（4－53）所示的条件下才能成立。这同样也说明了，当对隐私问题加以考虑时，社会计划者并不愿意经济增长过快，因此更高的经济增长率意味着需要使用更多的数据，由此将产生更大的有关数据泄露和隐私侵害的风险。在社会计划者问题中考虑各种参数对劳动力分配的影响，我们还能观察到，增长率越高，受雇于 R&D 部门的劳动力份额就越高。此外，当人口增长停止时，我们也同样能观察到与去中心化经济下相同的现象：此时劳动力将不再受雇于 R&D 部门。另外我们还注意到，从现在的式子中无法清晰地得出关于创新可能性边界中来自数据的贡献 ξ 与劳动力份额间的关系，并且其他参数与劳动力份额间的关系也不是那么明确。因此，有必要通过数值分析的方法来比较两种情形下的劳动力份额，这将在下一节给出。

四、去中心化经济与社会计划者问题的对比

在本节中，将来自去中心化经济与社会计划者问题的结果以数值的形式从两个方面进行比较：一方面是直接从分配与两部门的劳动力份额，另一方面是在给定相同技术水平的经济下比较两种情形的人均产出。

（一）劳动力分配的对比

尽管去中心化经济中的 BGP 增长率与社会计划者问题下的结果相等，但它们仍然存在一些不同，如 BGP 下分配于两部门的劳动力份额。l_R 和 l_E 在 BGP 下的不同与在创新和生产活动中的相对投资水平有关，并进一步影响其他内生变量的取值。

在图 4－2 中，我们用等高图（Contour Map）的形式表示分配在 R&D 部门劳动力的社会最优份额与由去中心化经济分配在 R&D 部门的劳动力份额之间的差值。我们主要关注三个相较于传统模型新增的参数对结果的影响，即：创新可能性边界中数据的贡献 ξ、由创新可能性边界而来的知识积累 ζ，以及由

信息泄露而来的负效用中的指数参数 σ。其他的参数有以下取值：$n = 0.02$、$\beta = 2/3$、$\gamma = 2.5$、$\rho = 0.03$，这些都是一般文献中的标准取值。参数 ξ 的取值在 0 到 1 的范围内，σ 允许取到大于 1 的值以保证消费者效用函数中负效用项的凸性（此处我们的取值范围为 $(1, 3]$），而 ζ 的取值范围为 0 到在给定了其他参数取值条件下由式 $(4 - 30)$ 所决定的上限。

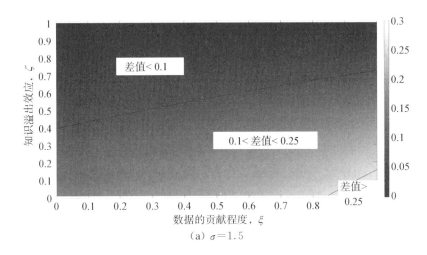

（a）$\sigma = 1.5$

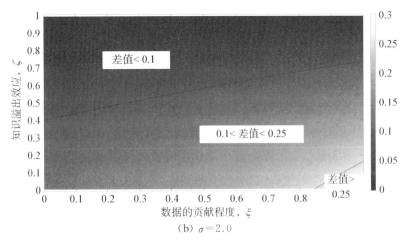

（b）$\sigma = 2.0$

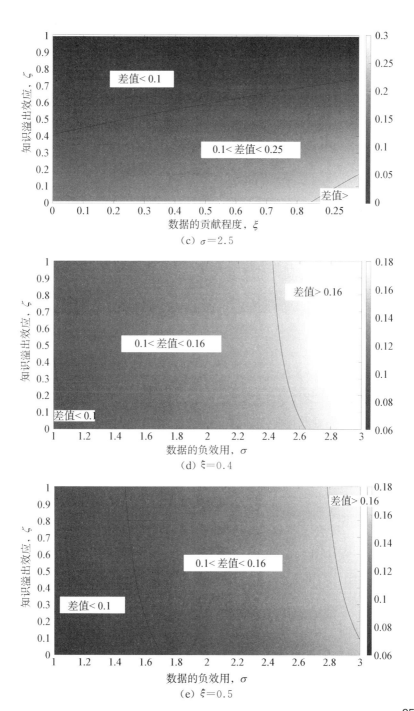

（c）$\sigma = 2.5$

（d）$\xi = 0.4$

（e）$\xi = 0.5$

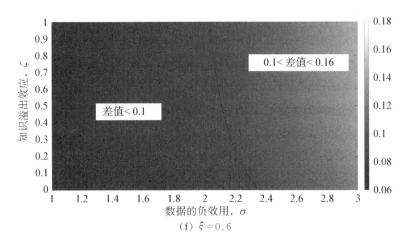

（f）$\xi = 0.6$

图 4 - 2　BGP 下两种情形中受雇于 R&D 部门的劳动力份额之差

注:不同的深浅度代表差值的不同幅度,其中浅色代表较大的差值,深色代表较小的差值。图(a)、(b)和(c)表示在固定 σ 的取值条件下,ξ(横轴)和 ζ(纵轴)在合理取值范围内的结果。图(d)、(e)和(f)表示在固定 ξ 的取值条件下,σ(横轴)和 ζ(纵轴)在合理取值范围内的结果。

由这些图,我们可以得到以下命题。

命题 4 - 6　当 n、β、γ 和 ρ 取一般文献中的标准值,且其他参数 ξ、ζ 和 σ 的取值都处于一个较大的合理范围内时,在社会计划者问题中受雇于 R&D 部门的劳动力份额,总是比去中心化经济中的相应份额要高。

与琼斯(1995)的研究所讨论的结果所不同的是,此处的模型展示了一个不太合意的结果:在去中心经济中总是存在着对数据的过度使用倾向。由于在去中心化经济和在社会计划问题中得到的技术水平 BGP 增长率 g_N^* 是相等的,在前一种情形中,就需要使用更多的数据来补偿受雇于 R&D 部门相对较低的劳动力份额。这一不同可以通过分别观察生产端和研发端的工资率决定方程(4 - 15)和(4 - 19)来解释。在这个基准模型中,劳动力可受雇于两个不同的部门,而基于劳动力完全自由流动的假设,我们将两部门的工资率设为相等。在生产端,工资率由式(4 - 15)决定,并且由于模型设定了规模报酬不变的生产函数,其与劳动力的雇用多少是无关的。然而,在研发端,工资率由式(4 - 19)决定,此时劳动力的雇用数量进入到了决定方程(4 - 19)中,并且雇用的劳动力越多,需要支付的工资率就越低。通过将两个方程结合在一起,我们可以观察到,在 R&D 部门增加劳动力的雇用并不比增加数据的使用更经济,而在社会计划者问题中则不存在此类问题。因此,便总是有我们在图 4-2 中所观察到的结果。在琼斯(1995)的模型中,劳动力是创新可能性边界的唯一一种投入要素,因此,企业需要在雇用更多劳动力以推进 R&D 部门的创新活动,和研发端工资率的下行压力之间作出权衡,同时生产端与本模型类似。另外,与琼斯(1995)的模型类似的是,我们模型中的这一扭曲同样也是来自中间品的垄断加价,并由此降低了这些产品的生产。为了补偿较低水平的中间品使用量,最终品生产厂商会倾向于雇用更多的劳动力,这样就会将 R&D 部门的劳动力挤出。并且,本模型相比于其更加独特的是,当我们将数据作为一个可选的要素加入到模型中以补偿创新可能性边界中劳动力使用量较低时,R&D 部门雇用劳动力的这一挤出效应则变得更加严重。这一结果还能通过一种更加直观的方法来解释。在去中心化经济中,中间品生产厂商在做出研发决策时,不需要考虑由于隐私侵害给消费者带来的负效用,这也促使了外部性的产生。换句话说,中间品生产厂商在保护消费者隐私方面并没有足够的谨慎。尽管它们需要为消费者提供的数据支付一定的价格作为隐私侵害的某种补偿,对数据需求量的提升并不能完全地推动数据价格的升高,因为消费者的总福利还可以通过最终品供给的增加和相应价格的降低来提升,这在某种程度上缓解了增加数据使用量带来的负效用的增加。与此同时,在社会计划者问题中,让负效用最小化是社会计划者的一大目标,并且中间品生产厂商支付补偿给消费者的这条通道在这个情形中也被内部化了。结果就是,数据的使用被完全地置于消费者负效用问题的考虑之下。另外,值得注意的是,数据是一种与其他有形的产品所不同的特殊投入要素。它的产生不需要任何由有形产品转化而来的过程,而仅仅来自消费者本身[①]。这意

[①] 尽管设定了约束(4-3),但只有过渡态的动力学问题会受到影响,而 BGP 的结果是不受改变的。这个问题将在本书第六章进一步讨论。

味着数据的提供量并不受任何资源约束的限制，并且由于外部性也导致了其被过度使用的倾向。这是一个非常重要的有待解决的问题，并且在现有的文献中还未见较为深入的讨论。

（二） 人均产出的对比

除了在上一节所展示的两部门劳动力雇用份额在不同情形下的不同之外，我们同样需要注意到，一些关键变量的水平值在去中心化经济和社会计划者问题中也是不同的。

本节将致力于比较不同情形下人均产出的不同，而这一变量是用于描述经济效率的一个关键指标。分别考虑来去中心化经济的产出方程（4-14）和来自社会计划者问题的产出方程（4-36），将它们改写为人均的形式，我们有

$$y_D(t) = \left[\frac{(1-\beta)^2}{\psi} \right]^{\frac{1}{\beta}-1} N(t) l_{E,D}(t)$$

和

$$y_S(t) = \left(\frac{1-\beta}{\psi} \right)^{\frac{1}{\beta}-1} \beta N(t) l_{E,S}(t)$$

这两个人均产出的方程同样无论在 BGP 还是在过渡态中都是成立的。并且，还要注意到在 BGP 下只能直接地决定各状态变量的增长率而非水平值。为了比较变量的水平值，有必要让经济起始于同样的状态，并观察在不同情形下经济的走势有何不同。由于针对水平值的过渡态分析比较困难，我们可以替代性地考虑一个已经在去中心化环境的 BGP 中运行很久的经济。如果这一经济在某一时期突然转变成由社会计划者主导的环境，会发生什么？即，两种情形将在同一个技术水平 $N(t)$ 下进行比较。我们分别就以下两种情况进行分析来回答这个问题。

情形 1：不存在人口增长，即 $n=0$。

在此种情况下，如之前所讨论的，当经济到达稳定状态后经济的增长率将

趋近于零。并且,此时的劳动力将全部受雇于生产部门,即在两种情形下,都有 $l_E^* = 1$。因此,可以直接得到结论:由于各变量 BGP 增长率并没有被改变,人均产出将会跳跃至另一个水平值,即

$$\frac{y_S(t)}{y_D(t)} = \frac{\beta}{(1-\beta)^{\frac{1}{\beta}-1}}$$

由此还可以得出:如果 $0.5 < \beta < 1$,社会计划者问题下的人均产出水平总是大于去中心化经济中的相应值。这个前提总是成立的,因为通常认为生产函数中劳动力的贡献份额大约为 2/3。

情形 2:存在人口增长,即 $n > 0$。

在此种情况下,各变量的 BGP 增长率不再是零,受雇于 R&D 部门的劳动力份额也同样不再是零。考虑到对劳动力分配的决策并不是跨期的,当经济突然从去中心化环境转变成社会计划者主导的环境时,劳动力分配将会跳跃到新的水平,同时人均产出也会有同样的变化。在那之后,经济仍然停留在 BGP,因为各状态变量的增长率并没有发生改变。因此,两种情形中 BGP 下的人均产出之比为

$$\frac{y_S(t)}{y_D(t)} = (1-\beta)^{1-\frac{1}{\beta}} \beta \frac{1-l_{R,S}^*}{1-l_{R,D}^*}$$

其中,$l_{R,D}^*$ 和 $l_{R,S}^*$ 分别表示去中心化经济和社会计划者问题中 BGP 下的受雇于 R&D 部门的劳动力份额。两情形的人均产出之比如图 4-3 所示,其中的各参数取值与上一节相同。在图中,黑线被用作参照物来判断社会计划者问题下的人均产出是否大于去中心化经济中的对应变量。

由图 4-3 可知,与两部门间劳动力份额不同的是,给定相同的技术水平,社会计划者问题中的人均产出并不总是高于去中心化经济中的对应变量。这是因为社会计划者需要权衡不同时期的产出水平和数据使用量。其结果就是,在去中心化经济中,人均产出水平在某些时候太高了,在另一些时候又太低了。

由图 4 - 3(a)、(b)和(c)可以观察到,社会计划者问题中的人均产出在给定知识溢出效应和创新可能性边界中数据贡献程度足够大的前提下,会变得较去中心化经济中的水平更高。这两种效应激励了社会计划者使用更多的数据,因为其对经济的正向作用足够大以补偿由隐私侵害带来的负向效应。此外,由图 4 - 3(d)、(e)和(f)还可以看出,当关于隐私侵害的风险程度变大时,人均产出之比会变小。这是因为社会计划者比去中心化经济中的企业更加关注隐私侵害的问题。

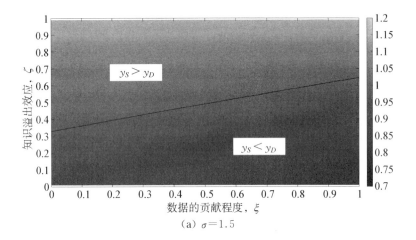

（a）$\sigma = 1.5$

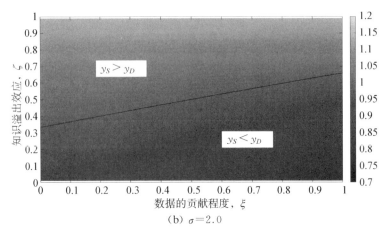

（b）$\sigma = 2.0$

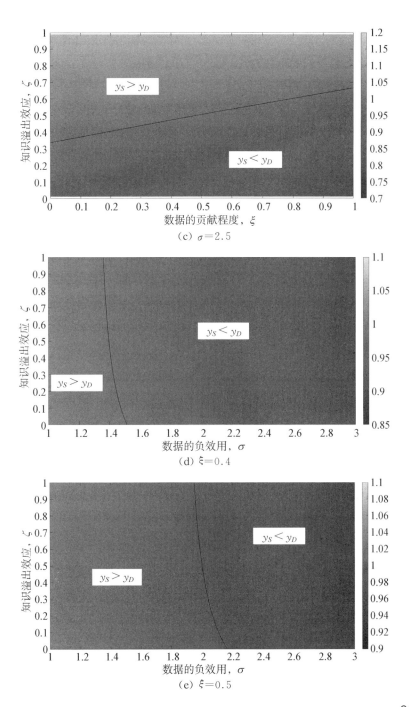

（c）$\sigma = 2.5$

（d）$\xi = 0.4$

（e）$\xi = 0.5$

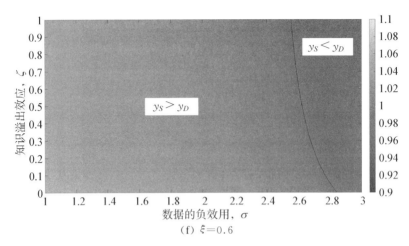

(f) $\xi=0.6$

图 4 - 3　BGP 下两种情形中人均产出之比

注:不同的深浅度代表比例的不同大小幅度,浅色代表较大的比例,深色代表较小的比例。另外,黑线代表比例为 1 的等高线,即,在这条线上的参数组合对应的经济在两种情形下具有相同的人均产出。图(a)、(b)和(c)表示在固定 σ 的取值条件下,ξ(横轴)和 ζ(纵轴)在合理取值范围内的结果。图(d)、(e)和(f)表示在固定 ξ 的取值条件下,σ(横轴)和 ζ(纵轴)在合理取值范围内的结果。

五、关于福利损失问题的进一步讨论

由图 4 - 2 和图 4 - 3 可以看出,去中心化经济中的均衡结果与社会计划者问题下的分配结果存在着较大的差异,由此也说明了前者的均衡结果存在一定程度的福利损失。关于这一福利损失的来源,可有如下两方面的解释。

第一,与传统的内生增长模型类似,福利损失仍然来自中间品生产厂商的垄断生产行为。具体来说,在去中心化经济中,中间品生产厂商由于拥有专利的所有权,能够在垄断的环境下生产相应种类的中间品,即拥有该种类产品的定价权。尽管由此产生的垄断利润最后正好弥补了进入时用于 R&D 活动的花费(雇用劳动力支付的工资和使用数据支付的对价),但站在社会最优的角度来看,中间品的生产是不足的。因此,产生了去中心化经济与社会计划者问题资源分配结果之间的差距。而在加入了数据这一关键要素之后,更进一步加大了这一差距。

第二,在本模型中,数据是作为 R&D 过程的投入要素进入模型当中的。尽管从数据的交易过程来看,消费者对数据拥有完全的产权,且有明确的转让价格,数据市场是完备的,也就是说,数据的价格完全反映了消费者付出数据的隐私成本以及中间品生产厂商使用数据能够带来的收益。然而,在去中心化经济中,仅通过市场交易仍然不能够完全反映数据对经济的作用,具体来说,就是中间品生产厂商的数据使用行为会通过创新过程的跨期溢出效应而产生外部性。在式(4-17)所示的创新可能性边界中,现存的技术水平 $N(t)$ 在一定程度上会影响 $\dot{N}(t)$,即技术水平的增长率。另一方面,由于我们设定 $\zeta < 1$,即技术水平越高,技术的进步会变得越来越困难,因此数据在此处的使用会使得未来的 R&D 过程变得更加困难。这也可以解释为什么我们在对比两种情况下的劳动力分配及数据使用时,总是会得到在去中心化经济中数据被过度使用的结果。

综上,本节简要地分析了基准模型中福利损失的来源问题。第五章还会继续对这一问题进行研究,如寻找将去中心化经济的结果推向社会最优的可能政策。

第三节　本章小结

本章构建了一个由数据驱动创新的内生增长模型。该模型的设定在传统的如罗默(1990)以及琼斯(1995)的研究基础之上,考虑到目前的经济发展中数据所起到的越来越重要的作用,从而尝试在模型中加入数据作为推动经济增长的要素之一。作为贯穿全文的基准模型,我们将数据在经济增长中的作用设定为影响创新可能性边界不断扩张的除了劳动力之外的投入要素之一。区别于传统模型以及其他类似的研究,本章展示了在创新需要多种投入要素的情形下经济增长中会出现的一些新的模式。

本章所构建的基准模型相比于现有的模型,既有相同之处,又有非常重要的不同点。与传统模型相同的是,无论是在去中心化经济还是社会计划者问题中,本章的模型依然能够得出这两种情形下 BGP 增长率完全相同的结论。但与此同时,我们又进一步分析了 BGP 状态下两种情形中分别受雇于两部门的劳动力份额,并发现了与原来所不同的结论。由于加入了数据作为劳动力以外的另一种投入要素以推动创新,在这样的设定之下,传统模型中劳动力随工资调整的变化模式在本模型中某种程度上被弱化了。也就是说,劳动力和工资的这一调节机制部分地被数据使用量的变化所吸收了。其结果便是,给定一些文献中常用的标准参数取值,相比于社会最优的社会计划者问题的结果,去中心化经济中总是会出现受雇于 R&D 部门的劳动力份额过低的现象,这同时也导致了此时需要使用更多的数据来弥补这一不同的结果。数据的使用量与消费者们的效用水平息息相关,在去中心化经济中过多地使用数据,必然会导致消费者福利水平相比于社会最优状态处于较低水平,因此需要政府的干预以将这些福利损失降到最低,而这些问题将在接下来的几章中进行详细论述。

在下一章中,我们将基于这一基准模型,给出一些扩展模型以支持此基准模型的设定合理性,同时还对由此推出的政策建议作进一步的详述。本章构建的模型既是本书所有研究的出发点,也可以对今后的许多理论与实践工作起到理论指导的作用,将具有举足轻重的作用。

第五章　关于基准模型的进一步讨论

本章将基于上一章所提出的基准模型讨论一些进一步的扩展。首先，展示将数据设定为在每一期都是完全折旧这一假设的合理性。这个问题将会通过两种不同的设定来阐述：一种是设定数据能够随着时间流动进行一定程度的积累；另一种是设定数据具有一种被称为动态非竞争性的性质，这一性质允许在过去时期产生的数据能够在不影响原先使用企业使用的前提下在当期被重复利用。其次，我们还将考虑更一般的模型设定，以将数据由企业所拥有这种情形包含在内，该情形下企业不再需要对消费者支付使用数据的补偿。然后，我们还将进一步给出一个将数据和消费联系得更加紧密的创新可能性边界的设定，以更好地阐明两者间的关系。最后，我们将提供一些政策建议以使得在去中心化经济中的资源分配接近于社会计划者问题中的相应分配，并且这样做会有助于提升消费者的福利水平。

第一节　数据积累模型

有人可能会认为，在现实世界中，在扩展创新可能性边界中用到的数据应当是可以积累的，而不像基准模型中设定的那样，数据在每一期是完全折旧的。现实中也确实如此，因为时间序列数据通常具有更大的分析价值。在本节中，我们将放松这一假设。

正式地，我们将创新可能性边界变为

$$\dot{N}(t) = \eta N(t)^{\zeta} \Phi(t)^{\xi} l_R(t)^{1-\xi} L(t)$$

其中，$\Phi(t)$ 表示在时期 t 积累起来被用于 R&D 的数据总量，并且它的运动规则为

$$\dot{\Phi}(t) = \varphi(t) - \kappa\Phi(t) \tag{5-1}$$

$\varphi(t)$ 与基准模型中的设定相同，而此处的 κ 代表数据的折旧率，即每一期变得过时了的数据比例。其他设定与基准模型都相同。由此，通过向基准模型引入这一新的假设，我们有以下命题。

命题 5-1 当被用在创新可能性边界中的数据能够积累时，BGP 下经济的增长率保持与没有数据积累的基准模型的结果相同。

证明 由式（5-1），考虑在 BGP 下，我们仍然要求 $\Phi(t)$ 的增长率是某个常数，即

$$\frac{\dot{\Phi}(t)}{\Phi(t)} = \frac{\varphi(t)}{\Phi(t)} - \kappa$$

这使得等式的右边也同样应该是一个常数。由此可以推导出，在每一期净增的数据量 $\varphi(t)$ 与总的数据积累其增长率是相同的，即

$$\frac{\dot{\Phi}(t)}{\Phi(t)} = \frac{\dot{\varphi}(t)}{\varphi(t)}$$

由于基准模型中所有的推导过程仅与这些内生变量的增长率有关，我们仍然可以通过将 $\Phi(t)$ 在适当位置替代原先的 $\varphi(t)$ 而得到与原来一样的结果。因此，我们证明了允许数据积累仅仅是一个微不足道的调整，不会为模型带来实质性的变化。

这一结果是非常合理的。因为在 BGP 下，我们令所有的内生变量增长率都为某常数，这使得 $\Phi(t)$ 的水平值变化呈现出指数变化的形式。在这样的情形下，在 BGP 下每一期新加入的部分数据 $\varphi(t)$ 将会在数据总量 $\Phi(t)$ 中占优。这是一个非常方便的结论，因为这使得模型更加简单，而不再需要考虑数据在前期的积累。

第二节 数据动态非竞争性模型

在琼斯和托内蒂(2020)的研究中,数据实际上被视为是中间品本身,并以一种与全要素生产率相类似的形式作用于最终品的生产,正如我们的基准模型中的 $x(v, t)$ 那样。在一些比如自动驾驶汽车的产业中,这样的设定确实是合理的,这在他们的文章中也被作为例子给出了。然而,正如罗默(1990)所说:"一个中间品部门使用由研发部门产生的设计以及保存下来的产出来在任何时间生产那些大量的能够被用于最终品生产的生产者耐用品①。"中间品不应当只是数据。在我们的模型中,数据被设定为在 R&D 部门中使用的除了劳动力以外的另一投入要素,这让本模型不仅能够描述那些数据密集型产业,还适合于描述一些相对来说不那么数据密集的产业。此外,我们还可以更进一步来扩展本模型,例如研究由传统的 R&D 过程转变成数据驱动的过程,或者讨论 R&D 过程中不同的技术路线之间的差别。这些问题将在未来的研究中加以解决。

一、模型设定

本节将提出一个扩展模型来说明当考虑数据的非竞争性时,模型会发生什么变化。由于只有潜在的中间品生产厂商需要在每一期使用数据,并不涉及同一时期内不同厂商间数据共享问题的讨论,而仅涉及在不同时期进入市场的中间品生产厂商的数据共享问题,因此这个模型是一个动态数据非竞争性的模型。而在琼斯和托内蒂(2020)的研究中,他们的模型则是一个静态的数据非竞争性模型,因为所有的中间品生产厂商都需要使用数据来进行生产,并不涉及跨时期的数据分享问题。与原来的基准模型中一个潜在的中间品生产厂商在进入市场前需要使用数据来进行 R&D 活动这一设定不同的是,我们在此处假设:

---

① 原文为:... an intermediate-goods sector uses the designs from the research sector together with forgone output to produce the large number of producer durables that are available for use in final-goods production at any time...

- 数据不再是完全折旧的[①]。在时期 t 产生的数据能够在未来的 M 期内被使用和交易，其中 M 是一个有限的正数[②]。历史数据以 δ 的速率折旧。

- 潜在的中间品生产厂商不仅从消费者处收集新生成的数据，还能够选择从过去 M 期里进入市场的现存中间品生产厂商手中购买历史数据，这两类数据组成一个数据集。新数据与历史数据组成的数据束是相互完全替代的。

- 数据在产生当期之后如果被重复使用，则会对消费者产生额外的负效用。即数据每被使用一次，都会产生相应的负效用，而这一负效用是能够被消费者所察知的。

- 在位的中间品生产厂商将其拥有的部分历史数据出售给新进入者之后，在每一期都会面临一定程度的创造性破坏风险。即其拥有的专利在每一期都以一定概率被新产生的专利所取代而完全失去价值。

正式地，此时的创新可能性边界变为

$$\dot{N}(t) = \eta N(t)^\zeta D(t)^\xi L_R(t)^{1-\xi} \qquad (5-2)$$

其中，$D(t)$ 为潜在中间品生产厂商所使用的数据组合产品，由两部分组成：从消费者处收集来的新数据（$\varphi(t)$），以及从过去 M 期进入市场的现有中间品生产厂商处购买的历史数据组成的数据束（$B(t)$）。总的数据集由下式表示：

$$D(t) = \alpha\varphi(t)L(t) + (1-\alpha)B(t)$$

其中，α 代表在这个数据组合产品中新数据和历史数据的不同重要程度。如果

[①] 一个典型的例子是 HeLa 细胞系的故事。这是一株在 1951 年来自一位名为海瑞塔·拉克斯（Henrietta Lacks）的宫颈癌患者的永久分裂的细胞系。这株细胞系是最古老的也是在世界范围内的科学研究中最常被使用的人类细胞系。这一例子告诉我们，一个人的信息可能会在很长的时间范围内被使用，甚至在他或她去世之后。

[②] 为简便起见，此处我们仅考虑从消费者处收集到的数据将在某个 M 时期之后被遗忘。我们可以将 M 推广到无穷大以得到一个一般化的模型。

我们按照进入市场的时间对现有的中间品生产厂商重新进行排序,并设 δ 为折旧率,则可定义历史数据束为

$$B(t) = \left[M^{-\frac{1}{\epsilon}} \int_{t-M}^{t-d} (\delta^{t-s} \underline{d}(t,s) \varphi(s) L(s))^{\frac{\epsilon-1}{\epsilon}} \mathrm{d}s \right]^{\frac{\epsilon}{\epsilon-1}}$$

其中,$\underline{d}(t,s)$ 代表在 s 时期生成的数据在 t 时期被使用的比例($s < t$),并且 ϵ 是在不同时期所收集的数据间的替代弹性。在本节的模型中,变量的下划线表示其是站在现期进入的潜在中间品生产厂商的角度,在过去时期产生并在现期交易的。类似地,变量的上划线则表示其是在现期产生并在未来时期交易的,同样也是站在现期进入的潜在中间品生产厂商的角度来看。这些假设与琼斯和托内蒂(2020)的假设都比较相似,同时我们也做了一些相应的调整以适应本模型。

为了让此处的扩展模型与我们的基准模型保持一致,此处仅考虑当消费者拥有数据时的去中心化经济,并将其与社会计划者问题下的结果进行比较。一个潜在的中间品生产厂商不仅能够从消费者处收集新数据,还能够从现有的中间品生产厂商处以 δ 为折旧率购买历史数据。因此,给定从时期 $(t-M)$ 到时期 $(t+M)$ 内产生的数据对应的价格,一个潜在的中间品生产厂商决定从消费者处收集的数据量、从过去 M 期进入经济的中间品生产厂商处购买的数据量,以及向未来 M 期将进入经济的中间品生产厂商所出售的数据量。

消费者的效用最大化问题现在变为

$$\max_{c(t),\varphi(t)} \int_0^\infty e^{-(\rho-n)t} \left[\frac{c(t)^{1-\gamma}-1}{1-\gamma} - \varphi(t)^\sigma \int_t^{t+M} \delta^{s-t} \overline{d}(s,t) \mathrm{d}s \right] \mathrm{d}t \qquad (5-3)$$

其中,$\overline{d}(s,t)$ 表示在时期 t 产生并卖给时期 s 进入市场的中间品生产厂商的数据量比例($s > t$),这一变量对消费者来说是视为给定的,由相应的中间品生产厂商所决定。预算约束(4-2)以及数据提供约束(4-3)仍然与原来的设定相同。同时,我们可以很直接地得出结论:企业会使用所有它从消费者处直接收集到的数据,因此需要 $d(t,t)=1$。可以认为 $\overline{d}(s,t)$ 在 BGP 下是一个常数,

因为 $\bar{d}(s, t) \in [0, 1]^{①}$。因此，$\int_t^{t+M} \delta^{s-t} \bar{d}(s, t) ds$ 这一项在 BGP 下也应当为一常数。故关于 $c(t)$ 和 $\varphi(t)$ 的一阶条件也仍然与我们的基准模型相同，如式（4-4）和式（4-5）所示。

二、去中心化经济

中间品的生产过程仍然与基准模型中的相同，故此处省略了这一部分的推导过程。现在，考虑潜在中间品生产厂商的 R&D 过程，利润最大化问题如下所示：

$$\max_{\substack{L_R(t), \langle d(s, t) \rangle_{s=t+dt}^{t+M}, \\ \langle d(t, s) \rangle_{s=t-M}^{t-dt}, \varphi(t)}} \eta N(t)^{\zeta} D(t)^{\xi} L_R(t)^{1-\xi} \left[V(t) - \int_{t+dt}^{t+M} e^{-\lambda(t, s)(s-t)} V(s) ds \right]$$

$$- w(t) L_R(t) - p_{\varphi}(t) \varphi(t) L(t) + L(t) \int_{t+dt}^{t+M} \bar{p}_{\varphi}(s, t) \bar{d}(s, t) \varphi(t) ds$$

$$- \int_{t-M}^{t+dt} \underline{p}_{\varphi}(t, s) \underline{d}(t, s) \varphi(s) L(s) ds$$

$$(5-4)$$

其中，$\underline{p}_{\varphi}(t, s)$ 是在 s 时期收集并在 t 时期卖给潜在中间品生产厂商的数据对应的价格（$t > s$），$p_{\varphi}(s, t)$ 是在 t 时期收集并在 s 时期卖给潜在中间品生产厂商的数据对应的价格（$t < s$），$V(t)$ 是在时期 t 被发明出来的中间品的总折现生产利润。$\varphi(t)$ 和 $p_{\varphi}(t)$ 分别是在时期 t 从消费者处收集的数据及其价格。向未来时期进入的中间品生产厂商销售数据会使得销售者面临创造性破坏的风险，销售者所有的专利会按照一个到达率为 $\lambda(s, t)$ 的泊松过程变得无价值。我们假设为以下的形式：

$$\lambda(s, t) = c_0 d(s, t)^2$$

---

① 参考 BGP 下受雇于生产部门和 R&D 部门的劳动力份额趋向于某个常数这一结论，如引理 4-1 的证明所示。

注意到，中间品生产厂商一旦成功研发之后，则不会再收集新的数据了，即

$$\bar{d}(s, t) \in [0, 1], \quad \forall s, t$$

此外，我们还假设中间品生产厂商不能向第三者销售买来的历史数据，即在过去某一期生成的数据仅能在该时期进入市场的中间品生产厂商处购买。

如式（5-4）所示的潜在中间品生产厂商的利润最大化问题由五项组成。第一项是如果它研发成功并进入市场后所能得到的总收益，减去由于将数据卖给未来进入的中间品生产厂商所导致的创造性破坏而产生的期望损失。第二和第三项与第四章中的基准模型相同：支付给劳动力的工资支出，以及从消费者处收集新数据所产生的支出。第四项是将数据卖给未来时期进入的中间品生产厂商所产生的收益。最后一项是从先前几期已经进入市场的中间品生产厂商处购买历史数据所产生的支出。

在这样的动态数据非竞争性模型中，我们有以下的命题。

命题 5-2 当我们在这个数据经济中考虑数据的非竞争性时，在去中心化经济中，BGP 增长率以及分配在两部门的劳动力份额仍然与基准模型相同。而历史数据的交易比例[对任意 t，$\bar{d}(t, s) = \underline{d}(t, s) = d_D(t, s)$]在 BGP 下是常数，它们的值由以下式子决定：

$$d_D(t, s)^{1+\frac{1}{\epsilon}} e^{-c_0 d_D(t-s)^2 (t-s)} = \frac{(1-\alpha)\xi}{2c_0(t-s)} \delta^{(1-\frac{1}{\epsilon})(t-s)} e^{\bar{g}_D(s-t)} M^{-\frac{1}{\epsilon}} D(t)^{-1} B(t)^{\frac{1}{\epsilon}}$$

$$[\varphi(t)L(t)]^{1-\frac{1}{\epsilon}} \left[1 - \int_{t+dt}^{t+M} e^{-(c_0 d_D(r, t)^2 - n)(r-t)} \mathrm{d}r\right]$$

$$(5-5)$$

其中，

$$\bar{g}_D = \zeta g^* + \xi g_\varphi^* + n$$

g^* 和 g_φ^* 是在命题 4-1 中得到的 BGP 增长率。此外，$D(t)^{-1} B(t)^{\frac{1}{\epsilon}} [\varphi(t)L(t)]^{1-\frac{1}{\epsilon}}$ 项在 BGP 下是常数，可以进一步地表示为

$$D(t)^{-1}B(t)^{\frac{1}{\iota}}\big[\varphi(t)L(t)\big]^{1-\frac{1}{\iota}} = \Big[\alpha\Delta_D^{\frac{1}{\iota}} + (1-\alpha)\Delta_D^{1-\frac{1}{\iota}}\Big]^{-1} \qquad (5-6)$$

其中，

$$\Delta_D = M^{\frac{1}{1-\iota}}\Big[\int_{t-M}^{t-d}(\delta^{t-r}d_D(t,r)e^{(g_\varphi^* + n)(r-t)})^{\frac{\iota-1}{\iota}}\,\mathrm{d}r\Big]^{\frac{\iota}{\iota-1}}$$

证明 由如式(5-4)所示的潜在中间品生产厂商的利润最大化问题，我们可以得到关于各变量的一阶条件。关于 $L_R(t)$ 的一阶条件与基准模型类似：

$$\eta(1-\xi)N(t)^\zeta D(t)^\xi L_R(t)^{-\xi}V(t) = w(t) \qquad (5-7)$$

关于 $\varphi(t)$ 的一阶条件为

$$\eta\xi N(t)^\zeta D(t)^{\xi-1}L_R(t)^{1-\xi}V(t)\alpha L(t) = p_\varphi(t)L(t) - L(t)\int_{t+d}^{t+M}\bar{p}_\varphi(s,t)\bar{d}(s,t)\mathrm{d}s$$

$$\Rightarrow \alpha\eta\xi N(t)^\zeta D(t)^{\xi-1}L_R(t)^{1-\xi}V(t) = p_\varphi(t) - \int_{t+d}^{t+M}\bar{p}_\varphi(s,t)\bar{d}(s,t)\mathrm{d}s$$

$$(5-8)$$

对任意的 $s \in (t, t+M]$，关于 $\bar{d}(s,t)$ 的一阶条件为

$$L(t)\bar{p}_\varphi(s,t)\varphi(t) = 2\eta N(t)^\zeta D(t)^\xi L_R(t)^{1-\xi}e^{-c_0\bar{d}(s,t)^2(s-t)}c_0\bar{d}(s,t)(s-t)V(s)$$

$$(5-9)$$

对任意的 $s \in [t-M, t)$，关于 $\underline{d}(t,s)$ 的一阶条件为

$$(1-\alpha)\eta\xi N(t)^\zeta D(t)^{\xi-1}L_R(t)^{1-\xi}B(t)^{\frac{1}{\iota}}M^{-\frac{1}{\iota}}\big[\delta^{t-s}\underline{d}(t,s)\varphi(s)L(s)\big]^{-\frac{1}{\iota}}\cdots$$

$$\delta^{t-s}\varphi(s)L(s)\Big[V(t) - \int_{t+d}^{t+M}e^{-\lambda(s,t)(s-t)}V(s)\mathrm{d}s\Big] = \underline{p}_\varphi(t,s)\varphi(s)L(s)$$

$$(5-10)$$

均衡条件下，历史数据的需求和供给达到相等的状态，即

$$\underline{d}(t,s) = \bar{d}(t,s), \quad \forall t > s$$

此外,历史数据的价格也有类似的性质,即

$$\underline{p}_\varphi(t,s) = \bar{p}_\varphi(t,s), \quad \forall\, t > s$$

然后,将式(5-9)和式(5-10)结合起来,在给定其他变量前提下,我们得到 $d(t,s)$ 及其相应价格 $(s < t,\, t-s \leqslant M)$,即

$$(1-\alpha)\eta\xi N(t)^\zeta D(t)^{\xi-1} L_R(t)^{1-\xi} B(t)^{\frac{1}{\epsilon}} M^{-\frac{1}{\epsilon}} \left[\delta^{t-s} \underline{d}(t,s)\varphi(s)L(s)\right]^{-\frac{1}{\epsilon}} \delta^{t-s} \cdots$$

$$\varphi(s)L(s)\left[V(t) - \int_{t+dt}^{t+M} e^{-\lambda(s,t)(s-t)} V(s)\,ds\right] = 2\eta N(s)^\zeta D(s)^\xi L_R(s)^{1-\xi} \cdots$$

$$e^{-c_0 \bar{d}(t,s)^2(t-s)} c_0 \bar{d}(s,t)(t-s)V(t)$$

$$\Rightarrow d(t,s)^{1+\frac{1}{\xi}} e^{-c_0 d(t,s)^2(t-s)} = \frac{(1-\alpha)\xi}{2c_0(t-s)} \delta^{(1-\frac{1}{\epsilon})(t-s)} e^{\bar{g}_D(s-t)} D(t)^{-1} B(t)^{\frac{1}{\epsilon}} \cdots$$

$$\left[\varphi(t)L(t)\right]^{1-\frac{1}{\epsilon}} M^{-\frac{1}{\epsilon}} \left[1 - \int_{t+dt}^{t+M} e^{-\lambda(s,t)(s-t)} \frac{V(s)}{V(t)}\,ds\right]$$

$$\Rightarrow d(t,s)^{1+\frac{1}{\xi}} e^{-c_0 \bar{d}(t,s)^2(t-s)} = \frac{(1-\alpha)\xi}{2c_0(t-s)} \delta^{(1-\frac{1}{\epsilon})(t-s)} e^{\bar{g}_D(s-t)} D(t)^{-1} B(t)^{\frac{1}{\epsilon}} \cdots$$

$$\left[\varphi(t)L(t)\right]^{1-\frac{1}{\epsilon}} M^{-\frac{1}{\epsilon}} \left[1 - \int_{t+dt}^{t+M} e^{-(c_0 d(s,t)^2-n)(s-t)}\,ds\right] \tag{5-11}$$

其中,

$$\bar{g}_D = \zeta g_N + \xi g_D + (1-\xi)n$$

考虑在 BGP 下,$g_D = \max\{g_\varphi + n, g_B\}$,以及 $g_V = n$,并且

$$g_B = \frac{d}{dt}\left[M^{\frac{1}{1-\epsilon}} + \frac{\epsilon}{\epsilon-1}\ln\left(\int_{t-M}^{t-dt} (\delta^{t-s} d(t,s)\varphi(s)L(s))^{\frac{\epsilon-1}{\epsilon}}\,ds\right)\right]$$

$$= \frac{\epsilon}{\epsilon-1} \frac{d}{dt}\left[\ln\left(\int_{t-M}^{t-dt} (\delta^{t-s} d(t,s)\varphi(t-M)L(t-M)e^{(g_\varphi^*+n)(s-t+M)})^{\frac{\epsilon-1}{\epsilon}}\,ds\right)\right]$$

$$= \frac{\epsilon}{\epsilon-1} \frac{d}{dt}\left[\frac{\epsilon-1}{\epsilon}(\ln\varphi(t-M) + \ln L(t-M)) + \right.$$

$$\ln\left(\int_{t-M}^{t-dt}(\delta^{t-s}d(t,s)e^{(g_\varphi^*+n)(s-t+M)})^{\frac{\epsilon-1}{\epsilon}}ds\right)\Big]$$

$$=g_\varphi+n+\frac{\epsilon}{\epsilon-1}\frac{d}{dt}\left[\ln\left(\int_{t-M}^{t-dt}(\delta^{t-s}d(t,s)e^{(g_\varphi^*+n)(s-t+M)})^{\frac{\epsilon-1}{\epsilon}}ds\right)\right]$$

$$=g_\varphi+n$$

最后一个等式来自以下事实：$\delta^{t-s}d(t,s)e^{(g_\varphi^*+n)(s-t+M)}$，$s\in[t-M,t)$ 项不会随着时间而变化。因此，我们得到：$g_D=g_\varphi+n$。也因此，有 $\bar{g}_D=\zeta g_N+\xi g_\varphi+n$。

现在，让我们考虑式(5-8)。首先，很明显，在 BGP 下，有

$$\frac{\dot{p}_\varphi(s,t)}{p_\varphi(s,t)}\leqslant\frac{\dot{p}_\varphi(t)}{p_\varphi(t)}$$

否则，经过一定时期之后，历史数据的价格就会超过当它们作为新数据售出时的价格，那么中间品生产厂商就可以仅通过买入再卖出数据就能获得套利[①]。因此，下列项的增长率则必须与 $p_\varphi(t)$ 的增长率相等，记为 g_{p_φ}：

$$p_\varphi(t)-\int_{t+dt}^{t+M}\bar{p}_\varphi(s,t)\bar{d}(s,t)ds$$

将式(5-8)转化为增长率的形式，并代入一些已经得到的 BGP 增长率表达式，得到

$$\zeta g_N+\xi g_D+(1-\xi)n+n=g_\varphi+n+g_{p_\varphi}$$

$$\Rightarrow\zeta g_N+\xi(g_\varphi+n)+(1-\xi)n=g_\varphi+g_{p_\varphi} \qquad (5-12)$$

$$\Rightarrow\zeta g_N+(\xi-1)g_\varphi+n=g_{p_\varphi}$$

---

① 我们还可以更进一步地讨论历史数据和新数据价格的增长率问题。如果 $\dot{p}_\varphi(s,t)/p_\varphi(s,t)<\dot{p}_\varphi(t)/p_\varphi(t)$，则可以期望在经过一定时期之后，新数据的价格会变得远大于历史数据的价格，或者可以说历史数据的价格与新数据的价格相比变得微不足道。在这样的情形下，很显然中间品生产厂商会需求所有的历史数据，因为它们相对来说非常便宜，即 $d(s,t)\to1$。然后，我们就能直接求出 $d(s,t)$ 的最优结果，而其他结果都与原来的相同。因此，在接下来的分析中，我们仅考虑 $\dot{p}_\varphi(s,t)/p_\varphi(s,t)=\dot{p}_\varphi(t)/p_\varphi(t)$ 的情形。

将式(5-12)与由消费者问题推导出来的一阶条件(4-5)相结合,我们有(注意到在 BGP 下,$g_c = g_N = g^*$)

$$\zeta g_N + (\xi - 1)g_\varphi + n = (\sigma - 1)g_\varphi + \gamma g_c$$
$$\Rightarrow (\zeta - \gamma)g^* + (\xi - \sigma)g_\varphi^* + n = 0 \tag{5-13}$$

同时,由式(5-7)以及最终品生产的工资率决定方程(4-15),有

$$\zeta g_N + \xi g_D - \xi n + g_V = g_N$$
$$\Rightarrow (\zeta - 1)g_N + \xi(g_\varphi + n) - \xi n + n = 0 \tag{5-14}$$
$$\Rightarrow (\zeta - 1)g^* + \xi g_\varphi^* + n = 0$$

将式(5-13)和式(5-14)结合在一起,我们得到了中间品种类和数据提供量的 BGP 增长率,它们都与基准模型的结果相同。

$$g^* = \left[\frac{\sigma}{(1 - \zeta)\sigma - \xi(1 - \gamma)} \right] n$$

和

$$g_\varphi^* = \left[\frac{1 - \gamma}{(1 - \zeta)\sigma - \xi(1 - \gamma)} \right] n$$

类似地,也可以得到,BGP 下受雇于两部门的劳动力份额也应当是与基准模型相同的。

现在,我们推导历史数据交易的比例。由式(5-11)可以得到等式右边的增长率为

$$-g_D + \frac{1}{\epsilon}g_B + \left(1 - \frac{1}{\epsilon}\right)(g_\varphi + n) = 0$$

因此,等式左边

$$d(t, s)^{\frac{1}{\epsilon}} e^{-c_0 d(t, s)(s - t)}$$

是一个常数，并可表示为

$$d_D^{1+\frac{1}{\epsilon}}e^{-c_0 d_D^2(t-s)} = \frac{(1-\alpha)\xi}{2c_0(t-s)}\delta^{\left(1-\frac{1}{\epsilon}\right)(t-s)}e^{\bar{g}_D^{\ast}(s-t)}\left[1-\int_{t+dt}^{t+M}e^{-(c_0 d_D(r,t)^2-n)(r-t)}dr\right]\cdots$$

$$D(t)^{-1}B(t)^{\frac{1}{\epsilon}}M^{-\frac{1}{\epsilon}}\left[\varphi(t)L(t)\right]^{1-\frac{1}{\epsilon}}$$

其中，$D(t)^{-1}B(t)^{\frac{1}{\epsilon}}\left[\varphi(t)L(t)\right]^{1-\frac{1}{\epsilon}}$ 项还可以进一步表示为

$$D(t)^{-1}B(t)^{\frac{1}{\epsilon}}\left[\varphi(t)L(t)\right]^{1-\frac{1}{\epsilon}}$$

$$=\left\{\alpha B(t)^{-\frac{1}{\epsilon}}\left[\varphi(t)L(t)\right]^{\frac{1}{\epsilon}}+(1-\alpha)B(t)^{1-\frac{1}{\epsilon}}\left[\varphi(t)L(t)\right]^{\frac{1}{\epsilon}-1}\right\}^{-1}$$

$$\equiv\left[\alpha\Delta_D^{-\frac{1}{\epsilon}}+(1-\alpha)\Delta_D^{1-\frac{1}{\epsilon}}\right]^{-1}$$

其中，

$$\Delta_D = B(t)\left[\varphi(t)L(t)\right]^{-1}$$

$$=\left[\varphi(t)L(t)\right]^{-1}\left[M^{-\frac{1}{\epsilon}}\int_{t-M}^{t-dt}(\delta^{t-r}d_D(t,r)\varphi(r)L(r))^{\frac{\epsilon-1}{\epsilon}}dr\right]^{\frac{\epsilon}{\epsilon-1}}$$

$$=M^{\frac{1}{1-\epsilon}}\left[\int_{t-M}^{t-dt}(\delta^{t-r}d_D(t,r)e^{(g_\varphi^{\ast}+n)(r-t)})^{\frac{\epsilon-1}{\epsilon}}dr\right]^{\frac{\epsilon}{\epsilon-1}}$$

至此，历史数据的交易比例 $d_D(t,s)$ 便可由以上方程解出。

这一命题是非常有意义的，因为它证明了在前一章所展示的基准模型能够足够完整地描述数据经济的运行模式。即使我们在模型中考虑了数据的动态非竞争性，这一新的性质也不会影响 BGP 下的增长率以及两部门的劳动力份额。其原因在于 BGP 的重要性质，要求此状态下所有的内生变量增长率都应是常数。故产生于不同时期的数据其提供量的增长率应该是相等的。因此，当新数据和历史数据结合在一起形成现期使用的数据集合时，这个复合数据集的增长率仍然与新数据提供量的增长率相等。结果就是，与基准模型不同的是新数据提供量的水平值，而不是增长率。

以上命题中关于历史数据交易比例的确定是由一个比较复杂的式子得到的,要想得到具体的结果会比较困难。为了进一步考察这一关系,我们可以考虑这个扩展模型的一个简化版本。现在,假设在时期 t 生成的数据只能被出售给在时期 $t+M$ 进入的潜在中间品生产厂商。由此我们可以猜测: $d(t+M, t) = d(t+2M, t+M) = \cdots = d_D$,因为这些都是在 $[0, 1]$ 的范围内的比例并都有相同的时间间隔。所以,式(5-5)可以被简化为

$$d_D^{1+\frac{1}{\epsilon}} e^{-c_0 d_D^2 M} = \frac{1}{2c_0}(1-\alpha)\xi\delta^{\left(1-\frac{1}{\epsilon}\right)M} e^{-g_D M} M^{-\frac{1}{\epsilon}-1}\left[1-e^{-(c_0 d_D^2 - n)M}\right]$$
$$\left[\alpha(\Delta'_D)^{-\frac{1}{\epsilon}} + (1-\alpha)(\Delta'_D)^{1-\frac{1}{\epsilon}}\right]^{-1}$$

其中,

$$\Delta'_D = M^{\frac{1}{1-\epsilon}}\delta^M d_D e^{-(g_\varphi^* + n)M}$$

由此, d_D 就可以在给定各参数取值的条件下进行数值求解。参考琼斯和托内蒂(2020)的研究中对应各参数的估计,取 $\alpha=0.5$、$\epsilon=50$、$c_0=0.2$。此外,我们还取 $M=1$、$\delta=0.9$、$\xi=0.5$、$\zeta=0.85$、$\gamma=2.5$、$n=0.02$ 以及 $\sigma=1.5$,得到 $d_D=0$ 或 $d_D=3.70>1$。我们忽略零解而只考虑非零的结果,如果像琼斯和托内蒂(2020)的研究中那样取 $c_0=0.2$ 的话,则来自创造性破坏的负面效应过小了,以至于在位的中间品生产厂商所选择的最优结果超出了合理的范围。然而,如果我们将 c_0 增加至 4 时,最优选择的 d_D 则会变为 0.92,就进入了合理的范围内。我们将在下一小节中在得到了社会计划者问题的结果之后继续对此进行讨论。

三、社会计划者问题

社会计划者问题与从式(4-37)到式(4-40)所示的基准模型相类似,除去此处消费者效用函数由式(4-37)变为了式(5-3),以及创新可能性边界由式(4-38)变为了式(5-2)。由此,我们得到以下命题。

命题 5 - 3　当我们在这个数据经济中考虑数据的非竞争性时,在社会计划者问题中,BGP 增长率以及分配在两部门的劳动力份额仍然与基准模型相同。而历史数据的交易比例[对任意 t, $\bar{d}(t,s) = \underline{d}(t,s) = d_D(t,s)$]在 BGP 下是常数,它们的值由以下式子决定:

$$d_S(t,s) = \left[\frac{\sigma(1-\alpha)}{\alpha} \left(\int_t^{t+M} \delta^{t-r} d_S(r,t) \mathrm{d}r \right) \delta^{-\frac{1}{\epsilon}(t-s)} e^{\bar{g}_S(s-t)} \varphi(t)^{1-\frac{1}{\epsilon}} \right.$$
$$\left. M^{-\frac{1}{\epsilon}} D(t)^{-1} B(t)^{\frac{1}{\epsilon}} L(t)^{1-\frac{1}{\epsilon}} \right]^\epsilon$$

$$(5-15)$$

其中,

$$\bar{g}_S = \left(-\sigma + 1 - \frac{1}{\epsilon} \right) g_\varphi^* + \left(1 - \frac{1}{\epsilon} \right) n$$

g_φ^* 是在命题 4 - 1 中得到的 BGP 增长率。此外, $\varphi(t)^{1-\frac{1}{\epsilon}} B(t)^{\frac{1}{\epsilon}-1} L(t)^{1-\frac{1}{\epsilon}}$ 项在 BGP 下是常数,可以进一步地表示为

$$\varphi(t)^{1-\frac{1}{\epsilon}} D(t)^{-1} B(t)^{\frac{1}{\epsilon}} L(t)^{1-\frac{1}{\epsilon}} = \left[\alpha \Delta_S^{\frac{1}{\epsilon}} + (1-\alpha) \Delta_S^{1-\frac{1}{\epsilon}} \right]^{-1}$$

其中,

$$\Delta_S = M^{\frac{1}{1-\epsilon}} \left[\int_{t-M}^{t-\mathrm{d}t} (\delta^{t-r} d_S(t,r) e^{(g_\varphi^* + n)(r-t)})^{\frac{\epsilon-1}{\epsilon}} \mathrm{d}r \right]^{\frac{\epsilon}{\epsilon-1}}$$

证明　社会计划者的最优化问题为

$$\max_{\substack{c(t), \{d(s,t)\}_{s=t+\mathrm{d}t}^{t+M} \\ \{d(t,s)\}_{s=t-M}^{t-\mathrm{d}t}, \varphi(t)}} \int_0^{\infty} e^{-(\rho-n)t} \left[\frac{c(t)^{1-\gamma} - 1}{1-\gamma} - \varphi(t)^\sigma \int_t^{t+M} \delta^{s-t} d(s,t) \mathrm{d}s \right] \mathrm{d}t$$

使得,

$$\dot{N}(t) = \eta N(t)^\zeta D(t)^\xi L_R(t)^{1-\xi}$$

$$c(t) = \left(\frac{\psi}{1-\beta}\right)^{1-\frac{1}{\beta}} \beta N(t) l_E(t)$$

以及 $l_E(t) + l_R(t) = 1$。令

$$A = \left(\frac{\psi}{1-\beta}\right)^{1-\frac{1}{\beta}}$$

可以构建一个现值的哈密尔顿方程,即

$$\mathcal{H} = \frac{c(t)^{1-\gamma} - 1}{1-\gamma} - \varphi(t)^{\sigma} \int_t^{t+M} \delta^{s-t} \bar{d}(s, t) \mathrm{d}s + \lambda(t) \left[A\beta N(t) l_E(t) - c(t)\right] +$$

$$\mu(t) \eta N(t)^{\zeta} D(t)^{\xi} L_R(t)^{1-\xi}$$

分别求出关于 $c(t)$、$\varphi(t)$、$l_E(t)$ 和 $N(t)$ 的一阶条件,得到

$$\frac{\partial \mathcal{H}}{\partial c(t)} = c(t)^{-\gamma} - \lambda(t) = 0 \qquad (5-16)$$

$$\frac{\partial \mathcal{H}}{\partial \varphi(t)} = -\sigma\varphi(t)^{\sigma-1} \int_t^{t+M} \delta^{s-t} \bar{d}(s, t) \mathrm{d}s + \mu(t)\alpha\eta\xi N(t)^{\zeta} D(t)^{\xi} L_R(t)^{1-\xi} \frac{1}{\varphi(t)} = 0$$

$$(5-17)$$

$$\frac{\partial \mathcal{H}}{\partial l_E(t)} = \lambda(t)\beta A N(t) - \mu(t)\eta(1-\xi) N(t)^{\zeta} D(t)^{\xi} l_R(t)^{-\xi} L(t)^{1-\xi} = 0$$

$$(5-18)$$

以及

$$\frac{\partial \mathcal{H}}{\partial N(t)} = \lambda(t) A\beta l_E(t) + \mu(t)\eta\zeta N(t)^{\zeta-1} D(t)^{\xi} l_R(t)^{1-\xi} L(t)^{1-\xi}$$

$$= -\dot{\mu}(t) + (\rho - n)\mu(t)$$

$$(5-19)$$

对关于 $\bar{d}(s, t)$ 和 $\underline{d}(t, s)$ 的一阶条件,我们需要采用其他方法。在任意的 t 时期和 s 时期 $(s < t, t - s \leqslant M)$,现值的哈密尔顿方程可以改写成以下

形式：

$$\tilde{\mathcal{H}} = \frac{c(s)^{1-\gamma}-1}{1-\gamma} - \varphi(s)^{\sigma}\int_{s}^{s+M}\delta^{r-s}\bar{d}(r,s)\mathrm{d}r + e^{-(\rho-n)(t-s)}\left[\frac{c(t)^{1-\gamma}-1}{1-\gamma}-\right.$$

$$\left.\varphi(t)^{\sigma}\int_{t}^{t+M}\delta^{r-t}\bar{d}(r,t)\mathrm{d}r\right] + \lambda(s)\left[A\beta N(s)l_{E}(s)-c(s)\right] +$$

$$\mu(s)\eta N(s)^{\zeta}D(s)^{\xi}L_{R}(s)^{1-\xi} + \lambda(t)\left[A\beta N(t)l_{E}(t)-c(t)\right] +$$

$$\mu(t)\eta N(t)^{\zeta}D(t)^{\xi}L_{R}(t)^{1-\xi}$$

均衡条件下，我们有 $d(t,s)=\underline{d}(t,s)=d(t,s)$。由此，关于 $d(t,s)$ 的一阶条件为

$$\frac{\partial\tilde{\mathcal{H}}}{\partial d(t,s)} = -\varphi(s)^{\sigma}\delta^{t-s} + \mu(t)(1-\alpha)\eta\xi N(t)^{\zeta}D(t)^{\xi-1}L_{R}(t)^{1-\xi}B(t)^{\frac{1}{\xi}}M^{-\frac{1}{\xi}}$$

$$\left[\delta^{t-s}d(t,s)\varphi(s)L(s)\right]^{-\frac{1}{\xi}}\delta^{t-s}\varphi(s)L(s) = 0$$

$$(5-20)$$

考虑在 BGP 下，$d(t,s)$，$\forall t,s$ 应当是常数，因此，

$$\int_{t}^{t+M}\delta^{t-s}\bar{d}(s,t)\mathrm{d}s$$

也应当是常数，记为 M。然后，由式(5-17)可以得到影子价格 $\mu(t)$ 为

$$\mu(t) = \frac{\sigma M}{\alpha\eta\xi}\varphi(t)^{\sigma}N(t)^{-\zeta}D(t)^{-\xi}l_{R}(t)^{\xi-1}L(t)^{\xi-1}$$

将其代入式(5-20)中，有

$$\varphi(s)^{\sigma}\delta^{t-s} = \frac{M\sigma(1-\alpha)}{\alpha}\varphi(t)^{\sigma}D(t)^{-1}B(t)^{\frac{1}{\xi}}M^{-\frac{1}{\xi}}\left[\delta^{t-s}d(t,s)\varphi(s)L(s)\right]^{-\frac{1}{\xi}}$$

$$\delta^{t-s}\varphi(s)L(s)$$

$$\Rightarrow d(t,s) = \left[\frac{M\sigma(1-\alpha)}{\alpha}\varphi(t)^{\sigma}\varphi(s)^{-\sigma}D(t)^{-1}B(t)^{\frac{1}{\xi}}M^{-\frac{1}{\xi}}\delta^{-\frac{1}{\xi}(t-s)}\left[\varphi(s)L(s)\right]^{1-\frac{1}{\xi}}\right]^{\xi}$$

$$\Rightarrow d(t,s) = \left[\frac{M\sigma(1-\alpha)}{\alpha}\delta^{-\frac{1}{\xi}(t-s)}e^{\bar{g}_{S}(s-t)}M^{-\frac{1}{\xi}}\varphi(t)^{1-\frac{1}{\xi}}D(t)^{-1}B(t)^{\frac{1}{\xi}}L(t)^{1-\frac{1}{\xi}}\right]^{\xi}$$

$$(5-21)$$

其中,

$$\bar{g}_S = \left(-\sigma + 1 - \frac{1}{\epsilon} \right) g_\varphi^* + \left(1 - \frac{1}{\epsilon} \right) n$$

由式(5-18),将第二项移动到等式右边,再将等式两边转化成增长率的形式,然后代入由式(5-16)和式(5-17)分别得到的 λ_t 和 μ_t 的增长率表达式,得到

$$\frac{\dot{\lambda}(t)}{\lambda(t)} + \frac{\dot{N}(t)}{N(t)} = \frac{\dot{\mu}(t)}{\mu(t)} + \zeta \frac{\dot{N}(t)}{N(t)} + \xi \frac{\dot{D}(t)}{D(t)} - \xi n$$

$$\Rightarrow -\gamma \frac{\dot{c}(t)}{c(t)} + (1-\zeta) \frac{\dot{N}(t)}{N(t)} - \frac{\dot{\mu}(t)}{\mu(t)} - \xi \frac{\dot{D}(t)}{D(t)} + \xi n = 0$$

$$\Rightarrow -\gamma \frac{\dot{c}(t)}{c(t)} + \frac{\dot{N}(t)}{N(t)} - \sigma \frac{\dot{\varphi}(t)}{\varphi(t)} = 0$$

注意到 $c(t)$ 的增长率正是我们要求的结果,记为 g^*,则

$$\frac{\dot{c}(t)}{c(t)} = g^* = \frac{1}{\gamma} \left(\frac{\dot{N}(t)}{N(t)} - \sigma \frac{\dot{\varphi}(t)}{\varphi(t)} \right) \qquad (5-22)$$

接下来,我们尝试确定 $N(t)$ 和 $\varphi(t)$ 的增长率。由式(5-18),我们有

$$\frac{\lambda(t)}{\mu(t)} = \frac{\eta(1-\xi)}{\beta A} N(t)^{\zeta-1} l_R(t)^{-\xi} D(t)^{\xi} L(t)^{1-\xi}$$

由此,式(5-19)可以重新整理为

$$\frac{\lambda(t)}{\mu(t)} A\beta l_E(t) + \eta\zeta N(t)^{\zeta-1} D(t)^{\xi} l_R(t)^{1-\xi} L(t)^{1-\xi}$$

$$= -\frac{\dot{\mu}(t)}{\mu(t)} + (\rho - n)\eta \left[(1-\xi) l_E(t) + \zeta l_R(t) \right] N(t)^{\zeta-1} D(t)^{\xi} l_R(t)^{-\xi} L(t)^{1-\xi}$$

$$= \zeta \frac{\dot{N}(t)}{N(t)} + \xi \frac{\dot{D}(t)}{D(t)} - \sigma \frac{\dot{\varphi}(t)}{\varphi(t)} + \rho - (1+\xi)n$$

$$\eta \left[(1-\xi)l_E(t) + \zeta l_R(t)\right] N(t)^{\zeta-1} D(t)^{\xi} l_R(t)^{-\xi} L(t)^{1-\xi}$$
$$= \zeta g_N + (\xi - \sigma)g_\varphi + \rho - n \qquad (5-23)$$

由于在 BGP 下,等式右边是常数,因此等式的左边也应当是一个常数。所以,我们有

$$(\zeta - 1)\frac{\dot{N}(t)}{N(t)} + \xi \frac{\dot{D}(t)}{D(t)}(1-\xi)n = (\zeta-1)g_N + \xi g_\varphi + n = 0 \qquad (5-24)$$

同时,由社会计划者问题中的中间品使用量

$$x_S(v,\,t) = \left(\frac{\psi}{1-\beta}\right)^{-\frac{1}{\beta}} L_E(t)$$

我们可以得到社会计划者问题中的生产函数(以人均的形式)为

$$y_S(t) = AN(t)l_E(t)$$

因此,经济的增长率为

$$g^* = \frac{\dot{N}(t)}{N(t)} \qquad (5-25)$$

将式(5-25)和式(5-22)以及式(5-24)结合起来,同样得到了与基准模型相同的 BGP 增长率:

$$g^* = \left[\frac{\sigma}{(1-\zeta)\sigma - \xi(1-\gamma)}\right]n$$

和

$$g_\varphi^* = \left[\frac{1-\gamma}{(1-\zeta)\sigma - \xi(1-\gamma)}\right]n$$

接下来我们推导 BGP 下受雇于 R&D 部门的劳动力。式(5-23)可被改写成

$$\eta \big[(1-\xi)l_E(t) + \zeta l_R(t)\big] N(t)^{\zeta-1} D(t)^{\xi} l_R(t)^{-\xi} L(t)^{1-\xi} = \zeta g_N + (\xi-\sigma)g_{\varphi} + \rho - n$$

令 $g^* = \eta N(t)^{\zeta-1} D(t)^{\xi} (l_R^*)^{1-\xi} L(t)^{1-\xi}$，则式(4-47)可被进一步改写成

$$\big[(1-\xi)(1-l_R^*) + \zeta l_R^*\big] g^* (l_R^*)^{-1} = \zeta g^* + \xi(g_{\varphi}^* + n) - \sigma g_{\varphi}^* + \rho - (1+\xi)n$$

$$\Rightarrow \big[(1-\xi)(1-l_R^*) + \zeta l_R^*\big] g^* (l_R^*)^{-1} = \left[\zeta + \frac{(\xi-\sigma)(1-\gamma)}{\sigma}\right] g^* + \rho - n$$

$$\Rightarrow \big[(1-\xi)(1-l_R^*) + \zeta l_R^*\big] g^* (l_R^*)^{-1} = \left[1 + \frac{\sigma(\zeta-1)}{\xi}\right] g^* + \left(\frac{\sigma}{\xi} - 1\right) n + \rho$$

$$(5-26)$$

由此，我们同样得到了与基准模型一样的两部门劳动力份额。

我们还可以推导历史数据交易的比例。由式(5-21)，等式右边的增长率为

$$\left(1 - \frac{1}{\epsilon}\right) g_{\varphi} + \left(\frac{1}{\epsilon}\right) g_B - g_D + \left(1 - \frac{1}{\epsilon}\right) n = 0$$

因此，$d(t,s)$ 是一个由式(5-21)确定的常数。$\varphi(t)^{1-\frac{1}{\epsilon}} B(t)^{\frac{1}{\epsilon}-1} L(t)^{1-\frac{1}{\epsilon}}$ 项可以进一步地表达成类似式(5-6)的形式，除了 $d(t,s)$ 会与原来的不同，即

$$\varphi(t)^{1-\frac{1}{\epsilon}} D(t)^{-1} B(t)^{\frac{1}{\epsilon}} L(t)^{1-\frac{1}{\epsilon}} = \left[\alpha \Delta_S^{-\frac{1}{\epsilon}} + (1-\alpha)\Delta_S^{1-\frac{1}{\epsilon}}\right]^{-1}$$

其中，

$$\Delta_S = M^{\frac{1}{1-\gamma}} \left[\int_{t-M}^{t-dt} (\delta^{t-r} d_S(t,r) e^{(g_{\varphi}^* + n)(r-t)})^{\frac{\epsilon-1}{\epsilon}} \, dr\right]^{\frac{\epsilon}{\epsilon-1}}$$

这一命题进一步地证明了在前一章中提出的基准模型是足够好的。比较去中心化经济和社会计划者问题的结果，除了和我们的基准模型一样，受雇于两部门的劳动力份额在不同情形下仍然不同，从不同时期进入的中间品生产厂商之间相互交易历史数据的比例在两种情形下也是不一样的。在去中心化经济中，这些比例同时由历史数据市场的需求端和供给端所决定：前者需要权衡

历史数据对新中间品种类扩张的贡献与其对应的价格之间进行权衡,而后者则在销售数据带来的收益与潜在的创造性破坏带来的损失之间进行权衡。然而,在社会计划者问题中,这些比例仅由消费者的负效用与对新中间品种类的扩张之间的权衡所确定。

与上一节类似,我们将模型简化以便进一步了解这个问题。同样假设在 t 时期生成的数据仅能被销售给 $(t+M)$ 时期进入的潜在中间品生产厂商。并且,有理由猜测 $d(t+M,t) = d(t+2M,t+M) = \cdots = d_S$,因为它们都是在 $[0,1]$ 范围内的比例且具有相同的时间间隔。由此,式(5-15)被简化为

$$d_S^{\frac{1}{\epsilon}} = \frac{\delta^{-M}\sigma(1-\alpha)}{\alpha}\delta^{-\frac{1}{\epsilon}M}e^{-\bar{\kappa}_S M}M^{-\frac{1}{\epsilon}}\left[\alpha(\Delta_S')^{-\frac{1}{\epsilon}} + (1-\alpha)(\Delta_S')^{1-\frac{1}{\epsilon}}\right]^{-1},$$

其中,

$$\Delta_S' = M^{\frac{1}{1-\epsilon}}\delta^M d_S e^{-(g_\varphi^* + n)M}$$

同样采用与去中心化经济的讨论中相同的参数取值,由此得到结果 $d_S = 0$ 或 $d_S = 0.53 \in (0,1)$。我们同样只关注非零的结果。注意到在社会计划者问题中,创造性破坏并不进入模型,因此这一结果无论在 c_0 取什么值都会成立。对比在这两种不同情形下所得到的最优数据交易比例(d_D 和 d_S),可以得到结论:除非创造性破坏的负面效应增长到比较极端的程度,在位的中间品生产厂商总是倾向于销售多于社会最优水平的历史数据比例给新进入的厂商的。为了更好地说明这一问题,图5-1给出了不同的创造性破坏效应参数 c_0 在不同取值下,两种情形中的历史数据交易比例。

由此图可以看出,创造性破坏的负面效应 c_0 在大约小于4时,去中心化经济中的历史数据交易比例都是超过了上限1的,也就是说,在位的中间品生产厂商愿意将其所有的全部历史数据都拿出来进行交易。在 c_0 大约小于14时,去中心化经济中的在位中间品生产厂商总是愿意出售高于社会最优水平的历史数据,这样做的结果会导致消费者的隐私受到更大程度的侵害。类似地,当

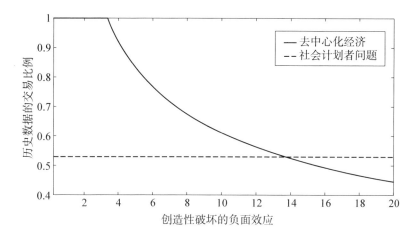

图 5‒1 创造性破坏的负面效应与历史数据交易比例间的关系

注:实线表示去中心化经济中这一关系的变化趋势,而虚线表示社会计划者问题中相应的变化趋势。其他参数的取值如文中所述。当这一比例超出[0,1]的范围时,我们将这一比例直接设定为上界或下界。

创造性破坏风险增长到高于 14 的水平时,去中心化经济中交易的历史数据量又会低于社会最优水平,此时虽然消费者的隐私得到了更好的保护,但又会出现创新过于迟缓的问题。另外需要注意的是,尽管此处的讨论仅针对简化了的模型(数据只会被交易一期),但所得到的结论同样具有较好的政策参考价值,能够较好地描述企业间数据交易随不同经济环境变化的趋势。

事实上,正如我们在前面的章节中指出过的,我们的基准模型同样以一个不太直接的方式反映了数据的非竞争性。在扩展模型中这一通道仍然存在,因为数据仍然会转化为新种类的中间品,而存在着的种类数量仍然会影响未来时期的 R&D 过程。通过加入数据的动态非竞争性,能够让本模型更清晰地展示出在这样的新假设下仍然稳健的性质。因此,本模型与琼斯和托内蒂(2020)研究中的模型间的不同并不是来自偶然,而是来自这两个模型中对数据特性的不同视角。

四、更进一步:数据泄露问题

我们还可以通过加入一种隐私的外部性来更进一步地思考以上的扩展模型,如考虑数据可能会被泄露。也就是说,潜在的中间品生产厂商可能会使用一部分的历史数据而不用支付相应的费用。为了对这个问题进行建模,我们参考罗伯茨和施雷夫特(Roberds and Schreft,2009)的设定,即企业需要分配一定的资源来保护它们的资产(在此处,资产代表它们从消费者处收集来的数据),否则,它们的资产就会被其他企业免费使用。基于本节所给出的扩展模型,我们继续添加以下假设:

- 在现期进入的一个潜在中间品生产厂商从消费者处收集了数据之后,它需要支付一定的价格来维持数据的保密性。否则,在未来时期进入的中间品生产厂商可以不用支付任何费用就能偷走这些数据。因此,一个中间品生产厂商只能在它们支付费用保护的范围内来决定销售多少比例的历史数据。

- 消费者能够知道自己的数据被所有企业用了多少的量,并在向潜在中间品生产厂商收取数据分享的费用时将这些都算进自己的负效用里。

由此我们可以得到以下命题。

命题 5-4 当数据有可能发生泄露时,如果中间品生产厂商能够在未来时期从拥有的这些数据中获得收益,则它们便会愿意支付一定的成本来保护这些数据免遭泄露。

证明 首先注意到在社会计划者问题中,数据泄露这种问题是不存在的。这是因为社会计划者能够不通过市场机制直接地分配各类资源。因此,本小节中社会计划者问题的结果是不会改变的。然后,我们考虑去中心化经济。在时期 t 进入的潜在中间品生产厂商的利润最大化问题变为

$$\max_{\substack{L_R(t),\,\langle d(s,t),\,f(s,t)\rangle_{s=t+\mathrm{d}t}^{t+M},\\ \langle d(t,s)\rangle_{s=t-M}^{t-\mathrm{d}t},\,\varphi(t)}} \eta N(t)^{\zeta} D(t)^{\xi} L_R(t)^{1-\xi}\left[V(t)-\int_{t+\mathrm{d}t}^{t+M} e^{-\lambda(t,s)(s-t)} V(s)\,\mathrm{d}s\right]$$

$$-w(t)L_R(t)$$

$$-\varphi(t)L(t)\left[p_\varphi(t)+\int_{t+dt}^{t+M}f_0f(s,t)^2ds\right]+\varphi(t)L(t)\int_{t+dt}^{t+M}\bar{p}_\varphi(s,t)\bar{d}(s,t)f(s,t)ds$$

$$-\int_{t-M}^{t+dt}\underline{p}_\varphi(t,s)f(t,s)\underline{d}(t,s)\varphi(s)L(s)ds$$

其中，$f(s,t)$ 代表中间品生产厂商支付费用来保护它们从消费者处收集来的数据的比例，f_0 是一个常数。历史数据束在此处变为

$$B(t)=\left[M^{-\frac{1}{\iota}}\int_{t-M}^{t-dt}(\delta^{t-s}(1-f(t,s)+f(t,s)\underline{d}(t,s))\varphi(s)L(s))^{\frac{\iota-1}{\iota}}ds\right]^{\frac{\iota}{\iota-1}}$$

并且消费者的效用最大化问题变为

$$\max_{c(t),\varphi(t)}\int_0^\infty e^{-(\rho-n)t}\left[\frac{c(t)^{1-\gamma}}{1-\gamma}-\varphi(t)^\sigma\int_t^{t+M}\delta^{s-t}(1-f(t,s)+f(t,s)\bar{d}(s,t))ds\right]dt$$

此处，我们关注保护的比例 $f(s,t)$，$\forall s,t$，以便为隐私管制政策提供一个合理性的证据。对任意 $s\in(t,t+M]$，关于 $\bar{d}(s,t)$ 的一阶条件为

$$L(t)\bar{p}_\varphi(s,t)\varphi(t)f(s,t)=\eta N(t)^\zeta D(t)^\xi L_R(t)^{1-\xi}e^{-c_0\bar{d}(s,t)(s-t)}c_0(s-t)V(s)$$

而关于 $f(s,t)$ 的一阶条件为

$$\bar{p}_\varphi(s,t)\bar{d}(s,t)=2f_0f(s,t)\Rightarrow f(s,t)=\frac{1}{2f_0}\bar{p}_\varphi(s,t)\bar{d}(s,t)$$

$$(5-27)$$

同时，对任意 $s\in[t-M,t)$，关于 $\underline{d}(t,s)$ 的一阶条件为

$$(1-\alpha)\eta\xi N(t)^\zeta D(t)^{\xi-1}L_R(t)^{1-\xi}B(t)^{\frac{1}{\iota}}\left[\delta^{t-s}(1-f(t,s)\right.$$

$$+f(t,s)\underline{d}(t,s))\varphi(s)L(s)\right]^{-\frac{1}{\iota}}M^{-\frac{1}{\iota}}\delta^{t-s}\varphi(s)f(t,s)L(s)\left[V(t)\right.$$

$$-\int_{t+dt}^{t+M}e^{-\lambda(s,t)(s-t)}V(s)ds\right]=\underline{p}_\varphi(t,s)\varphi(s)f(t,s)L(s)$$

其中，$f(t, s)$ 由以下式子决定

$$f(t, s) = \frac{1}{2f_0} p_\varphi(t, s) \underline{d}(t, s)$$

由式(5 - 27)，考虑 $p_\varphi(s, t)$ 在 BGP 下会以一个正的增长率变化，并且 $d(s, t)$ 在 BGP 下是一个常数[①]。因此，在 BGP 下 $f(s, t)$ 应该取到它的最大值，即 1，也就是需要对所有的数据进行保护。事实上，式(5 - 27)此时不再成立，因为我们得到了一个角点解。其他的结果都与前文推导的结果一致：在去中心化经济中的历史数据交易比例与社会计划者问题中的最优比例不相同。这些都反映出了隐私管制政策的必要性。

我们还需要注意的是，在这里中间品生产厂商能够通过将历史数据销售给新进入的企业以获得收益，因此它们才具有完全保护自有数据的激励。如果我们不再允许它们通过销售数据来获益，显然它们就不会再有动机去保护其数据了。然而，在这种情况下，消费者仍然会受到额外的隐私侵害。因此，在这种情形下政府应当实行更加严厉的隐私保护政策。

第三节 数据的所有权：消费者与企业

在基准模型中，数据实际上是由消费者拥有的，因为中间品生产厂商在向消费者收集数据时需要支付一定的费用。有人可能会认为还有必要考虑当企业拥有数据时的情形，即企业在收集消费者数据时不需要向消费者支付任何费用。为了弄清楚这个问题，本节对基准模型进行另一个方向的扩展，以展示当给予数据不同的所有权时会发生什么。

正式地，我们将基准模型扩展至允许不同的数据所有权形式。正如前文所

---

① 参考命题 4 - 1，得到新数据价格 $p_\varphi(t)$ 的 BGP 增长率是一个正的常数，而历史数据价格不应该大于它。

述,企业所有权的问题在零数据处理成本($\theta = 0$)时是没有讨论意义的。并且,如果要讨论消费者为了减少其负效用而向厂商支付费用以降低其使用数据的量,这一情形又是不太可行的,因为在本模型框架下,每一时期数据的总量并不是一个比较明确的值。基于这两个原因,本节关注式(4-16)中$\theta > 0$的情形,这可以理解为代表企业在使用数据过程中的成本所产生的摩擦。

一、当企业拥有数据

当企业拥有数据时,消费者的预算约束(4-2)在此处变为

$$\dot{a}(t) = (r(t) - n)a(t) + w(t) - c(t), \ \forall t \in [0, \infty)$$

如果式(4-16)中的θ等于零,这一情形下的结果就会变得没有讨论意义,因为如果企业不需要支付任何成本,则它们肯定会使用完全部能够获得的数据。因此,我们设定$\theta > 0$以及$\phi > 1$以确保这个成本函数总是递增的凸函数。于是,我们有以下关于 BGP 增长率和两部门劳动力份额的命题。

命题 5-5 当企业拥有数据时,则 BGP 增长变为

$$g_c^* = g_N^* = g_y^* = g_w^* = g^* = \left[\frac{\xi + \phi}{\phi(1 - \zeta) - \xi}\right]n \qquad (5-28)$$

$$g_\varphi^* = \left[\frac{2 - \zeta}{\phi(1 - \zeta) - \xi}\right]n > 0 \qquad (5-29)$$

$$g_{p_\varphi}^* = \left[\frac{(\sigma - 1)(2 - \zeta) + \gamma(\xi + \phi)}{\phi(1 - \zeta) - \xi}\right]n \qquad (5-30)$$

这一情形下的两部门劳动力份额的表达式与命题 4-3 中的表达式具有相同形式,但对应的 BGP 增长率在此处取式(5-28)中的形式。

证明 当企业拥有数据时,一个潜在的中间品生产厂商的利润最大化问题变为

$$\max_{L_R(t), \varphi(t)} \eta N(t)^\zeta \varphi(t)^\xi l_R(t)^{1-\xi} L(t) V(t) - w(t) l_R(t) L(t) - \theta \varphi(t)^\phi$$

因此,此处的自由进入条件为

$$(1-\xi)\eta N(t)^{\zeta}\varphi(t)^{\xi}l_R(t)^{-\xi}V(t) = w(t) \tag{5-31}$$

和

$$\xi\eta N(t)^{\zeta}\varphi(t)^{\xi-1}l_R(t)^{1-\xi}L(t)V(t) = \theta\phi\varphi(t)^{\phi-1} \tag{5-32}$$

接下来,我们推导此种情形下的 BGP 增长率。类似地,式(4-25)和式(4-26)仍然成立。由式(5-32),有

$$\zeta\frac{\dot{N}(t)}{N(t)} + (\xi-1)\frac{\dot{\varphi}(t)}{\varphi(t)} + (1-\xi)\frac{\dot{l}_R(t)}{l_R(t)} + n + \frac{\dot{V}(t)}{V(t)} = (\phi-1)\frac{\dot{\varphi}(t)}{\varphi(t)}$$

在 BGP 下,以上等式可以进一步地被改写为

$$\zeta\frac{\dot{N}(t)}{N(t)} + (\xi-\phi)\frac{\dot{\varphi}(t)}{\varphi(t)} + 2n = 0 \tag{5-33}$$

将式(5-33)和式(4-26)相结合,得到 BGP 增长率为

$$\frac{\dot{N}(t)}{N(t)} = \left[\frac{\xi+\phi}{\phi(1-\zeta)-\xi}\right]n$$

同时,数据提供量的 BGP 增长率为

$$\frac{\dot{\varphi}(t)}{\varphi(t)} = -\frac{n}{\xi} + \frac{1-\zeta}{\xi}\frac{\dot{N}(t)}{N(t)} = \left[\frac{2-\zeta}{\phi(1-\zeta)-\xi}\right]n > 0$$

数据价格的 BGP 增长率为

$$\frac{\dot{p}_{\varphi}(t)}{p_{\varphi}(t)} = (\sigma-1)\frac{\dot{\varphi}(t)}{\varphi(t)} + \gamma\frac{\dot{c}(t)}{c(t)} = \left[\frac{(\sigma-1)(2-\zeta)+\gamma(\xi+\phi)}{\phi(1-\zeta)-\xi}\right]n$$

此种情形中,除了此处的 BGP 增长率取不同的值,BGP 下两部门的劳动力份额表达式与命题4-3中所推导的相同。

这个模型与我们的基准模型相比最大的不同是此处的数据提供量 BGP 增长率变为了正值。这一结论来自企业不再需要向消费者支付使用数据的费用这一假设,所以关于隐私保护的考虑就不再影响数据的使用。虽然此时仍然有一个

"数据处理费用"的假设来约束数据的使用量,但这个费用的变化仅仅是机械的,并不足以将数据提供量的 BGP 增长率推向负值。此外,如果我们取一些标准的值如 $\xi = 0.5$、$\zeta = 0.85$ 且 ϕ 取大于 1 的任意值,其他变量的 BGP 增长率 g^* 仍然大于数据提供量的 BGP 增长率 g_φ^*。从某种程度上来说,这一结果仍然与我们的基准模型是一致的:随着时间的流逝,在 BGP 下数据的使用相比于消费会逐渐变得微不足道。

继续对这个结果进行讨论。在式(4-3)中,我们设定了数据提供量的增长率不应超过消费的增长率。其结果就是,当 $2 - \zeta > \xi + \phi$ 时,这个约束是紧的。在这种情况下,自由进入条件便不再成立,因为企业总是会需求过多的数据。因此,我们仅从关于劳动力的自由进入条件求出此时的 BGP 增长率为

$$g^* = g_\varphi^* = \frac{n}{1 - \zeta - \xi}$$

这意味着约束(4-3)在这种情形下确实会影响 BGP 的结果。此外,参考琼斯和托内蒂(2020)的研究,其创新可能性边界被设定为

$$\dot{N}_t = \frac{1}{\chi} L_E(t)$$

这可以视为将知识溢出效应 ζ 设定为零,同时数据被设定成了其他不同的形式。因此,当我们给 ξ 和 ϕ 取合适的值时,$\xi + \phi < 2 - \zeta$ 在这种设定下就很有可能成立。结果就是,我们也能得到与琼斯和托内蒂(2020)类似的结论:当企业拥有数据时,它们倾向于用完所有其持有的数据。

二、对消费者拥有数据的情形及社会计划者问题的再分析

除了考虑企业拥有数据这一新的情形之外,由于此处将式(4-16)中的 θ 一般化为一个大于 0 的值,因此有必要重新考虑我们的基准模型会发生什么变化。首先考虑去中心化经济中消费者拥有数据的情形。基准模型中消费者的预算约束(4-2)仍然成立,并且其他所有的未在本节提到的条件也都仍然成立。此处的

模型与原来相比最大的不同是:潜在中间品生产厂商的利润最大化问题发生了改变:现在除了要支付给消费者使用数据的费用之外,还需要支付数据处理费用。于是,我们有以下命题。

命题 5 - 6 当 $\theta > 0$ 并让消费者拥有数据时,若 $\sigma(2-\zeta)+(\xi+\phi)(\gamma-1)>0$,BGP 增长率以及两部门的劳动力份额都与基准模型的结果相同。

证明 在这种情形下,潜在中间品生产厂商的利润最大化问题变为:

$$\max_{L_R(t),\varphi(t)} \eta N(t)^\zeta \varphi(t)^\xi l_R(t)^{1-\xi}L(t)V(t)-w(t)l_R(t)L(t)-\theta\varphi(t)^\phi-p_\varphi(t)\varphi(t)L(t)$$

关于劳动力的自由进入条件仍然与式(5 - 31)中的相同,而另一个自由进入条件则变为

$$\eta\xi N(t)^\zeta \varphi(t)^{\xi-\phi}l_R(t)^{1-\xi}V(t)L(t)=\frac{p_\varphi(t)L(t)}{\varphi(t)^{\phi-1}}+\theta\phi \qquad (5-34)$$

因为在 BGP 下,$p_\varphi(t)$、$\varphi(t)$ 和 $L(t)$ 都以常数速率变化,以下分不同情况分类讨论 BGP 增长率的推导。

情形 1:在 BGP 下,如果 $g_{p_\varphi}^* + n > (\phi-1)g_\varphi^*$,可以认为式(5 - 34)的等式右边会趋向于第一项,即

$$\eta\xi N(t)^\zeta \varphi(t)^{\xi-\phi}l_R(t)^{1-\xi}V(t)L(t)\approx\frac{p_\varphi(t)L(t)}{\varphi(t)^{\phi-1}}$$

于是,自由进入条件就变得与式(4 - 18)所示中的相同。然后,BGP 增长率就会与命题 4 - 1 中推导出来的一样了。更进一步,我们还可以将这种情形的前提条件进一步推导:

$$g_{p_\varphi}^* + n > (\phi-1)g_\varphi^*$$

$$\Rightarrow\left[\frac{\sigma+\gamma-1}{(1-\zeta)\sigma-\xi(1-\gamma)}\right]n+n>(\phi-1)\left[\frac{1-\gamma}{(1-\zeta)\sigma-\xi(1-\gamma)}\right]n$$

$$\Rightarrow\sigma(2-\zeta)+(\xi+\phi)(\gamma-1)>0$$

即得到了命题中所示的成立条件。

情形 2：如果 $g^*_{p_\varphi} + n \leqslant (\phi - 1)g^*_\varphi$，可以证明，式(5-34)等式的右边在 BGP 下会收敛为一个常数。那么，这个问题就会变得跟当企业拥有数据时一样了。因此，BGP 下 $p_\varphi(t)$ 的增长率变为

$$\frac{\dot{p}_\varphi(t)}{p_\varphi(t)} = (\sigma - 1)\frac{\dot{\varphi}(t)}{\varphi(t)} + \gamma\frac{\dot{c}(t)}{c(t)} = \left[\frac{(\sigma - 1)(2 - \zeta) + \gamma(\xi + \phi)}{\phi(1 - \zeta) - \xi}\right]n$$

并且这一条件可进一步写成

$$g^*_{p_\varphi} + n \leqslant (\phi - 1)g^*_\varphi$$

$$\Rightarrow \left[\frac{(\sigma - 1)(2 - \zeta) + \gamma(\xi + \phi)}{\phi(1 - \zeta) - \xi}\right]n + n \leqslant (\phi - 1)\left[\frac{2 - \zeta}{\phi(1 - \zeta) - \xi}\right]n$$

$$\Rightarrow \sigma(2 - \zeta) + (\xi + \phi)(\gamma - 1) \leqslant 0$$

这在各参数取一些标准的值时是不会成立的。

因此，当消费者拥有数据时，BGP 增长率为

$$g^* = \left[\frac{\sigma}{(1 - \zeta)\sigma - \xi(1 - \gamma)}\right]n$$

和

$$\frac{\dot{\varphi}(t)}{\varphi(t)} = -\frac{1}{\xi}n + \frac{1 - \zeta}{\xi}\frac{\dot{N}(t)}{N(t)} = \left[\frac{1 - \gamma}{(1 - \zeta)\sigma - \xi(1 - \gamma)}\right]n$$

这与命题 4-1 中所示的结果是一样的。显然，BGP 下两部门的劳动力份额也具有与基准模型同样的表达式，如命题 4-3 所示。

命题所采用的条件 $\sigma(2 - \zeta) + (\xi + \phi)(\gamma - 1) > 0$ 在知识溢出效应不太强且消费者对消费的跨期替代弹性不高时是很容易成立的。一般地，我们假设 $\sigma > 0$、$\zeta \in [0, 1]$、$\xi \in [0, 1]$、$\phi > 1$ 以及 $\gamma > 1$。因此，当我们取一些标准值时，命题的结论都会成立。

此处，消费的 BGP 增长率是大于数据提供量的 BGP 增长率的。然而，如果我们让数据提供约束(4-3)变得紧一些，即让 s 减少到在 BGP 下，这一约束

变为紧约束,我们就有可能得到较低的增长率。正式地,如果 s 满足

$$s < g_\varphi^* - g^* = \left[\frac{1-\gamma-\sigma}{(1-\zeta)\sigma-\xi(1-\gamma)}\right]n$$

我们总是有

$$(g_\varphi^*)' = (g^*)' + s \tag{5-35}$$

此时,由数据的自由进入条件(4-18)得到的式(4-28)将不再成立。因此,将式(4-26)和式(5-35)结合在一起,我们得到这一情形下的 BGP 增长率为

$$(g^*)' = \frac{\xi s + n}{1-\zeta-\xi} < \left[\frac{\sigma}{(1-\zeta)\sigma-\xi(1-\gamma)}\right]n = g^*$$

这意味着在这一情形下的 BGP 增长率总是比在基准模型下的要低。也就是说,在特定情形下,形如式(4-3)的数据生成约束是有可能影响长期经济增长的。除此之外,我们还要考虑社会计划者问题,于是有以下命题。

命题 5-7 当 $\theta > 0$ 时,在社会计划者问题中,若 $\gamma\sigma + (\phi-1)(\gamma-1) + 1 > 0$,BGP 增长率以及两部门的劳动力份额仍然与基准模型的结果相同。

证明 在社会计划者问题中,资源约束现在变为

$$C(t) = \widetilde{Y}(t) \equiv L_E(t)^\beta \int_0^{N(t)} x(v, t)^{1-\beta}\mathrm{d}v - \int_0^{N(t)} \psi x(v, t)\mathrm{d}v - \theta\varphi(t)^\phi$$

于是,最优的净产出变为

$$c(t) = \left(\frac{\psi}{1-\beta}\right)^{1-\frac{1}{\beta}}\beta N(t)l_E(t) - \frac{\theta\varphi(t)^\phi}{L(t)} \tag{5-36}$$

因此,式(4-43)变为

$$\frac{\partial\mathcal{H}}{\partial\varphi(t)} = -\varepsilon\sigma\varphi(t)^{\sigma-1} - \theta\phi\frac{\lambda(t)\varphi(t)^{\phi-1}}{L(t)} + \mu(t)\xi\eta N(t)^\zeta\varphi(t)^{\xi-1}l_R(t)^{1-\xi}L(t) = 0$$

$$\tag{5-37}$$

由于 $c(t)^{-\gamma} = \lambda(t)$,我们需要首先讨论在 BGP 下,上式与原来相比多出来的

一项的值。这一项在当

$$-\gamma \frac{\dot{c}(t)}{c(t)} + (\phi - 1)\frac{\dot{\varphi}(t)}{\varphi(t)} < n$$

时趋近于零。如果以上的不等式成立,BGP 增长率就会与命题 4－4 中得到的结果相同。然后,我们进一步研究这个条件,得到

$$-\gamma \left[\frac{\sigma}{(1-\zeta)\sigma - \xi(1-\gamma)}\right] n + (\phi - 1)\left[\frac{1-\gamma}{(1-\zeta)\sigma - \xi(1-\gamma)}\right] n < n$$

$$\Rightarrow \gamma\sigma + (\phi - 1)(\gamma - 1) > -1$$

显然,此时 BGP 下两部门的劳动力份额也与基准模型中的相同。

当数据处理成本的变化随数据量是凸函数以及消费者对于消费的跨期替代弹性较小时,条件 $\gamma\sigma + (\phi - 1)(\gamma - 1) + 1 > 0$ 很容易就能成立。命题 5－6 和 5－7 一起进一步说明了我们的基准模型足以描述这一新类型的数据经济。尽管为了分析新的情形,我们在模型中加入了"数据处理费用"这一新假设,但基准模型中的结果在大多数的一般情形中仍然是存在的。第五章第二节和第三节中的两个扩展模型共同说明了我们的基准模型的稳健性,并且我们还可以添加更多的假设来分析其他问题,并能够保证结果不会受到太大的影响。

第四节　消费水平对数据使用效率的增益效果

在基准模型中,潜在的中间品生产厂商仅仅通过雇用劳动力和使用由消费者处收集来的数据进行 R&D 活动。然而,这样的设定并没有考虑到,对数据的利用效率是可能会随着消费水平的提高而不断提升的。这在现实中也是比较常见的。例如,消费水平的提升反映了产出水平的提升,而产出增加在很大程度上是由技术进步所推动的,并且技术进步可以表现在很多方面,除了增加新的中间品种类之外,还可能会贡献于数据利用效率的提升。另一方面,在本节

中将消费与数据使用直接联系在一起,也补充了如式(4-3)中所示的增长率约束,让这两个关键变量的联系更加紧密。同时,通过对比本节中新的结果与原先的结果,也能够说明基准模型是足够完善的,足以描述我们所讨论的数据经济的。

正式地,我们将如式(4-17)所示的创新可能性边界改为如下形式:

$$\dot{N}(t) = \eta N(t)^{\zeta} [\varphi(t) G(c(t)) L(t)]^{\xi} L_R(t)^{1-\xi}$$
$$= \eta N(t)^{\zeta} \varphi(t)^{\xi} l_R(t)^{1-\xi} G(c(t))^{\xi} L(t) \tag{5-38}$$

此处,我们添加了 $G(c(t))$ 项以表示消费对数据利用效率的增益效应,其中,$c(t)$ 为时期 t 的人均消费水平。这一增益效应应该是随着消费水平的增加而不断提升的。因此,为了简便起见,我们将这一项简单地设定为 $G(c(t)) = Gc(t)$,其中 $G > 0$ 是一个常数。因此,我们有

$$\frac{\dot{G}(c(t))}{G(c(t))} = \frac{\dot{c}(t)}{c(t)}$$

类似地,我们首先考虑去中心化经济中的结果,再考虑相应的社会计划者问题。为简便起见,在这一节里,我们对一些变量进行适当的混用以节约符号的使用,请注意区分此处的变量与基准模型中的变量。

一、去中心化经济

首先,我们考虑去中心化经济下的 BGP 增长率以及劳动力的分配结果。

命题 5-8 考虑消费水平对数据使用效率的增益效果,在去中心化经济中,BGP 增长率可表示为以下两组:

$$g^* = \left[\frac{\sigma}{(1-\xi-\zeta)\sigma - \xi(1-\gamma)} \right] n \tag{5-39}$$

和

$$g_{\varphi}^* = \left[\frac{1-\gamma}{(1-\xi-\zeta)\sigma - \xi(1-\gamma)} \right] n$$

对于受雇于两部门的劳动力比例,表达式则与命题 4-3 中的相同,除了此处的 g^* 取式(5-39)中所示的值以外。

证明 在新的模型设定下,潜在的中间品生产厂商的利润最大化问题变为

$$\max_{l_R(t),\,\varphi(t)} \eta N(t)^\zeta \varphi(t)^\xi l_R(t)^{1-\xi} G(c(t))^\xi L(t) V(t) - w(t) l_R(t) L(t) - p_\varphi(t) \varphi(t) L(t)$$

通过分别对 $l_R(t)$ 和 $\varphi(t)$ 求一阶条件,我们得到以下两个自由进入条件:

$$(1-\xi) \eta N(t)^\zeta \varphi(t)^\xi l_R(t)^{-\xi} G(c(t))^\xi V(t) = w(t) \qquad (5-40)$$

和

$$\xi \eta N(t)^\zeta \varphi(t)^{\xi-1} l_R(t)^{1-\xi} G(c(t))^\xi V(t) = p_\varphi(t) \qquad (5-41)$$

BGP 下,将式(5-40)与生产端的工资率决定方程(4-15)结合在一起,并转化为增长率的形式,我们有

$$\zeta g_N + \xi g_\varphi + \xi g_c + g_V = g_N \qquad (5-42)$$
$$\Rightarrow (\zeta + \xi - 1)g + \xi g_\varphi + n = 0$$

第二个方程来自以下事实:BGP 下,$g_c = g_N = g$。接下来,将式(5-41)转化为增长率的形式,并与由消费者问题得出的关于数据的欧拉方程(4-5)相结合,得到(在 BGP 下)

$$\zeta g_N + (\xi-1)g_\varphi + \xi g_c + g_v = g_{p_\varphi} = (\sigma-1)g_\varphi + \gamma g_c \qquad (5-43)$$
$$\Rightarrow (\zeta + \xi - \gamma)g + (\xi - \sigma)g_\varphi + n = 0$$

将式(5-42)和式(5-43)结合在一起,可以得到以下的 BGP 增长率:

$$g^* = \left[\frac{\sigma}{(1-\xi-\zeta)\sigma - \xi(1-\gamma)} \right] n$$

和

$$g_\varphi^* = \left[\frac{1-\gamma}{(1-\xi-\zeta)\sigma - \xi(1-\gamma)} \right] n$$

对于受雇于两部门的劳动力比例,易知,表达式与命题 4 – 3 中的相同,除了此处的 g^* 取式(5 – 39)中所示的值以外。

与基准模型不同的是,当 $(1-\xi-\zeta)\sigma-\xi(1-\gamma)<0$ 时,此处的 BGP 增长率 g^* 会变成负的。考虑到文献中通常取 $\gamma>1$,并且我们期望 $\zeta=0.85$(因为知识溢出效应不能过大),而 ξ 通常取 0.5(假设劳动力和数据在创新过程中的地位相同),因此,对于消费者提供数据产生的负效用项 σ 来说,如果其取值过大,BGP 增长率就会变为负的。在这样的情形下,经济负向增长,而数据提供量正向增长。从 BGP 的定义来说,这样的 BGP 状态是不存在的。换句话说,我们可以认为这样的数据经济不在我们的讨论范围内。

二、社会计划者问题

在考虑了去中心化经济之后,我们同样需要考虑社会计划者问题的结果。

命题 5 – 9 考虑消费水平对数据使用效率的增益效果,在社会计划者问题中,在满足一些规范性条件的前提下,BGP 增长率与去中心化经济中的结果相同。而对于受雇于两部门的劳动力比例来说,则会发生一些改变,即满足以下式子:

$$\frac{1}{l_R^*}-1=\frac{1}{1-\xi}\left[\xi+\frac{\gamma-1}{\sigma}(\sigma-\xi)+\frac{\rho}{g^*}\right]$$

其中,g^* 如式(5 – 39)所示。

证明 在新的模型设定下,我们可以列出如下的现值哈密尔顿方程:

$$\mathcal{H}=\frac{c(t)^{1-\gamma}-1}{1-\gamma}-\varphi(t)^\sigma+\lambda(t)\left[\left(\frac{\psi}{1-\beta}\right)^{1-\frac{1}{\beta}}\beta N(t)l_E(t)-c(t)\right]+$$

$$\mu(t)\eta N(t)^\zeta\varphi(t)^\xi l_R(t)^{1-\xi}G(c(t))^\xi L(t)$$

$$(5-44)$$

同样,令

$$A=\left(\frac{\psi}{1-\beta}\right)^{1-\frac{1}{\beta}}$$

并分别对 $c(t)$、$\varphi(t)$、$l_E(t)$ 和 $N(t)$ 求相应的必要条件，得到以下方程：

$$\frac{\partial \mathcal{H}}{\partial c(t)} = c(t)^{-\gamma} - \lambda(t) + \mu(t)\xi\eta N(t)^{\zeta}\varphi(t)^{\xi}l_R(t)^{1-\xi}G(c(t))^{\xi-1}G'(c(t))L(t) = 0$$

$$(5-45)$$

$$\frac{\partial \mathcal{H}}{\partial \varphi(t)} = -\sigma\varphi(t)^{\sigma-1} + \mu(t)\xi\eta N(t)^{\zeta}\varphi(t)^{\xi-1}l_R(t)^{1-\xi}G(c(t))^{\xi}L(t) = 0$$

$$(5-46)$$

$$\frac{\partial \mathcal{H}}{\partial l_E(t)} = \lambda(t)\beta A N(t) - \mu(t)(1-\xi)\eta N(t)^{\zeta}\varphi(t)^{\xi}l_R(t)^{-\xi}G(c(t))^{\xi}L(t) = 0$$

$$(5-47)$$

以及

$$\frac{\partial \mathcal{H}}{\partial N(t)} = \lambda(t)\beta A l_E(t) + \mu(t)\zeta\eta N(t)^{\zeta-1}\varphi(t)^{\xi}l_R(t)^{1-\xi}G(c(t))^{\xi}L(t)$$

$$= -\dot{\mu}(t) + (\rho+n)\mu(t)$$

$$(5-48)$$

新模型设定下，式(5-45)与基准模型中的结果有着很大的不同。为了求解这个问题，我们需要区分不同的情形进行讨论。

情形 1：在 BGP 下，$c(t)^{-\gamma}$ 项的增长率大于

$$\mu(t)\xi\eta N(t)^{\zeta}\varphi(t)^{\xi}l_R(t)^{1-\xi}G(c(t))^{\xi-1}G'(c(t))L(t)$$

项的增长率，即

$$-\gamma g_c \geqslant g_\mu + \zeta g_N + \xi g_\varphi + (\xi-1)g_c + n \qquad (5-49)$$

在这种情形下，式(5-45)则可以近似为

$$c(t)^{-\gamma} \approx \lambda(t) \qquad (5-50)$$

由式(5-47)，通过将左边的第二项移动到右边，并将整个方程转化为增长率的

形式,然后再分别代入由式(5-50)和式(5-46)所得到的 $\lambda(t)$ 和 $\mu(t)$,得到(在 BGP 下):

$$g_\mu + \zeta g_N + \xi g_\varphi + \xi g_c + n = g_\lambda + g_N$$

$$\Rightarrow (-\gamma - \xi)g_c + (1-\zeta)g_N - g_\mu - \xi g_\varphi - n = 0$$

$$\Rightarrow (-\gamma - \xi)g_c + (1-\zeta)g_N - (\sigma-1)g_\varphi +$$

$$\zeta g_N + (\xi-1)g_\varphi + \xi g_c + n - \xi g_\varphi - n = 0$$

$$\Rightarrow -\gamma g_c + g_N - \sigma g_\varphi = 0$$

注意到, $c(t)$ 的增长率正是我们想要求得的,可记为 g^* ,则

$$\frac{\dot{c}(t)}{c(t)} = g^* = \frac{1}{\gamma}\left(\frac{\dot{N}(t)}{N(t)} - \sigma\frac{\dot{\varphi}(t)}{\varphi(t)}\right) \tag{5-51}$$

接下来,我们尝试确定 $N(t)$ 和 $\varphi(t)$ 的增长率。由式(5-47),我们有

$$\frac{\lambda(t)}{\mu(t)} = \frac{\eta(1-\xi)}{\beta A}N(t)^{\zeta-1}l_R(t)^{-\xi}\varphi(t)^\xi G(c(t))^\xi L(t) \tag{5-52}$$

则式(5-48)可变形为

$$-\frac{\dot{\mu}(t)}{\mu(t)} + (\rho-n) = \eta\zeta N(t)^{\zeta-1}\varphi(t)^\xi l_R(t)^{1-\xi}G(c(t))^\xi L(t)$$

$$+ \frac{\lambda(t)}{\mu(t)}A\beta l_E(t)$$

$$\Rightarrow \zeta g_N + \xi g_c + (\xi-\sigma)g_\varphi + \rho = [\eta(1-\xi)l_E(t) + \eta\zeta l_R(t)]$$

$$N(t)^{\zeta-1}\varphi(t)^\xi l_R(t)^{-\xi}G(c(t))^\xi L(t)$$

$$\tag{5-53}$$

由于等式右边在 BGP 下是常数,等式左边也应当是常数,因此

$$(\zeta-1)g_N + \xi g_\varphi + \xi g_c + n = 0 \tag{5-54}$$

同时,易得

$$g^* = \frac{\dot{N}(t)}{N(t)} \tag{5-55}$$

将式(5-55)和式(5-51)结合在一起,同时代入式(5-54),得到

$$g^* = \left[\frac{\sigma}{(1-\xi-\zeta)\sigma-\xi(1-\gamma)} \right] n$$

$$g_\varphi^* = \left[\frac{1-\gamma}{(1-\xi-\zeta)\sigma-\xi(1-\gamma)} \right] n$$

$$g_\mu = -(\zeta+\xi)g + (\sigma-\xi)g_\varphi - n = -\left[\frac{\sigma\gamma}{(1-\xi-\zeta)\sigma-\xi(1-\gamma)} \right] n$$

这些结果都与去中心化经济中的相同。最后,我们检查条件(5-49)是否能够被满足。由于

$$g_\mu + \zeta g_N + \xi g_\varphi + (\xi-1)g_c + n = -\left[\frac{\sigma\gamma}{(1-\xi-\zeta)\sigma-\xi(1-\gamma)} \right] n = -\gamma g_c \tag{5-56}$$

因此条件是成立的。

情形 2:在 BGP 下,

$$-\gamma g_c < g_\mu + \zeta g_N + \xi g_\varphi + (\xi-1)g_c + n \tag{5-57}$$

则式(5-45)近似为

$$\mu(t)\xi\eta N(t)^\xi \varphi(t)^\xi l_R(t)^{1-\xi} G(c(t))^{\xi-1} G'(c(t))L(t) \approx \lambda(t)$$

将以上式子改写为增长率的形式,我们有

$$g_\mu + \zeta g_N + \xi g_\varphi + (\xi-1)g_c + n = g_\lambda \tag{5-58}$$

由式(5-47),通过将左边的第二项移动到右手边,并将整个方程转化为增长率的形式,然后再分别代入由式(5-58)和式(5-46)所得到的 $\lambda(t)$ 和 $\mu(t)$,得到(在 BGP 下):

$$g_\lambda + g_N = g_\mu + \zeta g_N + \xi g_\varphi + \xi g_c + n$$

$$\Rightarrow g_\mu + \zeta g_N + \xi g_\varphi + (\xi-1)g_c + n + g_N = g_\mu + \zeta g_N + \xi g_\varphi + \xi g_c + n$$

$$\Rightarrow g_N = g_c$$

类似地,也可以得到

$$(\zeta-1)g_N + \xi g_\varphi + \xi g_c + n = 0$$

在这个情形下,无法继续求解 BGP 的增长率。但是,我们可以检查条件 (5-57)是否能够被满足。由以上两个方程,我们可以首先得到由 g^* 所表示的 $\varphi(t)$ 和 $\mu(t)$ 的增长率,分别为

$$g_\varphi = \frac{1-\zeta-\xi}{\xi}g - \frac{1}{\xi}n$$

和

$$g_\mu = -(\zeta+\xi)g + (\sigma-\xi)g_\varphi - n = \left[\frac{\sigma(1-\xi-\zeta)}{\xi}-1\right]g - \frac{\sigma}{\xi}n$$

然后,将这两个式子代入条件(5-57)中,得到

$$-\gamma g < \left[\frac{\sigma(1-\xi-\zeta)}{\xi}-1\right]g - \frac{\sigma}{\xi}n + \zeta g + \xi g_\varphi + (\xi-1)g + n$$

$$\Rightarrow g > \left[\frac{\sigma}{(1-\xi-\zeta)\sigma - \xi(1-\gamma)}\right]n$$

这意味着,这个情形下的 BGP 增长率需要大于去中心化经济下以及情形 1 中的水平。鉴于情形 2 的求解过于复杂且难以得到比较合理的结果,因此此处我们只关注情形 1 的结果。

此外,我们还可以考察社会计划者问题中受雇于两部门的劳动力比例。由式(5-53),我们有(在 BGP 下)

$$[(1-\xi)(1-l_R^*) + \zeta l_R^*]g^*(l_R^*)^{-1} = (\zeta+\xi)g^* + (\xi-\sigma)g_\varphi^* + \rho$$

$$\Rightarrow \left[(1-\xi)\left(\frac{1}{l_R^*}-1\right)+\zeta\right]g^* = \left[\zeta+\xi+\frac{1-\gamma}{\sigma}(\xi-\sigma)\right]g^* + \rho$$

$$\Rightarrow \frac{1}{l_R^*} - 1 = \frac{1}{1-\xi}\left[\xi + \frac{\gamma-1}{\sigma}(\sigma-\xi) + \frac{\rho}{g^*}\right]$$

$$(5-59)$$

这与基准模型中的结果不再相同。

加入了消费水平对数据使用效率的增益效果之后,BGP 下的增长率表达式相比于基准模型的结果其绝对值变得更大了(包括 g^* 变得更正以及 g_φ^* 变得更负),这也体现了这一增益效果对增长率的影响。除此之外,关于去中心化经济和社会计划者问题的一些主要结论则没有发生比较本质的变化。结合本章第二至四节中所展示的扩展模型,我们有理由相信,本书的基准模型从某种意义上来说已经足够完善,可以完整地描述数据经济的运行模式,而不需要再添加本节所讨论的设定了。

第五节 政策含义:税收还是补贴?

尽管我们已经证明了 BGP 下的增长率在去中心化经济中和在社会计划者问题中都是相同的,但在去中心化经济中仍然存在着扭曲,并且消费者福利仍然有改善的空间。这些扭曲来自两部门劳动力份额的不同,这一不同进一步地影响到去中心化经济与社会计划者问题中的数据使用量的不同,同样也影响到了由隐私侵害所产生的负效用。本节将讨论用于减轻这些扭曲的三种不同政策的可行性。

一、对数据征税的无效性

为了减轻这些扭曲,政府可以通过对要素价格征税或进行补贴来使得去中心化经济中的资源分配与社会计划者问题中的一致。在开始研究这个问题之前,我们需要澄清该如何在本书的模型框架下分辨不同的增长路径。人们可能会认为,由于数据在去中心化经济中被过度使用了,因此我们可以通过对数据的使用行为征收一定的税来减少这一扭曲。然而,这样做的结果在长期来看将会是无效的。正如以下的命题所述。

命题 5-10 如果我们对数据使用进行征税,以期将去中心化经济中的分配结果推近于社会计划者问题中的结果,这在长期中将会是无效的。经济最终将回到原先的 BGP 路径上,尽管在过渡态时期会与原先有所不同。

证明 首先,我们需要证明施加于数据使用的最优税率应当是一个常数,以保证 BGP 增长率不会偏离原先的基准模型的水平。如果我们在关于数据提供的自由进入条件(4-18)处添加一个税收项,即

$$\eta \xi N(t)^{\zeta} \varphi(t)^{\xi-1} l_R(t)^{1-\xi} V(t) = \tau(t) p_\varphi(t) \tag{5-60}$$

其中,$\tau(t)$ 为税率。将式(5-60)重新改成增长率的形式,我们有

$$g_{p_\varphi}(t) + g_\tau(t) = \zeta g_N(t) + (\xi-1) g_\varphi(t) + (1-\xi) g_{l_R}(t) + g_V(t)$$

然后,将以上式子与由消费者效用最大化问题得出的一阶条件

$$g_{p_\varphi}(t) - (\sigma-1) g_\varphi(t) = r(t) - \rho$$

相结合,得到(在 BGP 下)

$$g_\tau(t) = \zeta g_N(t) + (\xi-\sigma) g_\varphi(t) - r^* + n + \rho \tag{5-61}$$

另外,由消费者问题的一阶条件,我们还可以得到,在 BGP 下,

$$\gamma g_c(t) = r^* - \rho$$

因此,式(5-61)可以进一步地写成

$$g_\tau(t) = \zeta g_N(t) + (\xi-\sigma) g_\varphi(t) - \gamma g_c(t) + n = (\zeta-\gamma) g^* + (\xi-\sigma) g_\varphi^* + n$$

如果我们希望增长率 g^* 和 g_φ^* 与社会最优的情形一致,可以得到

$$g_\tau(t) = (\zeta-\gamma) \left[\frac{\sigma}{(1-\zeta)\sigma - \xi(1-\gamma)} \right] n +$$

$$(\xi-\sigma) \left[\frac{1-\gamma}{(1-\zeta)\sigma - \xi(1-\gamma)} \right] n + n = 0$$

因此,税率 $\tau(t)$ 在 BGP 下必须是一个常数。换句话说,只要这一税率随时间变化是一个常数,BGP 增长率就不会发生改变。

然后,我们想要得到能够使得去中心化经济中的分配结果接近于社会计划者问题中的解的最优税率。为此,可以假设有这样一个 BGP 下的去中心化经济,政府部门突然宣布一个基于中间品生产厂商向消费者收集数据行为的固定税率 τ,以期将去中心化经济中的分配结果推近于社会最优水平,即使得劳动力在两部门间的分配以及数据的使用量与社会最优水平一致。在这种情形下,我们需要采用另外一种方式来得出两部门间的劳动力雇用份额,如下所示。

考虑在 BGP 下,

$$g^* = \eta N(t)^{\zeta-1}\varphi(t)^{\xi}(l_R^*)^{1-\xi}L(t) \qquad (5-62)$$

以及此时与数据有关的自由进入条件

$$\eta\xi N(t)^{\zeta}\varphi(t)^{\xi-1}(l_R^*)^{1-\xi}V(t) = \tau(t)p_{\varphi}(t) \qquad (5-63)$$

将以上两个式子结合在一起,并代入 BGP 下专利价值 $V(t)$ 的表达式,我们有

$$g^*\xi N(t)\varphi(t)^{-1}V(t)L(t)^{-1} = \tau p_{\varphi}(t)$$

$$\Rightarrow g^*\xi N(t)\varphi(t)^{-1}\frac{\dfrac{\psi^{1-\frac{1}{\beta}}\beta}{(1-\beta)^{1-\frac{2}{\beta}}}L_E(t)}{r^*-n}L(t)^{-1} = \tau p_{\varphi}(t) \qquad (5-64)$$

$$\Rightarrow g^*\xi \frac{\dfrac{\psi^{1-\frac{1}{\beta}}\beta}{(1-\beta)^{1-\frac{2}{\beta}}}l_E^*}{\gamma g^*+\rho-n}N(t)\varphi(t)^{-1}p_{\varphi}(t)^{-1} = \tau$$

注意到,在 BGP 下,$N(t)\varphi(t)^{-1}p_{\varphi}(t)^{-1}$ 收敛为常数,因为

$$g_N^* - g_{\varphi}^* - g_{p_{\varphi}}^* = 0 \qquad (5-65)$$

因此,我们可以将这一项写成 $N(t_0)\varphi(t_0)^{-1}p_{\varphi}(t_0)^{-1}$,其中 t_0 是 BGP 下的其中一期。继续推导式(5-64),我们最终得到此时受雇于 R&D 部门的劳动力份额

为

$$l_R^* = 1 - \frac{(\gamma g^* + \rho - n)\tau(1-\beta)^{1-\frac{2}{\beta}}}{\xi g^* \psi^{1-\frac{1}{\beta}}\beta} N(t_0)\varphi(t_0)^{-1} p_\varphi(t_0)^{-1} \quad (5-66)$$

另一方面,我们需要注意到 l_R^* 的这一结果需要与由关于劳动力的自由进入条件得到的结果一致(这一推导过程与命题 4-3 中的完全一致,基于数据收集的税收项并不会对其造成影响),则

$$1 - \frac{(\gamma g^* + \rho - n)\tau(1-\beta)^{1-\frac{2}{\beta}}}{\xi g^* \psi^{1-\frac{1}{\beta}}\beta} N(t_0)\varphi(t_0)^{-1} p_\varphi(t_0)^{-1} = \frac{1}{1 + \dfrac{g^*\gamma + \rho - n}{g^*(1-\xi)(1-\beta)}}$$

$$(5-67)$$

结果就是, $\tau N(t_0)\varphi(t_0)^{-1} p_\varphi(t_0)^{-1}$ 项总是一个常数。这意味着税率 τ 的变化总被 $N(t)$、$\varphi(t)$ 和 $p_\varphi(t)$ 的共同变化抵消,而与此同时,受雇于两部门的劳动力份额则保持不变。因此,对数据收集征税并不会将去中心化经济中的 BGP 结果推近于社会计划者问题下的结果。诚然,对数据收集征税确实改变了过渡态下数据的使用,同时也改变了劳动力的雇用,但到了 BGP 下,经济仍然会回到原先的路径上。

由命题 4-1 至命题 4-5 可知,消费、产出、中间品种类数以及数据提供量在 BGP 下都是不断变化的,而仅有受雇于两部门的劳动力份额是常数。由于这些路径都是连续的,如果政府对某些要素征税或进行补贴而不改变劳动力分配比例的 BGP 下的取值,经济将仍然处于原来的路径上,而只是沿着路径移动到了另一个状态上而已。于是,给定足够长的时间,在没有任何干扰下,经济仍然会收敛于原先的路径,但不是社会计划者所选择的那条。因此,要想政策有效,就只能是将去中心化经济中的 l_R^* 推向社会计划者问题中所得到的对应水平。这一结论与现有的文献是一致的。正如我们在第四章第一节第五小节中所讨论的那样,数据更像是一种特殊的资本。这一性质在琼斯和托内蒂(2020)

的研究中同样有所提及。因此，根据与资本税相关的传统观点，通常针对一些能够比较自由地调整使用量的要素进行征税是无效的（Atkeson et al.，1999）。因此，我们提出以下两种不同的政策：一种是对 R&D 部门雇用劳动力进行补贴，另一种是对中间品的生产利润进行补贴。

二、对 R&D 部门的劳动力雇用进行补贴

首先，我们考虑在 R&D 部门雇用劳动力的工资率上添加一个补贴项。令 $\tau(t)$ 表示总补贴率[①]，关于劳动力雇用的自由进入条件（4-19）此时变为

$$\eta(1-\xi)N(t)^{\xi}\varphi(t)^{\xi}l_R(t)^{-\xi}V(t) = \tau(t)w(t) \tag{5-68}$$

于是，我们有以下命题。

命题 5-11　为了在不使得 BGP 增长率偏离原先水平的前提下，将去中心化经济中的劳动力份额推向接近于社会计划者问题中的结果，对 R&D 部门劳动力雇用的补贴率 $\tau(t)$ 应当是一个常数，且由下式决定：

$$\tau(t) = \tau^* = \frac{(1-\beta)\left[(\sigma-\xi)n+\xi\rho-(\sigma-\xi)(1-\zeta)g^*\right]}{\gamma g^* + \rho - n} < 1$$

其中，g^* 是在命题 4-1 中得到的 BGP 增长率。

证明　首先，我们需要证明这个补贴率必须是一个常数以确保 BGP 增长率不会偏离基准模型的结果。重新改写并调整自由进入条件（5-68）成增长率的形式，我们有

$$\zeta g_N(t) + \xi g_{\varphi}(t) - \xi g_{l_R}(t) + g_V(t) = g_{\tau}(t) + g_w(t)$$

并且，由生产部门的工资率决定方程（4-15），同样将其改写为增长率的形式，有

---

① 此处，$\tau(t)$ 和工资率 $w(t)$ 被设定在了一起，工资是一种成本。于是，当 $0<\tau(t)<1$ 时，$\tau(t)$ 是补贴率；而当 $\tau(t)>1$ 时，$\tau(t)$ 是征税率。在这一节中，我们还将设定 $\tau'(t)$ 与中间品生产总利润 $V(t)$ 在一起，利润是一种收益。于是，当 $\tau'(t)>1$ 时，$\tau'(t)$ 是补贴率；而当 $0<\tau'(t)<1$ 时，$\tau'(t)$ 是征税率。

$$g_w(t) = g_N(t)$$

在 BGP 下，$g_{l_R}(t) = 0$，$g_V(t) = n$。因此，结合以上两个式子，我们可以得到补贴率的增长率为

$$g_\tau(t) = (\zeta - 1)g_N(t) + \xi g_\varphi(t) + n$$

如果我们想要增长率 g^* 以及 g_φ^* 保持与社会计划者问题下的结果一致，可以得到

$$g_\tau(t) = (\zeta - 1)\left[\frac{\sigma}{(1-\zeta)\sigma - \xi(1-\gamma)}\right]n + \xi\left[\frac{1-\gamma}{(1-\zeta)\sigma - \xi(1-\gamma)}\right]n + n = 0$$

因此，这个补贴率必须是一个常数。

接下来，我们确定最优的补贴率。与命题 4-3 中的推导过程同理，并将自由进入条件由原来的式（4-19）改变为式（5-68），我们可以最终得到

$$(s_D)' = \frac{1}{1 + (\Theta_D)'}$$

其中，

$$(\Theta_D)' = \frac{\tau\left(\gamma + \dfrac{\rho - n}{g^*}\right)}{(1-\xi)(1-\beta)}$$

此处，g^* 如式（4-21）所示。在这之后，我们可以通过将去中心化经济中的劳动力份额与社会计划问题中的结果相等起来，得到最优的补贴率，即

$$\tau(t) = \tau^* = \frac{(1-\beta)\left[(\sigma-\xi)n + \xi\rho - (\sigma-\xi)(1-\zeta)g^*\right]}{\gamma g^* + \rho - n}$$

在给定其他的参数取值的条件下，最优补贴率 τ^* 必须是一个常数。这个结果是合意的，因为这样不会在模型中引入额外的扭曲。这个命题的政策结论也非常直接。为了防止个人信息被滥用，我们需要鼓励中间品生产厂商雇用更多的劳动力来替代数据的使用。因此，政府可以选择为 R&D 部门的劳动力雇

用提供补贴,例如,企业在研发工作中每多雇用一单位劳动力就可向政府要求一份补贴。

三、对中间品生产进行补贴

将去中心化经济中的分配结果推向社会计划者问题下的水平,另一个可选的方案是对中间品生产的利润进行补贴。正式地,令 $\tau'(t)$ 为关于利润的补贴率,则在 BGP 下,一个专利的总利润(4-20)变为

$$V(t) = \frac{\tau'(t)\pi(t)}{r^* - n} \tag{5-69}$$

于是,我们提出以下命题。

命题 5-12 为了在不使得 BGP 增长率偏离原先水平的前提下,将去中心化经济中的劳动力份额推向接近于社会计划者问题中的结果,对中间品生产利润的补贴率 $\tau'(t)$ 应当是一个常数,且由下式决定:

$$\tau'(t) = (\tau')^* = \frac{\gamma g^* + \rho - n}{(1-\beta)\left[(\sigma - \xi)n + \xi\rho - g^*(\sigma - \xi)(1-\zeta)\right]} > 1$$

其中,g^* 是在命题 4-1 中得到的 BGP 增长率。

证明 类似地,我们也同样需要首先证明补贴率 $\tau'(t)$ 是一个常数。将自由进入条件(4-19)和生产端的工资决定方程(4-15)相结合,并代入 BGP 下的如式(5-69)中所示的 $V(t)$,我们有

$$\eta(1-\xi)N(t)^\xi\varphi(t)^\xi l_R(t)^{-\xi}V(t) = w(t) = \beta\left[\frac{(1-\beta)^2}{\psi}\right]^{\frac{1}{\beta}-1}N(t)$$

$$\Rightarrow \eta(1-\xi)N(t)^{\xi-1}\varphi(t)^\xi l_R(t)^{-\xi}\frac{\tau'(t)\dfrac{\psi^{1-\frac{1}{\beta}}\beta}{(1-\beta)^{1-\frac{2}{\beta}}}L_E(t)}{r^* - n} = \beta\left[\frac{(1-\beta)^2}{\psi}\right]^{\frac{1}{\beta}-1} \tag{5-70}$$

将以上等式改写为增长率的形式,有

$$(\zeta-1)g_N(t)+\xi g_\varphi(t)+g_{\tau'}(t)+n=0$$

如果我们希望 g^* 和 g_φ^* 都与社会计划者问题中的对应结果相同,则

$$g_{\varphi'}(t)=(1-\zeta)g^*-\xi g_\varphi^*-n=0$$

因此,这个补贴率也应当是一个常数。

接下来,我们确定最优的补贴率。继续式(5-70)中的推导,我们有

$$g^*(1-\xi)(l_R^*)^{-1}\frac{\tau'\frac{\psi^{1-\frac{1}{\beta}}\beta}{(1-\beta)^{1-\frac{2}{\beta}}}l_E(t)}{r^*-n}=\beta\left[\frac{(1-\beta)^2}{\psi}\right]^{\frac{1}{\beta}-1}$$

$$\Rightarrow g^*(1-\xi)(l_R^*)^{-1}\frac{\tau'\frac{\psi^{1-\frac{1}{\beta}}\beta}{(1-\beta)^{1-\frac{2}{\beta}}}l_E^*}{\gamma g^*+\rho-n}=\beta\left[\frac{(1-\beta)^2}{\psi}\right]^{\frac{1}{\beta}-1}$$

$$\Rightarrow(l_R^*)^{-1}-1=\frac{\gamma g^*+\rho-n}{g^*(1-\xi)\tau'(1-\beta)}$$

为了让劳动力份额变得与社会计划者问题下的结果相同,我们需要

$$(l_R^*)^{-1}-1=\frac{\gamma g^*+\rho-n}{g^*(1-\xi)\tau'(1-\beta)}=\frac{(\sigma-\xi)n+\xi\rho}{\xi(1-\xi)g^*}-\frac{(\sigma-\xi)(1-\zeta)}{\xi(1-\xi)}$$

$$\Rightarrow\tau'=\frac{\gamma g^*+\rho-n}{(1-\beta)\left[(\sigma-\xi)n+\xi\rho-g^*(\sigma-\xi)(1-\zeta)\right]}$$

由于中间品生产被设定在了垄断的环境下,对其相应利润进行补贴这一政策操作可能会显得比较反直觉。然而,如果中间品生产厂商能够通过发明出更多新种类的中间品以获得更多的利润,它们就会有更大的动力去开展研发活动,这也会带来在 R&D 部门内更多的劳动力雇用以及数据使用。随着经济趋向于与原来相同的 BGP 增长率下的路径,劳动力份额会收敛于一个更高的水平,而数据使用量与现有技术水平两个变量相互调整以适应新的 BGP 路径。这一结果告诉我们,即使给予了研发者在研发成功后独享专利收益的垄断权,

创新在去中心化经济中仍然是不够的。其原因在于垄断的缺陷本身,以及创新带来的外部性效应。在模型中加入数据作为额外的要素后,这样的资源错配问题就进一步地被放大了。

第六节　本章小结

本章在上一章所提出的基准模型基础上,通过给出扩展模型的方式详细说明了在对本书所述研究的学术讨论过程中常被问到的两个问题:一个是关于数据积累假设的合理性,另一个是关于数据权属设定的合理性。

在第五章第一节和第二节中,我们分别就数据积累问题从两个不同方向添加了新的假设:第五章第一节的假设相对比较简单,将数据看作是一个池子,每一期可能进入经济的潜在中间品生产厂商都可以使用,同时这个池子以某种方式进行积累;第五章第二节的假设则复杂一些,我们参照琼斯和托内蒂(2020)的研究中关于不同企业间数据分享的假设,并结合本书模型框架的实际,给出了对跨期的、动态的数据分享行为的理论描述。两个扩展模型都证实了数据积累的这一假设并不会影响基准模型的结果,从而也说明了在基准模型中假设数据完全折旧的合理性。

在第五章第三节中,我们回答了另一个关于模型设定的问题:关于数据的不同权属所带来的影响。结果显示,当企业拥有数据时,确实会出现与原先假设消费者拥有数据时不一样的结果。并且,在这一权属模式下,我们还找到了一个更加特殊的情形:数据的生成约束会影响 BGP 下的增长率,而不像在其他情形下,这一约束仅仅会影响过渡态的变化模式。

在第五章第四节中,我们还回答了一个模型设定相关的问题:消费对于数据利用效率的直接影响。结果显示,在加入了这一直接效应之后,一定程度上会放大 BGP 增长率结果的绝对值,但并没有对基准模型的总体结论产生较大的改变。从某种意义上来说,我们的基准模型已经足够完善以描述数据经济的运行模式了。

最后,我们还给出了两条基于基准模型的政策建议,以使得在去中心化经济中得到的结果能够接近于社会计划者问题中的最优水平。这两条建议分别从 R&D 部门雇用的劳动力与中间品的生产活动两方面出发进行补贴,这在现实中也具有比较高的可操作性。值得注意的是,我们还证明了直接对数据使用征税的结果在长期来看将是无效的,这一结论可能同样具有较强的现实意义。

在下一章中,我们将通过数值模拟的方法给出基准模型在过渡态的变化趋势。由于当前数据经济仍处于一个比较初级的发展阶段,与研究代表经济稳态的 BGP 结果同等重要的是,我们还需要关注经济在到达最终的 BGP 状态之前是如何运行的,以及是否有比较可行的方法来加速经济转型至最终的高速增长状态。这些分析将为现阶段的关于鼓励新经济模式发展与伴随而来的诸如隐私侵害等问题之间的权衡提供重要的理论基础和实践参考。

第六章　过渡态动力学：数值分析

在到达 BGP 之前,通过对这个数据经济的过渡态动力学进行分析也同样能够反映一些重要的结论。由于描述这一过渡态的微分方程组不具有显式解,本章将采取数值分析的方法进行分析。我们得到的结论主要有以下两方面:即使经济中不存在对数据使用的管制措施,随着经济不断增长,数据的使用同样会逐渐减少,这同时也减轻了人们对数据隐私问题方面的关切;与此同时,在没有其他干预条件下,对于一些起始增长率很小的数据经济体,数据产生的这一过程又会让它们长期地陷在某种低增长率的陷阱里。这些结论从政策上来看又引发了一系列关于在长期和短期内保护数据隐私的讨论。

第一节　方法论与参数校准

与琼斯(2016)的研究中所采用的方法类似,为了求解方便,在此处的数值分析中我们同样仅关注社会计划者的问题。这也可以认为是这样一种情形:一个仁慈的政府通过施行如我们在前一章所讨论过的补贴政策等措施,从而平衡隐私保护与经济增长这两方面问题。与其将本章的研究看作是一个正式的对现实经济发展趋势的校准和模拟,不如看作是在我们的理论框架内对此类数据经济所能达到的一种较为基础的过渡态动力学分析。

在我们的基准模型的社会计划者问题中,整个经济的动态变化可以清晰地被从式(4-38)到式(4-40)以及从式(4-42)到式(4-45)的七个方程所描述。基于这七个方程,我们可以推导出一组微分方程系统来描述这个经济的动态。这一系统由数据生成约束(4-3)以及三个类状态变量的运动方程组成,这三个类状态变量的含义以及稳态值如表 6-1 所示。其他的变量均可以通过这三个运动方程间接得出。

表 6-1　研究过渡态动力学所用到的类状态变量

变量名	变量含义	稳态值
$g_N(t)$	中间品种类数的增长率	式(4-21)
$g_\mu(t)$	对应于技术变化的影子价格的增长率	$g_\mu^* = \dfrac{\sigma(1-\zeta) - \xi}{\xi} g_N^* - \dfrac{\sigma}{\xi} n$
$l_E(t)$	受雇于生产部门的劳动力比例	式(4-51)和式(4-52)

接下来,我们简要地展示这个微分方程系统的推导过程。

为简便起见,我们假设 $\psi = 1 - \beta$。 首先,将式(4-43)和式(4-44)结合起来,我们有

$$-\frac{\xi(1-\xi)}{\sigma-\xi}\frac{\dot{i}_R(t)}{l_R(t)} + \xi\frac{\dot{i}_R(t)}{l_R(t)}$$

$$= \left(\zeta - 1 + \frac{\xi\zeta}{\sigma-\xi}\right)g_N(t) + \left(1 + \frac{\xi}{\sigma-\xi}\right)g_\mu(t) + \left(1 + \frac{\xi}{\sigma-\xi}\right)n - g_\lambda(t)$$

考虑到

$$\frac{\dot{i}_R(t)}{l_R(t)} = -\frac{\dot{i}_E(t)}{1-l_E(t)}$$

并且由资源约束条件(4-39)和(4-42),有

$$g_c(t) = g_N(t) + \frac{\dot{i}_E(t)}{l_E(t)} = -\frac{1}{\gamma}g_\lambda(t) \qquad (6-1)$$

由此我们可以推导出 $l_E(t)$ 的运动方程,即

$$\dot{i}_E(t) = \frac{\left(\gamma + \zeta - 1 + \frac{\xi\zeta}{\sigma-\xi}\right)g_N(t) + \left(1 + \frac{\xi}{\sigma-\xi}\right)g_\mu(t) + \left(1 + \frac{\xi}{\sigma-\xi}\right)n}{\left[\frac{\xi(1-\xi)}{\sigma-\xi} - \xi\right]\frac{1}{1-l_E(t)} - \frac{\gamma}{l_E(t)}}$$

$$(6-2)$$

以及 $\varphi(t)$ 的增长率可以被表示为

$$g_{\varphi}(t) = \frac{1}{\sigma - \xi} \left[g_{\mu}(t) + \zeta g_N(t) - (1-\xi) \frac{i_E(t)}{1-l_E(t)} + n \right] \quad (6-3)$$

由式(4-44)和式(4-45),我们还可以得到 $g_{\mu}(t)$ 的运动方程为

$$\dot{g}_{\mu}(t) = (g_{\mu}(t) - \rho + n) \left[(\zeta-1)g_N(t) + \xi g_{\varphi}(t) + \xi \frac{i_E(t)}{1-l_E(t)} + n \right.$$
$$\left. + \frac{(1-\xi-\zeta)\dot{i}_E(t)}{\zeta + (1-\xi-\zeta)l_E(t)} \right]$$

$$(6-4)$$

类似地,$g_N(t)$ 的运动方程为

$$\dot{g}_N(t) = g_N(t) \left[(\zeta-1)g_N(t) + \xi g_{\varphi}(t) - (1-\xi) \frac{i_E(t)}{1-l_E(t)} + n \right]$$

$$(6-5)$$

综上,由三个类状态变量所组成的微分方程系统分别为式(6-5)、式(6-4)和式(6-2)。在求出这三个类状态变量系统的过渡态动力学之后,其他的变量如 $g_c(t)$ 和 $g_{\varphi}(t)$ 可以分别由式(6-1)和式(6-3)求出。

我们采用"逆向打靶"(reverse shooting)的方法求解这一微分方程系统(Judd,1998):从稳态出发而不是寻找某个初始状态,因为这时的初始状态难以确定,然后根据三个微分方程逆向地运行这个系统以找到这个经济的轨迹。由此,这三个类状态变量在稳态时都收敛于非零的常数,我们首先需要找到一组这三个类状态变量的取值,使得它们的增长率和0之间的距离达到最小。对于其他的参数,选取已有文献中的一些标准参数,而对于一些已有文献中尚未提及的参数,给出了一些合理的值[①]。表6-2总结了这些参数的具体含义及取值。

---

① 无法简单地从已有文献中取得的两个参数为:创新可能性边界中数据的贡献程度 ξ,以及与知识积累有关的参数 ζ。我们假设 $\xi = 0.5$ 以说明数据和劳动力在创造新种类中间品时的贡献是同等的,还参考琼斯(1995)中的设定,假设 ζ 为一个小于1的数。

表 6 - 2   研究过渡态动力学所用到的参数

变量名	变量含义	变量取值	备注
β	最终品生产函数中劳动力的贡献	2/3	标准
γ	效用函数中消费跨期替代弹性的倒数	2.5	标准
ρ	主观贴现因子	0.03	标准
ξ	创新可能性边界中数据的贡献	0.5	任意决定的
ζ	通过创新可能性边界产生的知识积累效应	0.85	任意决定的
σ	由信息泄露产生的风险厌恶的指数项	——	待讨论
n	人口增长率	0.02	标准
η	创新可能性边界中的效率项	1	标准

第二节   结果与讨论

给定了代表由隐私侵害导致的负效用程度的 σ 的不同取值。我们可以模拟出在到达 BGP 前这三个类状态变量的路径,并且还可以求得如 $c(t)$ 和 $\varphi(t)$ 等其他变量以进一步展示这个经济的过渡态动力学模式。此外,我们还展示了有与没有约束(4 - 3)情形下的不同模拟结果,分别如图 6 - 1(不存在约束)和图 6 - 2(存在约束)所示。

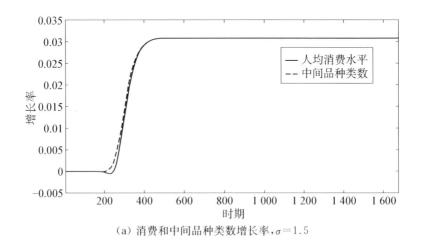

(a) 消费和中间品种类数增长率,$\sigma=1.5$

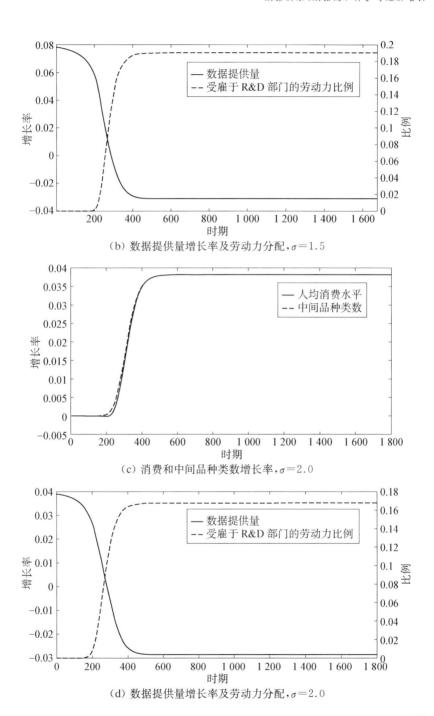

（b）数据提供量增长率及劳动力分配，$\sigma=1.5$

（c）消费和中间品种类数增长率，$\sigma=2.0$

（d）数据提供量增长率及劳动力分配，$\sigma=2.0$

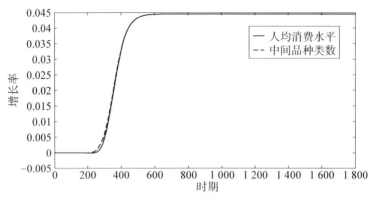

（e）消费和中间品种类数增长率，$\sigma=2.5$

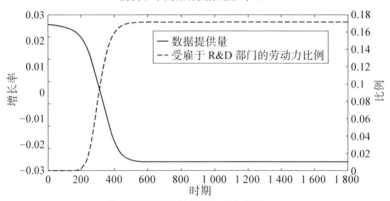

（f）数据提供量增长率及劳动力分配，$\sigma=2.5$

图 6 - 1 σ 取不同值条件下过渡态路径上的关键变量（不存在约束）

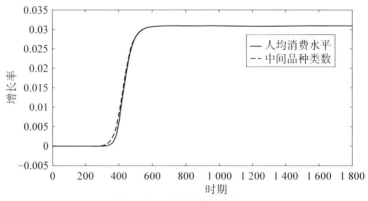

（a）消费和中间品种类数增长率，$\sigma=1.5$

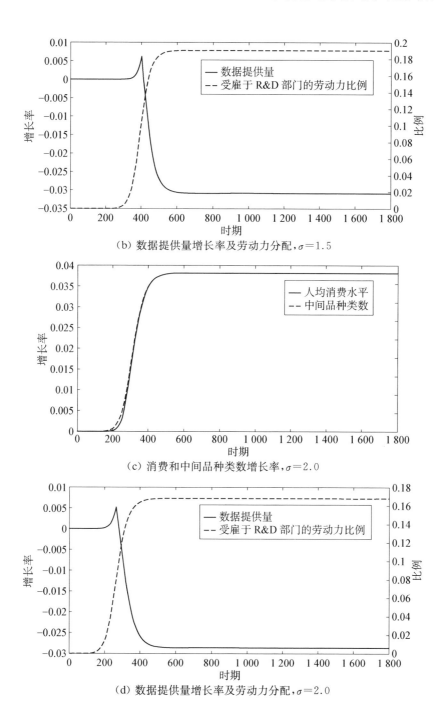

（b）数据提供量增长率及劳动力分配，$\sigma = 1.5$

（c）消费和中间品种类数增长率，$\sigma = 2.0$

（d）数据提供量增长率及劳动力分配，$\sigma = 2.0$

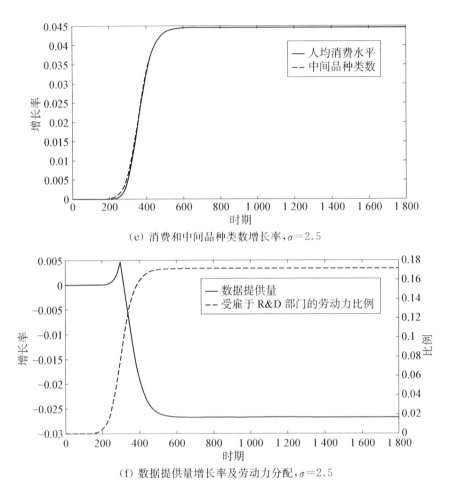

（e）消费和中间品种类数增长率，$\sigma=2.5$

（f）数据提供量增长率及劳动力分配，$\sigma=2.5$

图 6‐2　σ 取不同值条件下过渡态路径上的关键变量（存在约束）

一、关于类状态变量与其他相关变量的讨论

由图 6‐1 和图 6‐2，我们能够观察到一些稳健的变化趋势。无论一个经济在到达 BGP 前的哪个地方起始，消费和中间品种类数的增长率都会最终到达稳态值，并且当经济到达非低增长率区域时，过渡态会发生比较迅速的变化（充分远离零点），正如两图中（a）、（c）和（e）所示的那样。更进一步，如两图中（b）、（d）和（f）所示，数据提供量的增长率在到达 BGP 之前会由正值下降到负值。对于一个起始于低增长率的经济,数据的提供量将会迅速上升以用于中间品种类数的积累,这又会对最终品的生产以及消费起到贡献。沿着这个过渡态的路径,劳动力从生产部门移动到 R&D 部门,这也反映了劳动力被用来补偿数据提供量下降造成的影响。

我们还需要注意,由图 6-1 中的(a)、(c)和(e)可知,当不存在数据生成约束时,与中间品种类数的增长率变化不同的是,消费的增长率在变为正增长率之前会经历一段时间的负增长率。这一类"暂时的痛苦"在现有的文献中是比较常见的(Brock and Taylor,2010),并且还显示了这样的现象:在经济调整至较高的 BGP 增长率之前,劳动力从生产部门移出,由此减少了最终品的生产以及消费水平。然而,由于现实中经济活动会约束数据的生成量所导致的独特性,从图 6-2 的(b)、(d)和(f)可以清晰地观察到,这一约束在大约第 0 到第 400 期(这一阶段结束的时期随 σ 而变化)都是紧的。此时这种"暂时的痛苦"便消失了,因为将劳动力从生产部门移出会由于数据提供量的下降而使得成本变得更高了。

过渡态动力学的结论同样与一些实证研究的结论相一致,如阿比斯和维尔德坎普(Abis and Veldkamp,2020)发现在知识经济相关部门中的劳动力收入占比出现下降的趋势。正式地,在本模型中,劳动力收入份额可以表示为以下形式:

$$劳动力收入份额 = \frac{w(t)L(t)}{p_\varphi(t)\varphi(t)L(t)} = \frac{\eta(1-\xi)N(t)^\xi\varphi(t)^\xi l_R(t)^{1-\xi}V(t)L(t)}{\eta\xi N(t)^\xi\varphi(t)^\xi l_R(t)^{1-\xi}V(t)L(t)} \frac{1}{l_R(t)}$$

$$= \frac{1-\xi}{\xi}\frac{1}{l_R(t)}$$

由过渡态动力学的结论可知,在到达 BGP 之前,$l_R(t)$ 是不断上升的,由此导致了劳动力收入份额的不断下降。

二、关于变量水平值变化的进一步讨论

我们还可以通过展示数据提供量的水平值变化以及累计水平值的变化,来

说明这一变量的变化模式。数据提供量的初始值设定为 $\phi(0)=1$,并且取 $\sigma=1.5$ 作为例子。于是,根据求得的增长率变化,我们能够得到以下四幅描述存在与不存在约束(4-3)的图,如图 6-3 所示。

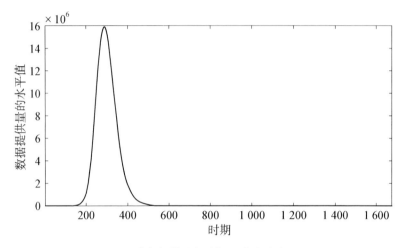

（a）数据提供量水平值(不存在约束)

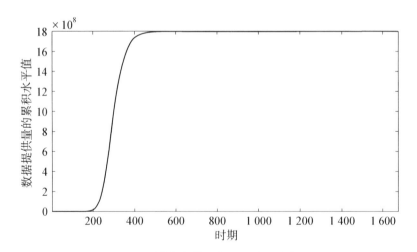

（b）累计数据提供量水平(不存在约束)

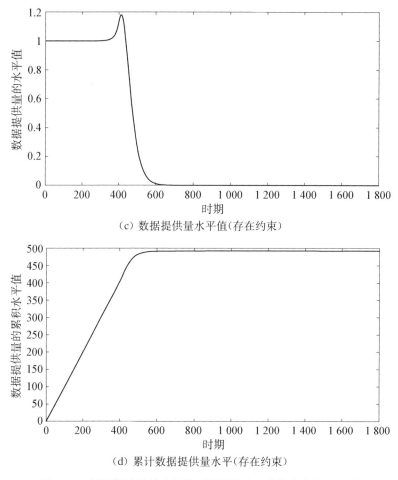

（c）数据提供量水平值（存在约束）

（d）累计数据提供量水平（存在约束）

图 6 - 3　数据提供量的水平值以及累计水平值的变化（$\sigma=1.5$）

由图 6 - 3 前两幅不存在约束情形下的图（a）、（b）可知，我们能够观察到数据提供量水平的一个顶峰，在那之后便迅速下降到一个非常低的水平，而对应的累计水平值一直维持在一个较高的平台阶段上。同时，由后两幅存在约束的图（c）、（d）能够观察到，在数据提供量的增长率最后在到达一个较短时期的增长之前，这个约束在大约前 400 期内都是紧的。在那之后，数据的提供量便如不存在约束的情形一样地下降。累计水平值也同样受到约束的影响：它在到达一个较之前低很多的平台阶段之前一直在缓慢上升。正如我们先前所讨论的，本模型中的数据的作用随着时间流逝是一直存在的，以已有的中间品种类的形式存在。这四幅图的变化模式同样也能支持这一观点。

三、关于增长陷阱与隐私问题的启示

通过比较存在与不存在数据生成约束的两种情形，我们发现约束（4－3）在低初始增长率下会变成紧的。人均数据的贡献量相比于不存在约束时的情形也小了很多。更重要的是，对于一个起始于接近于零增长率的经济来说，需要额外花费将近 200 期（年）的时间才能到达 BGP。即使到达了 BGP，经济的产出也会由于加速增长的推迟到来而显著地下降。这其中的道理是非常直接的：低初始增长限制了数据的生成，这又负向地反馈回了增长上，因为数据在研发新的中间品种类中是作为投入要素之一的。因此，为了逃离这样的增长陷阱，我们需要给予初始增长以一些干预。

用于刺激初始经济增长的干预政策对于逃离这一增长陷阱是非常重要的。同时，我们需要注意，社会计划者问题是在一个国家的层面上进行讨论的。因此，此处所说的放松数据生成约束（4－3）更多的是在国际的水平上，例如，由世界银行或国际货币基金组织（IMF）领导的行动，或者欧盟内国家间的合作以提高某国内的数据基础设施建设水平，提高数据收集、储存的效率，以及分享一些相关的经验等。此外，如果一国的中央计划者因为预算受到约束而无法有效提高数据基础设施水平，来自外国的补贴也有可能暂时地将数据生成约束放松①。

数据生成约束（4－3）并不会影响 BGP 下的经济增长率，但会影响过渡状态的变化。以美国和欧盟为例，这两个经济体在数据经济刚刚出现时可以认为是处于相同的发展阶段的，但不同的隐私保护程度（不同的 s）导致了它们在不同的路径下发展，并在不同的时间最终到达 BGP。当经济体处于刚开始发展的

---

① 在最新的一些研究中，人们发现数据基础设施也会极大地影响此处所讨论的数据约束问题。因此，大力发展数据基础设施也是一项非常重要的选择。

时期,数据能够显著地推动该经济体进入 BGP 状态,如图 6-4 所示。经济体 1 和经济体 2 具有相同的参数取值组合,但从走向 BGP 之前的过渡态中的不同阶段开始进入数据经济。可以看出,经济体 1 在很长一段时间里被困在了低增长率的状态里。此时,一项能够改善数据基础设施或放松隐私保护的干预政策(增加 s)能够使得这一经济体早一些逃离增长陷阱。然而,即使当这一干预政策完全放松了约束(4-3),即 $s \to \infty$,其效果也是有限的。

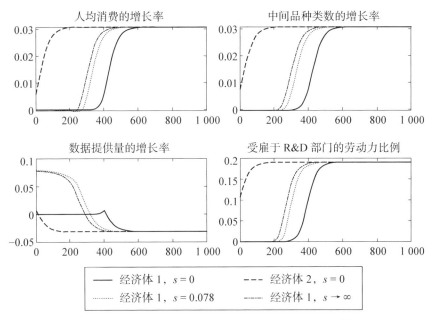

人均消费的增长率　　　　　　中间品种类数的增长率

数据提供量的增长率　　　　　受雇于 R&D 部门的劳动力比例

| 经济体 1, $s = 0$ | 经济体 2, $s = 0$ |
| 经济体 1, $s = 0.078$ | 经济体 1, $s \to \infty$ |

图 6-4　给定不同的起始点及不同隐私政策下的不同过渡态路径

在我们的模型中,当经济刚开始增长时,数据对于增长率向 BGP 状态收敛起到了很重要的作用。因为知识积累参数 ζ 被设定为小于 1 的值,随着现有的中间品种类数不断积累,提供更多的数据来支持创造新的中间品种类就会变得越来越无效率。因此,数据提供量的增长率会在经历一段时间的增加之后转而下降甚至到了负值。随着数据在创新过程中变得越来越没有生产效率,经济体会用更多的劳动力来替代数据的使用,以更好地挖掘数据的价值。最终,随着经济逐渐发展成熟,使用数据带来的收益变得越来越小,而对于隐私的关注却仍然存在,由此便内生地减少了每一个消费者所需要贡献的数据。即使不存在管制,消费者的最优选择也会减少数据的贡献量。从此种意义上来说,关于隐私的问题在长期来看就不会像现阶段的各种争论所显示的那么严重。取而代之的是,干预政策可以多关注 R&D 部门对数据过度使用的这个问题。

然而,在经济发展的初期,隐私问题的确是一个非常重要的问题。如 GDPR 等对数据使用的干预政策实际上可能会减缓经济增长的速度,但同时它们又保护了人们的数据不会被大量使用。还需要注意的是,在本模型中,我们是站在一个无限期的角度去思考这一问题的。但在现实中,我们当然需要平衡当代人与未来人之间的福利。这就好比一种权衡:如果想要让经济增长更快些,可能要牺牲当代人的一些福利。GDPR 以及其他与数据相关的法律法规可以作为一种调节器,来调整经济增长的速度并使得隐私暴露的程度变得更能让人们接受。

第三节　本章小结

本章通过数值分析的方法,对数据经济到达 BGP 状态前的过渡态变化趋势进行了模拟,并得到了一些对现阶段政策制定具有参考价值的结论。模拟的结果显示,经济的增长率(消费以及技术水平的增长率)在由接近于零的初始状态快速攀升至 BGP 水平的过程中,数据提供量的增长则会经历一个由初始的正增长率下降至 BGP 状态下的负增长率的过程,并且劳动力发生由生产部门向 R&D 部门的部分转移。此外,消费与技术水平的增长率在这一快速变化的过程中也并不总是同步变化的。在没有数据生成约束的条件下,消费水平的增长率甚至会由于劳动力转移所导致的暂时性的产出下降而经历一段时间的负增长。并且,即使是在有数据生成约束的条件下,消费水平增长率的变化也略缓于技术水平的增长率的变化。

　　本章所得到的结果具有非常重要的理论意义和实践意义,尤其是对现阶段有关促进新经济发展和隐私保护相关政策的制定具有参考价值。由我们的模拟结果可以得知,在添加了数据生成约束的经济中,虽然数据的使用量大大减少了(从而公众的个人隐私侵害减少),但经济会经历一个更长时间的过渡时期才到达接近 BGP 状态的高增长率水平。因此,关于经济高速发展与个人隐私保护之间的争论,可能在未来一段时期内都会成为比较热点的话题。本书第八章将收集相关的经验证据,展示世界各主要国家在个人隐私规范及数据经济(数字经济)发展方面所采取的不同策略,从而更好地说明我们的结果与现实世界的关联性和一致性。但第七章将另辟蹊径,讨论一个与基准模型有一些本质区别的模型:数据不仅由消费者产生,也可作为生产过程的副产品产生,并且这些新类型的数据不会损害到消费者的隐私。这样一种新的模型设定同样具有一定的现实基础,但由于篇幅所限,在下一章中我们将仅仅初步地讨论这个新模型的一部分结果,更深入的研究将在未来进行。

第七章　来自生产过程的数据

本书第四章所给出的基准模型以及第五章基于这一模型的一系列扩展中，均是基于同一个假设：数据来源于消费者自身，其使用会对消费者的隐私造成潜在的侵害。对于数据这样的假设，不仅在本书所研究的模型中（Cong，et al.，2021），也同样见于如琼斯和托内蒂（2020）与法布迪和维尔德坎普（2021），以及其他许多关于数据的相关研究当中。然而，根据一些新的观察，我们发现有越来越多的数据，并不是直接产生于消费者自身的，而是伴随着企业的生产过程而产生的。一个典型的例子是工业物联网（Industrial Internet of Things，IIoT）。根据维基百科的描述，这指的是将联网的传感器、仪器仪表，以及其他设备与电脑通过网络连接在一起的工业技术，包括制造流程和能源管理。这样的互联互通允许数据的收集、交换和分析，并潜在地提高了生产效率，还能获得其他的经济效益。工业物联网是一种分布式控制系统的演进，能够通过云计算以允许一个更高的自动化程度，并最优化流程控制①。在这样的体系中，数据会在生产过程中自动地产生和被收集，加以分析之后更好地改进生产过程。由此，似乎这样的数据便可脱离消费者个人，不再受到隐私保护的约束。但是，我们还需要指出的是，建立工业物联网本身，就会需要大量由消费者本身产生的数据作为支撑，也就是说，这一新类型的数据不能够完全脱离我们原先所讨论的数据类型而单独存在。因此，在下面给出的新模型中，我们设定同时存在两种来源的数据，并从这两种数据的不同组合形式的角度，讨论在这样的经济模式下，有何不同于原先基准模型的结果。

---

① 详细内容参见：https://en.wikipedia.org/wiki/Industrial_internet_of_things。

对于本章所要研究的这一类新的数据经济增长模型,其理论和现实的意义同样是非常重大的。在前面几章中,产生于消费者的数据虽然能够直接进入R&D过程,从更加基础的领域去推动经济的增长,但是,对于这些数据的使用总是会受到消费者由于隐私遭泄露的风险而产生的负效用的限制。也正是这个原因,我们所得到的 BGP 增长率仍处于一个较低的水平。相比之下,在本章的模型中,产生于生产过程的数据与消费者隐私问题脱敏,尽管在某种程度上仍需要受制于由消费者产生的数据,但已足够推动经济向一个更快速的模式转变而产生增长。在这样的结果之下,本章的模型便具有了与第四章所展示的基准模型大不相同的意义[①]。

第一节　模型设定

与第四章中的安排类似,本节将同样按照代表性消费者、最终品生产厂商和中间品生产厂商的顺序依次给出具体的模型设定,最后再给出模型均衡的定义。由于本章的模型与前面几章中的模型基本属于平行的关系,为了节约符号的使用,在本章内的所有符号将被重新定义,因此需要特别注意本章内所用的各种符号含义将与前文不完全相同。

一、代表性消费者

模型被设定在一个无限且连续时间的经济中,代表性消费者都是同质的,并且 t 时期的总人口数为 $L(t)$,以 n 的速率增长。对于单个消费者来说,有如下所示的效用函数:

$$\int_0^\infty e^{-(\rho-n)t}\left[\frac{c(t)^{1-\gamma}-1}{1-\gamma}-\varphi(t)^\sigma\right]\mathrm{d}t \tag{7-1}$$

[①] 本章的内容来自笔者所在研究团队的最新成果,目前还在不断修改和完善的过程中,此处仅列出部分结果,详细内容可见谢丹夏和张龙天(Xie and Zhang, 2023)。

其中，$c(t)$ 为时期 t 人均的消费水平；$\varphi(t)$ 为时期 t 直接产生于消费者的并被创新型企业所使用的数据量，或称消费者数据提供量[①]。除此之外，其他的参数含义为：ρ 是消费者的主观贴现因子，γ 是对应于消费的跨期替代弹性的倒数，σ 代表了消费者对于因个人数据被使用而带来的信息暴露风险的厌恶程度。一般地，我们假设 $0 < \rho < 1$、$\gamma > 1$，以及 $\sigma > 1$。

每一期，每个消费者都无弹性地提供 1 单位的劳动力，并选择受雇于生产部门或 R&D 部门。在给定了现有生产水平以及消费者数据价格的条件下，消费者选择他们每一期的消费水平 $c(t)$ 以及消费者数据量提供量 $\varphi(t)$ 以达到效用最大化，其预算约束可表示为：

$$\dot{a}(t) = (r(t) - n)a(t) + w(t) + p_\varphi(t)\varphi(t) - c(t), \quad \forall t \in [0, +\infty)$$

$$(7\text{-}2)$$

其中，$a(t)$ 为时期 t 由单个消费者所持有的资产，$r(t)$ 为时期 t 的利率水平，$w(t)$ 为时期 t 的工资率水平，$p_\varphi(t)$ 为时期 t 消费者数据的价格水平。为简便起见，本模型中，我们不再对数据提供量的增长率设定任何约束。

通过构建哈密尔顿方程，我们同样可以得到描述消费和数据提供的系统运行的两个欧拉方程：

$$\frac{\dot{c}(t)}{c(t)} = \frac{r(t) - \rho}{\gamma}$$

$$(7\text{-}3)$$

和

$$\frac{\dot{p}_\varphi(t)}{p_\varphi(t)} - (\sigma - 1)\frac{\dot{\varphi}(t)}{\varphi(t)} = r(t) - \rho$$

$$(7\text{-}4)$$

二、最终品生产厂商

经济中只存在一个最终品生产厂商，在完全竞争的环境中生产。与前面章

[①] 注意，这里对于 $\varphi(t)$ 的定义与前面章节中的略有不同。在后面的模型设定中我们将会看到，数据有两种来源，并且不同来源的数据有各自不同的作用。

节的模型所不同的是,这里的最终品生产厂商在产出最终品的同时,还会产生一定量的数据,可称为生产者数据。具体地,生产函数可表示为:

$$Y(t) = L_E(t)^\beta \int_0^{N(t)} x(v, t)^{1-\beta} \mathrm{d}v \tag{7-5}$$

其中,$Y(t)$ 为时期 t 的最终品总产出,$L_E(t)$ 为时期 t 受雇于生产部门的劳动力,$x(v, t)$ 为时期 t 第 v 种中间品的使用量,$N(t)$ 为时期 t 的中间品的种类数。其他参数的含义有:$0 < \beta < 1$ 表示最终品生产中劳动力需求的弹性系数。同样,中间品只能在当期被使用,因此我们可以将它们的价格 $p_x(v, t)$ 视为专利权的租金。最终品在被生产出来的同时,会产生一定量的数据,我们用 $\phi(t)$ 来表示时期 t 生成的此类数据量。与先前所讨论的来自消费者的数据不同,这一类数据是来源于生产过程当中的,我们有理由认为,这一类数据在整个经济运行过程中可能会起到不一样的作用,在此,我们称之为生产者数据。在使用这一类数据之前,生产者们还需要雇用额外的劳动力对这些数据进行收集和清洗。具体地,记 $y(t)$ 为最终品生产的人均水平,则这一新类型数据的生产函数可设为:

$$\phi(t) = y(t)L_D(t) \tag{7-6}$$

其中,$L_D(t)$ 是受雇于这项工作的劳动力[①]。注意到,最终品并不在这项工作中被消耗,而仅仅是作为一种参照物进入数据的生产过程当中。此类设定还可见于一些环境经济学的研究当中,例如,段玉婉等(Duan et al., 2021)采用了类似的方法对生产过程中产生的污染进行建模。

由以上的设定,最终品生产厂商不仅可以通过出售最终品,还可以通过出售生产者数据获得收益。并且,生产者数据同样也是在一个完全竞争的市场上

---

① 采用这一设定主要是基于规模报酬不变生产函数的考虑。由于在此生产函数中,唯一被消耗的要素只有劳动力 $L_D(t)$,故将其在数据生产中的贡献率设为 1。同时,通过采用这样的设定,也大大简化了接下来的模型推导,更有助于我们得到简洁合理的结果。

进行交易的。将最终品的价格标准化为 1,并设时期 t 生产者数据的价格为 $p_\phi(t)$[①]。 基于以上设定,我们得到其利润最大化问题为:

$$\max_{\substack{\langle x(v,\,t)\rangle_{v\in[0,\,N(t)]} \\ L_E(t),\,L_D(t)}} \left[1+p_\phi(t)l_D(t)\right]L_E(t)^\beta\int_0^{N(t)}x(v,\,t)^{1-\beta}\mathrm{d}v$$

$$-\int_0^{N(t)}p_x(v,\,t)x(v,\,t)\mathrm{d}v-w(t)\left[L_E(t)+L_D(t)\right]$$

$$(7-7)$$

在这个模型中,无论是消费者数据还是生产者数据,供给方和需求方均没有定价权,即供求双方在作出决策时均将相应的价格视为给定。由此,我们可以分别求出对应于本节三个假设条件下的关于 $x(v,\,t)$、$L_E(t)$ 和 $L_D(t)$ 的一阶条件:

$$x(v,\,t)=\left\{\frac{(1-\beta)\left[1+p_\phi(t)l_D(t)\right]}{p_x(v,\,t)}\right\}^{\frac{1}{\beta}}L_E(t) \qquad (7-8)$$

$$Y(t)=L_E(t)^\beta\int_0^{N(t)}x(v,\,t)^{1-\beta}\mathrm{d}v=\frac{w(t)L(t)}{p_\phi(t)} \qquad (7-9)$$

以及

$$w(t)=\beta\left[1+p_\phi(t)l_D(t)\right]L_E(t)^{\beta-1}\int_0^{N(t)}x(v,\,t)^{1-\beta}\mathrm{d}v$$

三、中间品生产厂商

经济中存在无数多个潜在的中间品生产厂商,它们在进入市场之前,需要首先通过雇用劳动力和购买数据,从而进行 R&D 活动以产生出新的中间品种类。这些新的中间品种类以专利的形式存在,由发明它们的中间品生产厂商所独占拥有,并能在以后的时期通过生产这些种类的中间品获得利润以补偿 R&D

---

① 我们假设最终品生产厂商在销售生产者数据时不能进行价格歧视,因此对于所有数据买家来说,价格都应该是一样的。

活动中的花费。在研发成功并进入市场之后，与前文所不同的是，此时中间品生产厂商不仅会使用收集自消费者的消费者数据，还可以选择购买来自最终品生产厂商的生产数据，并且这两类数据之间存在某种程度的替代关系。我们同样采用逆向归纳法，首先讨论中间品生产厂商的生产行为，再分别讨论在位的和新进入的厂商的 R&D 行为。

（一）生产阶段

首先，定义第 v 种中间品专利的总价值为：

$$V(v, t) = \int_t^\infty \exp\left(-\int_t^s r(\tau)\mathrm{d}\tau\right)\pi(v, s)\mathrm{d}s$$

其中，

$$\pi(v, t) = p_x(v, t)x(v, t) - \psi x(v, t) \tag{7-10}$$

$\pi(v, t)$ 表示时期 t 第 v 种中间品生产所能获得的利润；ψ 是这一生产过程的边际成本，此处我们设为一个常数。

将式 $(7-8)$ 代入式 $(7-10)$ 中，求出关于中间品价格 $p_x(v, t)$ 的一阶条件，由此得到每一个种类的中间品的最优价格为

$$p_x(v, t) = \frac{\psi}{1-\beta} \tag{7-11}$$

与由基准模型得到的结果相同。将式 $(7-11)$ 代入式 $(7-8)$ 中，进一步得到中间品的使用量为：

$$x(v, t) = \left\{\frac{(1-\beta)^2\left[1+p_\phi(t)l_D(t)\right]}{\psi}\right\}^{\frac{1}{\beta}} L_E(t) \equiv x(t) \tag{7-12}$$

根据以上推导，可以得到最终品的生产和工资率分别为：

$$Y(t) = \left\{\frac{(1-\beta)^2\left[1+p_\phi(t)l_D(t)\right]}{\psi}\right\}^{\frac{1}{\beta}-1} N(t)L_E(t) \tag{7-13}$$

和

$$w(t) = \beta \left[\frac{(1-\beta)^2}{\psi} \right]^{\frac{1}{\beta}-1} N(t) [1 + p_\phi(t) l_D(t)]^{\frac{1}{\beta}} \qquad (7-14)$$

进一步地,将式(7-9)、式(7-13)和式(7-14)结合在一起,可以得到生产者数据的价格为:

$$\left\{ \frac{(1-\beta)^2 [1+p_\phi(t) l_D(t)]}{\psi} \right\}^{\frac{1}{\beta}-1} N(t) L_E(t) p_\phi(t) = \beta \left[\frac{(1-\beta)^2}{\psi} \right]^{\frac{1}{\beta}-1}$$

$$N(t)[1 + p_\phi(t) l_D(t)]^{\frac{1}{\beta}}$$

$$\Rightarrow p_\phi(t) l_E(t) = \beta [1 + p_\phi(t) l_D(t)]$$

$$\Rightarrow p_\phi(t) = \frac{\beta}{l_E(t) - \beta l_D(t)}$$

$$(7-15)$$

此外,最终品的产出和工资率还可以进一步写为:

$$Y(t) = \left[\frac{(1-\beta)^2}{\psi} \right]^{\frac{1}{\beta}-1} N(t) L_E(t) \left[\frac{l_E(t)}{l_E(t) - \beta l_D(t)} \right]^{\frac{1}{\beta}-1}$$

$$w(t) = \beta \left[\frac{(1-\beta)^2}{\psi} \right]^{\frac{1}{\beta}-1} N(t) \left[\frac{l_E(t)}{l_E(t) - \beta l_D(t)} \right]^{\frac{1}{\beta}} \qquad (7-16)$$

和

$$\pi(t) = \frac{\beta(1-\beta)^{\frac{2}{\beta}-1}}{\psi^{\frac{1}{\beta}-1}} \left[\frac{l_E(t)}{l_E(t) - \beta l_D(t)} \right]^{\frac{1}{\beta}} L_E(t) \qquad (7-17)$$

(二) 进入和R&D阶段

在这个经济中,存在两种来源不同的数据,分别为消费者数据(直接由消费者产生)$\varphi(t)$和生产者数据(作为最终品生产的副产品产生)$\phi(t)$。中间品厂商在进入市场之前的研发活动仍与基准模型相类似,但不同的是,此处的中间品生产厂商需要将这两种来源的数据结合在一起,形成数据集并在R&D活动中使用。关于这两类数据的结合方式,我们对这一数据集$\Phi(t)$的表达形式有以下假设。

假设 1 （CES 组合形式）在每一时期 t，消费者数据 $\varphi(t)$ 和生产者数据 $\phi(t)$ 的结合方式遵循常替代弹性系数（CES）的组合形式

$$\Phi(t) = \left[a(\varphi(t)L(t))^{\frac{\epsilon-1}{\epsilon}} + (1-a)\phi(t)^{\frac{\epsilon-1}{\epsilon}} \right]^{\frac{\epsilon}{\epsilon-1}} \tag{7-18}$$

其中，a 为消费者数据在总数据集中所占比重（$0 < a < 1$），ϵ 为两类来源数据的替代弹性系数（$\epsilon > 0$ 且 $\epsilon \neq 1$）①。

假设 2 （柯布-道格拉斯形式）在每一时期 t，消费者数据 $\varphi(t)$ 和生产者数据 $\phi(t)$ 的结合方式遵循柯布-道格拉斯的组合方式

$$\Phi(t) = (\varphi(t)L(t))^a \phi(t)^{1-a} \tag{7-19}$$

假设 3 （完全互补品）在每一时期 t，消费者数据 $\varphi(t)$ 和生产者数据 $\phi(t)$ 的结合方式遵循完全互补品的组合方式

$$\Phi(t) = \min\{a\varphi(t)L(t), (1-a)\phi(t)\}$$

显然，柯布-道格拉斯形式假设和完全互补品假设分别是 CES 组合形式假设在 $\epsilon \to 1$ 和 $\epsilon \to 0$ 时的特殊情形。此类厂商的 R&D 活动与基准模型类似，我们假设创新可能性边界有以下形式：

$$\dot{N}(t) = \eta N(t)^\zeta \Phi(t)^\xi l_R(t)^{1-\xi} L(t)^{1-\xi} \tag{7-20}$$

其中，$l_R(t)$ 为时期 t 被雇用来进行 R&D 活动的劳动力份额。此外，η 是这一创新过程的效率项，$\xi \in (0, 1)$ 代表这一创新过程中消费者数据的贡献程度，$\zeta \in (0, 1)$ 代表知识的溢出效应。基于 CES 组合形式假设的设定，我们可以得到类似于基准模型中的自由进入条件，但不同于基准模型的是，此处将有三个

---

① 易知，当 $\epsilon \to \infty$ 时，两类数据之间的关系退化为完全替代品，即 $\Phi(t) = a(\varphi(t)L(t)) + (1-a)\phi(t)$，当 $\epsilon \to 0$ 时，两类数据之间的关系退化为完全互补品，即 $\Phi(t) = \min\{a\varphi(t)L(t), (1-a)\phi(t)\}$；当 $\epsilon \to 1$ 时，两类数据之间的关系退化为柯布-道格拉斯（Cobb-Douglas）形式，即 $\Phi(t) = (\varphi(t)L(t))^a \phi(t)^{1-a}$。

条件：

$$\eta \xi a N(t)^{\zeta} \Phi(t)^{\frac{\zeta-\tau+1}{\tau}} \varphi(t)^{-\frac{1}{\tau}} l_R(t)^{1-\xi} L(t)^{1-\frac{1}{\tau}-\xi} V(t) = p_{\varphi}(t) \quad (7-21)$$

$$\eta \xi (1-a) N(t)^{\zeta} \Phi(t)^{\frac{\zeta-\tau+1}{\tau}} \phi(t)^{-\frac{1}{\tau}} l_R(t)^{1-\xi} L(t)^{1-\xi} V(t) = p_{\phi}(t) \quad (7-22)$$

和

$$\eta (1-\xi) N(t)^{\zeta} \Phi(t)^{\xi} l_R(t)^{-\xi} L(t)^{-\xi} V(t) = w(t) \quad (7-23)$$

在以上三个式子中，$V(t)$ 代表的是新的中间品种类刚被研发出来时的专利价值，由第七章第一节中的论述可知，此时的专利价值与中间品的种类无关。显然，在柯布-道格拉斯形式假设成立的情形下，我们同样可以用式(7-21)到式(7-23)这三个自由进入条件并取 $\tau = 1$ 来表示这一情形，因此这两个假设实际上可以合并在一起讨论。此外，在完全互补品成立的情形下，总数据集的长期增长率将由数量较少的类型所决定。但实际上，当 $0 < \tau < 1$ 时，我们同样可以得到类似的结论。因此，考虑到完全互补品的进一步求解比较困难，在接下来的讨论中，我们仅就 CES 组合形式假设成立的情形进行讨论。

四、均衡的定义

根据以上所建立的模型，我们可以定义如下均衡。这个均衡由价格 $\{p_{\varphi}(t),$ $p_{\phi}(t), p_x(v, t), w(t), r(t)\}_{t=0}^{\infty}$、资源分配 $\left\{\begin{matrix} c(t), \varphi(t), \phi(t), a(t), L_E(t), \\ L_R(t), L_D(t) \end{matrix}\right\}_{t=0}^{\infty}$、中间品投入 $\{x(v, t)\}_{t=0}^{\infty}$，$\forall v$，以及知识水平 $\{N(t)\}_{t=0}^{\infty}$ 组成，使得：

- 将消费者数据价格和工资率 $\{p_{\varphi}(t), w(t), r(t)\}_{t=0}^{\infty}$ 视为给定，资源分配 $\{c(t), \varphi(t), a(t)\}_{t=0}^{\infty}$ 是消费者效用最大化问题的解，如式(7-1)和式(7-2)所示。

- 将中间品价格、生产者数据价格和工资率 $\{p_x(v, t), p_{\phi}(t), w(t)\}_{t=0}^{\infty}$，$\forall v$ 以及相应的知识水平 $\{N(t)\}_{t=0}^{\infty}$ 视为给定，资源分配 $\{L_E(t),$ $L_D(t)\}_{t=0}^{\infty}$ 和 $\{\phi(v, t), x(v, t)\}_{t=0}^{\infty}$，$\forall v$ 是最终品生产厂商利润最大

化问题的解,如式(7-7)所示。此外,生产者数据价格由式(7-15)表示。

- 对于每一个潜在的中间品生产厂商而言,给定消费者数据和劳动力的价格 $\{p_\varphi(t),\ w(t)\}_{t=0}^\infty$、资源分配 $\{x(v,\ t)\}_{t=0}^\infty$, $\forall v$ 以及知识水平 $\{N(t)\}_{t=0}^\infty$,它们需要首先选择资源分配 $\{\varphi(t),\ L_R(t)\}_{t=0}^\infty$ 以满足条件 (7-21)、(7-22)和(7-23),然后选择价格 $\{p_x(v,\ t)\}_{t=0}^\infty$ 来最大化它们的利润,如式(7-10)所示。

- 中间品种类(知识水平)$\{N(t)\}_{t=0}^\infty$ 的扩张遵循式(7-20)所示的规则。

- 市场出清条件在资产市场、消费者数据市场、所有的生产者数据市场、劳动力市场和中间品市场都得到满足。

第二节 平衡增长路径下的结果

在本节中,我们将首先求解去中心化经济中的均衡结果,然后再求解社会计划者问题以得到社会最优的结果。

一、去中心化经济中的均衡结果

在 BGP 下,各变量的增长率均为常数,经济中的资源分配高度取决于两类数据的替代弹性 ϵ。因此,当 ϵ 在不同范围内取值时,我们可以分别得到以下三个命题。

命题 7-1 在去中心化经济中,当 $0<\epsilon<1$ 时,BGP 是渐进的且有 $l_{D,D}^\epsilon\to 0$。此时的均衡结果为:

$$g_D^* = \left[\frac{\sigma}{(1-\zeta)\sigma-\xi(1-\gamma)}\right]n \tag{7-24}$$

$$g_{\varphi,D}^* = \left[\frac{1-\gamma}{(1-\zeta)\sigma-\xi(1-\gamma)}\right]n < 0 \tag{7-25}$$

$$g_{l_D, D}^* = \left[\frac{(1-\zeta)(1-\gamma-\sigma)}{(1-\zeta)\sigma - \xi(1-\gamma)} \right] n < 0 \qquad (7-26)$$

$$l_{E, D}^* \rightarrow \frac{\gamma g_D^* + \rho - n}{\gamma g_D^* + \rho - n + g_D^*(1-\xi)(1-\beta)} \qquad (7-27)$$

$$l_{R, D}^* \rightarrow \frac{g_D^*(1-\xi)(1-\beta)}{\gamma g_D^* + \rho - n + g_D^*(1-\xi)(1-\beta)} \qquad (7-28)$$

证明 我们首先需要确定三个部门中的劳动力份额,即 $l_E(t)$、$l_R(t)$ 和 $l_D(t)$。由式(7-20),我们可以将中间品种类数的 BGP 增长率记为 g_D^*,即

$$g_D^* = \eta N(t)^{\zeta-1} \Phi(t)^\xi l_R(t)^{1-\xi} L(t)^{1-\xi} \qquad (7-29)$$

此外,在 BGP 下,我们可以有以下简化版本的专利价值 $V(t)$:

$$V(t) = \frac{\pi(t)}{r^* - n} \qquad (7-30)$$

将式(7-16)和式(7-23)结合在一起,并代入式(7-29),我们有

$$\eta(1-\xi)N(t)^\zeta \Phi(t)^\xi l_R(t)^{-\xi} L(t)^{-\xi} V(t) = \beta \left[\frac{(1-\beta)^2}{\psi} \right]^{\frac{1}{\beta}-1} N(t) \left[\frac{l_E(t)}{l_E(t) - \beta l_D(t)} \right]^{\frac{1}{\beta}}$$

$$\Rightarrow g^*(1-\xi)N(t)l_R(t)^{-1}L(t)^{-1}V(t) = \beta \left[\frac{(1-\beta)^2}{\psi} \right]^{\frac{1}{\beta}-1} N(t) \left[\frac{l_E(t)}{l_E(t) - \beta l_D(t)} \right]^{\frac{1}{\beta}}$$

$$\Rightarrow g^*(1-\xi)(1-\beta)l_R(t)^{-1}l_E(t) = r^* - n$$

$$\Rightarrow g^*(1-\xi)(1-\beta)l_R(t)^{-1}l_E(t) = \gamma g^* + \rho - n$$

$$\Rightarrow \frac{l_E^*}{l_R^*} = \frac{\gamma g^* + \rho - n}{g^*(1-\xi)(1-\beta)}$$

$$(7-31)$$

其中,第三行方程来自代入式(7-30)和式(7-17)。第四行方程来自代入式(7-3)。由此,我们便可以得到生产部门和创新部门劳动力份额之间的关系。

等式(7-31)表明 l_E^* 和 l_R^* 均不能趋近于 0,即有 $g_{l_E, D}^* = g_{l_R, D}^* = 0$。否

则,由于其他两部门的劳动力份额需要同时趋近于 0,故数据清洗部门的劳动力份额将需要趋近于 1,而这是不合理的。然而,我们既无法确定数据清洗部门的劳动力份额 $l_D(t)$ 与其他两个部门劳动力份额之间的关系,又无法确定 $l_D(t)$ 一定会在 BGP 下趋向于某一常数。因此,我们将 $l_D(t)$ 在去中心化经济中的 BGP 增长率设为 $g_{l_D}^*$,并有以下的推导。

将与劳动力相关的自由进入条件(7 - 23)和最终品生产厂商侧的工资决定方程(7 - 14)结合在一起,并将这个式子转化为增长率的形式,我们可以得到

$$\zeta g_N + \xi g_\Phi - \xi n + g_V = g_N$$

将上式与式(7 - 30)结合,得到

$$(\zeta - 1)g_N + \xi g_\Phi + (1 - \xi)n = 0 \tag{7 - 32}$$

另一方面,将式(7 - 21)改写成增长率的形式,并与式(7 - 4)相结合,并考虑到在 BGP 下,$g_N = g_c = g$ 以及 $g_V = n$,可得

$$\zeta g_N + \frac{\xi - \epsilon + 1}{\epsilon}g_\Phi - \frac{1}{\epsilon}g_\varphi + \left(1 - \frac{1}{\epsilon} - \xi\right)n + g_V = (\sigma - 1)g_\varphi + \gamma g_c$$

$$\Rightarrow (\zeta - \gamma)g + \left(1 - \sigma - \frac{1}{\epsilon}\right)g_\varphi + \left(\xi - 1 + \frac{1}{\epsilon}\right)g_\Phi + \left(2 - \frac{1}{\epsilon} - \xi\right)n = 0 \tag{7 - 33}$$

此外,将生产者数据价格(7 - 6)与关于生产者数据使用的自由进入条件(7 - 22)结合在一起,我们有

$$\frac{\beta}{l_E(t) - \beta l_D(t)} = \eta \xi(1 - a)N(t)^\zeta \Phi(t)^{\frac{\xi - \epsilon + 1}{\epsilon}}\phi(t)^{-\frac{1}{\epsilon}}l_R(t)^{1-\xi}L(t)^{1-\xi}V(t)$$

$$= \frac{\xi(1-a)g_D^*\beta(1-\beta)^{\frac{2}{\beta}-1}}{\psi^{\frac{1}{\beta}-1}(\gamma g_D^* + \rho - n)}\left(\frac{l_E(t)}{l_E(t) - \beta l_D(t)}\right)^{\frac{1}{\beta}}N(t)\Phi(t)^{-1+\frac{1}{\epsilon}}\phi(t)^{-\frac{1}{\epsilon}}L_E(t)$$

$$\tag{7 - 34}$$

其中,第二行来自代入式(7-29)以及专利价值的定义(7-30)和式(7-17)。尽管 $l_D(t)$ 在 BGP 下的增长率可能不是 0,但它肯定不能大于 0(否则 $l_D(t)$ 将会增长至大于 1 的值)。因此,我们有

$$\left(\frac{1}{\epsilon} - 1\right) g_\Phi - \frac{1}{\epsilon} g_\phi + g + n = 0 \qquad (7-35)$$

注意到,在长期中,生产者数据量应是越来越多的,而消费者数据量则可能是越来越少的(由基准模型中的结果推测)。关于总数据集在长期中的增长率,我们需要针对替代弹性系数 ϵ 在不同取值范围内的情形进行讨论。当 $0 < \epsilon < 1$ 时,由式(7-18)易知,长期中的增长率应由数量较少的一类数据所决定,即此时

$$g_\Phi = g_\varphi + n \qquad (7-36)$$

此外,由式(7-6)有 $g_\phi = g + g_{l_D} + n$。

特别地,当 $0 < \epsilon < 1$ 时,联立式(7-32)、式(7-33)、式(7-35)和式(7-36),可以得到以下的增长率:

$$g_D^* = \left[\frac{\sigma}{(1-\zeta)\sigma - \xi(1-\gamma)}\right] n$$

$$g_{\varphi, D}^* = \left[\frac{1-\gamma}{(1-\zeta)\sigma - \xi(1-\gamma)}\right] n < 0$$

和

$$g_{l_D, D}^* = \left[\frac{(1-\epsilon)(1-\gamma-\sigma)}{(1-\zeta)\sigma - \xi(1-\gamma)}\right] n < 0$$

因此,我们有 $l_{D,D}^* \to 0$,则其他两个部门的劳动力份额将容易求出。由式(7-31)有

$$\frac{1 - l_{R,D}^*}{l_{R,D}^*} \to \frac{\gamma g_D^* + \rho - n}{g_D^*(1-\xi)(1-\beta)}$$

$$\Rightarrow l_{R,D}^* \to \frac{\sigma n(1-\xi)(1-\beta)}{\gamma\sigma n + (\rho - n)[(1-\zeta)\sigma - \xi(1-\gamma)] + \sigma n(1-\xi)(1-\beta)}$$

此外,我们还可以得到

$$l_{E,D}^* \to \frac{\gamma\sigma n + (\rho-n)[(1-\zeta)\sigma - \xi(1-\gamma)]}{\gamma\sigma n + (\rho-n)[(1-\zeta)\sigma - \xi(1-\gamma)] + \sigma n(1-\xi)(1-\beta)}$$

当 $0 < \epsilon < 1$ 时,考虑式(7-24)和式(7-25),由于在这种情形下两类数据的替代是缺乏弹性的,数据集在长期中的增长率将取决于增长率较低的一类数据,即消费者数据。因此,我们可以看到此时各个变量的 BGP 增长率都与基准模型中的相应变量 BGP 增长率相同。显然,这是由于两类数据特殊的结合形式导致生产者数据在长期中的作用不再显著造成的。另外,生产部门和创新部门的劳动力份额式(7-27)和式(7-28)也同样趋近于基准模型中的结果,尽管此时的 BGP 是渐进的[①]。

命题 7-2 在去中心化经济中,当 $\epsilon=1$ 时,均衡结果为

$$g_D^* = \left\{\frac{\sigma}{[1-(1-a)\xi-\zeta]\sigma - a\xi(1-\gamma)}\right\} n \tag{7-37}$$

$$g_{\varphi,D}^* = \left\{\frac{1-\gamma}{[1-(1-a)\xi-\zeta]\sigma - a\xi(1-\gamma)}\right\} n < 0 \tag{7-38}$$

$$g_{l_D,D}^* = 0 \tag{7-39}$$

然而,我们没有办法得到各部门劳动力份额的显式表达式。

证明 当 $\epsilon=1$ 时,式(7-18)将退化为式(7-19)的形式,因此数据集的增长率变为:

$$g_\Phi = a(g_\varphi + n) + (1-a)g_\phi \tag{7-40}$$

然后,联立式(7-32)、式(7-33)、式(7-35)和式(7-40),可以得到以下的增长率:

[①] 这一类特殊的 BGP 同样可以在琼斯(2016)的研究中见到,在这样的 BGP 中,一些变量将趋近于 0,而另一些变量将趋近于某一常数。

$$g_D^* = \left\{ \frac{\sigma}{[1-(1-a)\xi-\zeta]\sigma-a\xi(1-\gamma)} \right\} n$$

$$g_{\varphi,D}^* = \left\{ \frac{1-\gamma}{[1-(1-a)\xi-\zeta]\sigma-a\xi(1-\gamma)} \right\} n < 0$$

和

$$g_{i_D,D}^* = 0$$

接下来,我们尝试求解各部门的劳动力份额。当 $\epsilon=1$ 时,复合数据为柯布-道格拉斯形式,则式(7-34)可进一步写成

$$\frac{\beta}{l_E(t)-\beta l_D(t)} = \frac{\xi(1-a)g_D^*\beta(1-\beta)^{\frac{2}{\beta}-1}}{\psi^{\frac{1}{\beta}-1}(\gamma g_D^*+\rho-n)} \left(\frac{l_E(t)}{l_E(t)-\beta l_D(t)} \right)^{\frac{1}{\beta}}$$

$$N(t)\varphi(t)^{a(-1+\frac{1}{\epsilon})} \phi(t)^{a(1-\frac{1}{\epsilon})-1} L_E(t) L(t)^{a(-1+\frac{1}{\epsilon})}$$

$$(7-41)$$

我们无法确定 $\varphi(t)$ 的表达式,因此也无法求得各部门的劳动力份额。

当 $\epsilon=1$ 时,考虑式(7-37)和式(7-38),两类数据的替代是单位弹性的,数据的结合方式由式(7-18)退化为了式(7-19)。因此,数据集在长期的增长率将共同由两类数据的增长率决定,各部门的劳动力份额也有类似的结果。正如由式(7-37)到式(7-39)所示,当 a 趋近于 1 时,这些结果将会退化为命题 7-1 的结果。另外,当 a 趋近于 0 时,我们也可以看到此命题的结果将趋近于命题 7-3 的结果。

命题 7-3 在去中心化经济中,当 $\epsilon>1$ 时,均衡结果为:

$$g_D^* = \left(\frac{1}{1-\xi-\zeta} \right) n \qquad (7-42)$$

$$g_{\varphi,D}^* = \left\{ \frac{1-\gamma}{[1+\epsilon(\sigma-1)](1-\xi-\zeta)} \right\} n < 0 \qquad (7-43)$$

$$g_{l_D^*, D} = 0 \tag{7-44}$$

$$l_{E,D}^* = \frac{\gamma g_D^* + \rho - n}{\gamma g_D^* + \rho - n + g_D^*(1-\xi)(1-\beta) + g_D^*\xi(1-\beta)} \tag{7-45}$$

$$l_{R,D}^* = \frac{g_D^*(1-\xi)(1-\beta)}{\gamma g_D^* + \rho - n + g_D^*(1-\xi)(1-\beta) + g_D^*\xi(1-\beta)} \tag{7-46}$$

$$l_{D,D}^* = \frac{g_D^*\xi(1-\beta)}{\gamma g_D^* + \rho - n + g_D^*(1-\xi)(1-\beta) + g_D^*\xi(1-\beta)} \tag{7-47}$$

证明 当 $\epsilon > 1$ 时,两类数据的替代是富有弹性的,因此数据集在长期的增长率取决于较大数量的数据,即生产者数据。因此,我们有

$$g_\Phi = g_\phi \tag{7-48}$$

然后,联立式(7-32)、式(7-33)、式(7-35)和式(7-48),可以得到以下的增长率:

$$g_D^* = \left(\frac{1}{1-\xi-\zeta}\right)n$$

$$g_{\varphi,D}^* = \left\{\frac{1-\gamma}{[1+\epsilon(\sigma-1)](1-\xi-\zeta)}\right\}n < 0$$

和

$$g_{l_D^*, D} = 0$$

进而求解三个部门的劳动力份额。此时, $l_D(t)$ 不再趋近于 0,且有 $\Phi(t) \to (1-a)^{\frac{\epsilon}{\epsilon-1}}\phi(t)$,故式(7-34)可以进一步写为

$$\frac{\beta}{l_E(t)-\beta l_D(t)} = \frac{\xi g_D^*\beta(1-\beta)^{\frac{2}{\beta}-1}}{\psi^{\frac{1}{\beta}-1}(\gamma g_D^* + \rho - n)}\left(\frac{l_E(t)}{l_E(t)-\beta l_D(t)}\right)^{\frac{1}{\beta}}N(t)(Y(t)l_D(t))^{-1}L_E(t)$$

$$\Rightarrow 1 = \frac{\xi g_D^*(1-\beta)}{\gamma g_D^* + \rho - n}l_E(t)l_D(t)^{-1}$$

$$\Rightarrow \frac{l_{E,D}^{*}}{l_{D,D}^{*}} = \frac{\gamma g_{D}^{*} + \rho - n}{\xi g_{D}^{*}(1-\beta)}$$

$$(7-49)$$

结合式(7-49)和式(7-31),并且 $l_{E,D}^{*} + l_{R,D}^{*} + l_{D,D}^{*} = 1$,我们有

$$l_{E,D}^{*} = \frac{\gamma g_{D}^{*} + \rho - n}{\gamma g_{D}^{*} + \rho - n + g_{D}^{*}(1-\xi)(1-\beta) + g_{D}^{*}\xi(1-\beta)}$$

$$l_{R,D}^{*} = \frac{g_{D}^{*}(1-\xi)(1-\beta)}{\gamma g_{D}^{*} + \rho - n + g_{D}^{*}(1-\xi)(1-\beta) + g_{D}^{*}\xi(1-\beta)}$$

和

$$l_{D,D}^{*} = \frac{g_{D}^{*}\xi(1-\beta)}{\gamma g_{D}^{*} + \rho - n + g_{D}^{*}(1-\xi)(1-\beta) + g_{D}^{*}\xi(1-\beta)}$$

当 $\xi > 1$ 时,两类数据的替代是富有弹性的,因此数据集在长期的增长率取决于较大数量的数据,即生产者数据。此时,如式(7-42)所示的 BGP 增长率增加到了一个更高的水平。此外,也只有在此时,ξ 第一次出现在了各增长率的表达式中,并决定了消费者数据在长期的变化。

二、社会计划者问题

由于社会计划者的目标是最大化代表性消费者的效用,而生产者数据并不能直接用于消费而产生效用,并且其产生过程并不会额外耗费生产最终产品以外的资源,因此,资源约束条件仍然与基准模型中的相同。我们跳过相应的步骤,直接求出中间产品的最优使用量为

$$x_{S}(v, t) = \left(\frac{\psi}{1-\beta}\right)^{-\frac{1}{\beta}} L_{E}(t)$$

最优的净产出为

$$\tilde{Y}_{S}(t) = \left(\frac{\psi}{1-\beta}\right)^{1-\frac{1}{\beta}} \beta N(t) L_{E}(t)$$

此时社会计划者需要求解的最优化问题将变为如下形式。首先，最优化的目标函数仍与基准模型相同，即

$$\max_{c(t),\,\varphi(t)} \int_0^\infty e^{-(\rho-n)t} \left[\frac{c(t)^{1-\gamma}-1}{1-\gamma} - \varphi(t)^\sigma \right] dt$$

此时的社会计划者同样需要满足资源约束条件、生产者数据的生产函数，以及劳动力市场出清条件，即

$$c(t) = \left(\frac{\psi}{1-\beta} \right)^{1-\frac{1}{\beta}} \beta N(t) l_E(t)$$

$$\phi(t) = \left(\frac{\psi}{1-\beta} \right)^{1-\frac{1}{\beta}} \beta N(t) l_E(t) L_D(t)$$

和

$$l_E(t) + l_D(t) + l_R(t) = 1$$

除此之外，创新可能性边界变为式（7-20）的形式。因此，在本章的扩展模型情形下，社会计划者问题需满足以上四个约束条件。类似地，社会最优的分配结果也高度取决于替代弹性 ϵ 的取值范围。故有以下三个命题。

命题 7-4 在社会计划者问题中，当 $0 < \epsilon < 1$ 时，BGP 是渐进的且有 $l_{D,s}^* \to 0$，其他变量的分配为：

$$g_S^* = \left[\frac{\sigma}{(1-\zeta)\sigma - \xi(1-\gamma)} \right] n \tag{7-50}$$

$$g_{\varphi,S}^* = \left[\frac{1-\gamma}{(1-\zeta)\sigma - \xi(1-\gamma)} \right] n < 0 \tag{7-51}$$

$$g_{l_D,S}^* = \left[\frac{(1-\epsilon)(1-\gamma-\sigma)}{(1-\zeta)\sigma - \xi(1-\gamma)} \right] n < 0 \tag{7-52}$$

$$l_{E,S}^* \to \frac{[\xi(n-\rho)-n\sigma](1-\gamma)+\rho\sigma(1-\zeta)}{[\xi(n-\rho)-n\sigma](1-\gamma)+\rho\sigma(1-\zeta)+(1-\xi)\sigma n} \tag{7-53}$$

$$l_{R,S}^* \rightarrow \frac{(1-\xi)\sigma n}{[\xi(n-\rho)-n\sigma](1-\gamma)+\rho\sigma(1-\zeta)+(1-\xi)\sigma n} \qquad (7-54)$$

证明 令

$$A = \left(\frac{\psi}{1-\beta}\right)^{1-\frac{1}{\beta}}$$

生产者数据则可写为

$$\phi(t) = L_D(t)L_E(t)^\beta \int_0^{N(t)} x(v,t)^{1-\beta}\mathrm{d}v = A\beta N(t)L_E(t)L_D(t)$$

因此,由最优化问题构建的现值哈密尔顿函数为

$$\mathcal{H} = \frac{c(t)^{1-\gamma}-1}{1-\gamma} - \varphi(t)^\sigma + \lambda_1(t)[A\beta N(t)l_E(t)-c(t)]+$$

$$\lambda_2(t)[A\beta N(t)l_E(t)l_D(t)L(t)$$

$$-\phi(t)]+\mu(t)\eta N(t)^\zeta \Phi(t)^\xi l_R(t)^{1-\xi}L(t)^{1-\xi}$$

其中,$\Phi(t)$ 如式(7-18)所示。分别求解对应于 $c(t)$、$\phi(t)$、$\varphi(t)$、$l_E(t)$、$l_D(t)$ 和 $N(t)$ 的一阶条件,得到以下式子:

$$\frac{\partial \mathcal{H}}{\partial c(t)} = c(t)^{-\gamma}-\lambda_1(t) = 0 \qquad (7-55)$$

$$\frac{\partial \mathcal{H}}{\partial \phi(t)} = -\lambda_2(t)+\xi\eta(1-a)\mu(t)N(t)^\zeta \Phi(t)^{\xi-1+\frac{1}{\zeta}}\phi(t)^{-\frac{1}{\zeta}}l_R(t)^{1-\xi}L(t)^{1-\xi} = 0$$

$$(7-56)$$

$$\frac{\partial \mathcal{H}}{\partial \varphi(t)} = -\sigma\varphi(t)^{\sigma-1}+\xi\eta a\mu(t)N(t)^\zeta \Phi(t)^{\xi-1+\frac{1}{\zeta}}\varphi(t)^{-\frac{1}{\zeta}}l_R(t)^{1-\xi}L(t)^{2-\xi-\frac{1}{\zeta}} = 0$$

$$(7-57)$$

$$\frac{\partial \mathcal{H}}{\partial l_E(t)} = [\lambda_1(t)+\lambda_2(t)L(t)l_D(t)]\beta A N(t)-$$

$$\eta(1-\xi)\mu(t)N(t)^\zeta \Phi(t)^\xi l_R(t)^{-\xi}L(t)^{1-\xi} = 0$$

$$(7-58)$$

$$\frac{\partial \mathcal{H}}{\partial l_D(t)} = \lambda_2(t) A \beta N(t) l_E(t) L(t)^2 - \eta(1-\xi)\mu(t)N(t)^{\xi}\Phi(t)^{\xi}l_R(t)^{-\xi}L(t)^{1-\xi} = 0$$

$$(7-59)$$

$$\frac{\partial \mathcal{H}}{\partial N(t)} = \left[\lambda_1(t) + \lambda_2(t)L(t)l_D(t)\right] A \beta l_E(t) +$$

$$\eta \zeta \mu(t) N(t)^{\zeta-1}\Phi(t)^{\xi}l_R(t)^{1-\xi}L(t)^{1-\xi} \qquad (7-60)$$

$$= -\dot{\mu}(t) + (\rho - n)\mu(t)$$

由式(7-58),有

$$\frac{\lambda_1(t) + \lambda_2(t)L(t)l_D(t)}{\mu(t)} = \frac{\eta(1-\xi)}{\beta A}N(t)^{\zeta-1}\Phi(t)^{\xi}l_R(t)^{-\xi}L(t)^{1-\xi}$$

则式(7-60)可写为

$$\frac{\lambda_1(t) + \lambda_2(t)L(t)l_D(t)}{\mu(t)}A\beta l_E(t) + \eta\zeta N(t)^{\zeta-1}\Phi(t)^{\xi}l_R(t)^{1-\xi}L(t)^{1-\xi} = -\frac{\dot{\mu}(t)}{\mu(t)} + (\rho-n)$$

$$\Rightarrow \left[(1-\xi)l_E(t) + \zeta l_R(t)\right]\eta N(t)^{\zeta-1}\Phi(t)^{\xi}l_R(t)^{-\xi}L(t)^{1-\xi} = -g_{\mu} + \rho - n$$

$$(7-61)$$

类似地,我们可以将社会计划者问题下的 BGP 增长率记为 g_S^*,即

$$g_S^* = \eta N(t)^{\zeta-1}\Phi(t)^{\xi}l_R(t)^{1-\xi}L(t)^{1-\xi} \qquad (7-62)$$

以及消费者数据的 BGP 增长率为 $g_{\varphi,S}^*$。由式(7-61)可知,在 BGP 下,

$$-g_{\mu} + \rho - n = \left[(1-\xi)l_{E,S}^* + \zeta l_{R,S}^*\right]\eta N(t)^{\zeta-1}\Phi(t)^{\xi}(l_{R,S}^*)^{-\xi}L(t)^{1-\xi}$$

$$\Rightarrow \left[(1-\xi)\frac{l_{E,S}^*}{l_{R,S}^*} + \zeta\right]g_S^* = \zeta g_S^* + \left(\xi - 1 + \frac{1}{\epsilon}\right)g_{\Phi}^* + \left(1 - \sigma - \frac{1}{\epsilon}\right)g_{\varphi,S}^*$$

$$+ \left(1 - \xi - \frac{1}{\epsilon}\right)n + \rho$$

$$\Rightarrow \frac{l_{E,S}^*}{l_{R,S}^*} = \frac{\xi - 1 + \frac{1}{\epsilon}g_{\Phi}^* - n}{1 - \xi} + \frac{1 - \sigma - \frac{1}{\epsilon}}{g_S^*}\frac{g_{\varphi,S}^*}{g_S^*} + \frac{\rho}{(1-\xi)g_S^*}$$

$$(7-63)$$

其中,第二行来自将式(7-57)改写为增长率的形式。与去中心化经济类似,同样可以确定生产部门和创新部门的劳动力份额不会趋近于 0。因此,可以将数据清洗部门的劳动力份额增长率记为 $g_{l_D^*,s}$,并有以下推导。

首先,由式(7-55)可得,影子价格 $\lambda_1(t)$ 的增长率为

$$g_{\lambda_1} = -\gamma g_c$$

结合式(7-58)和式(7-59),有

$$[\lambda_1(t) + \lambda_2(t)l_D(t)L(t)]A\beta N(t) = \lambda_2(t)A\beta N(t)l_E(t)L(t)$$

$$\Rightarrow \lambda_1(t) + \lambda_2(t)l_D(t)L(t) = \lambda_2(t)l_E(t)L(t)$$

$$\Rightarrow \frac{\lambda_1(t)}{\lambda_2(t)L(t)} = l_E(t) - l_D(t)$$

注意到受雇劳动力比例 $l_E(t)$ 和 $l_D(t)$ 在 BGP 下都趋近于常数,因此 $\lambda_1(t)/(\lambda_2(t)L(t))$ 在 BGP 下也将趋近于常数,即 $g_{\lambda_1} = g_{\lambda_2} + n$。

另一方面,由式(7-56)可以得到影子价格 $\lambda_2(t)$ 的增长率为

$$g_{\lambda_2} = g_\mu + \zeta g_N + \left(\xi - 1 + \frac{1}{\epsilon}\right)g_\Phi - \frac{1}{\epsilon}g_\phi + (1-\xi)n$$

$$\Rightarrow g_{\lambda_2} = \left(\sigma + \frac{1}{\epsilon} - 1\right)g_\varphi - \frac{1}{\epsilon}g_\phi + \left(\frac{1}{\epsilon} - 1\right)n,$$

$$(7-64)$$

$$\Rightarrow g_{\lambda_1} - 2n = \left(\sigma + \frac{1}{\epsilon} - 1\right)g_\varphi - \frac{1}{\epsilon}g_\phi + \left(\frac{1}{\epsilon} - 1\right)n$$

$$\Rightarrow \gamma g_c = \left(1 - \sigma - \frac{1}{\epsilon}\right)g_\varphi + \frac{1}{\epsilon}g_\phi - \left(\frac{1}{\epsilon} + 1\right)n$$

其中,第二行式子来自将式(7-57)改写为增长率的形式后再代入的结果。

接着,由式(7-58),有

$$\frac{\lambda_1(t) + \lambda_2(t)l_D(t)L(t)}{\mu(t)} = \frac{\eta(1-\xi)}{\beta A}N(t)^{\zeta-1}\Phi(t)^\xi l_R(t)^{-\xi}L(t)^{1-\xi}$$

然后,式(7-60)便可写成以下形式:

$$\frac{\lambda_1(t)+\lambda_2(t)l_D(t)L(t)}{\mu(t)}A\beta l_E(t)+\eta\zeta N(t)^{\zeta-1}\Phi(t)^\xi l_R(t)^{1-\xi}L(t)^{1-\xi}=-\frac{\dot{\mu}(t)}{\mu(t)}+(\rho-n)$$

$$\Rightarrow\left[(1-\xi)l_E(t)+\zeta l_R(t)\right]\eta N(t)^{\zeta-1}\Phi(t)^\xi l_R(t)^{-\xi}L(t)^{1-\xi}=-g_\mu+\rho-n$$

等式右边在 BGP 下应为常数,故等式左边也应为常数,即

$$(\zeta-1)g_N+\xi g_\Phi+(1-\xi)n=0 \tag{7-65}$$

最后,将式(7-56)和式(7-59)结合在一起,有

$$\xi(1-a)\Phi(t)^{-1+\frac{1}{\epsilon}}\phi(t)^{-\frac{1}{\epsilon}}l_R(t)A\beta N(t)l_E(t)L(t)=1-\xi \tag{7-66}$$

将以上式子重新改写为增长率的形式,有

$$\left(-1+\frac{1}{\epsilon}\right)g_\Phi-\frac{1}{\epsilon}g_\phi+g+n=0 \tag{7-67}$$

当 $0<\epsilon<1$ 时,由式(7-18)易知,长期中的增长率应由数量较少的一类数据所决定,即此时

$$g_\Phi=g_\varphi+n \tag{7-68}$$

联立式(7-64)、式(7-65)、式(7-67)和式(7-68),同时注意 $g_c=g_N=g$ 以及 $g_\phi=g+g_{l_D}+n$,我们可以得到以下结果:

$$g_S^*=\left[\frac{\sigma}{(1-\zeta)\sigma-\xi(1-\gamma)}\right]n$$

$$g_{\varphi,S}^*=\left[\frac{1-\gamma}{(1-\zeta)\sigma-\xi(1-\gamma)}\right]n<0$$

$$g_{l_D,S}^*=\left[\frac{(1-\epsilon)(1-\gamma-\sigma)}{(1-\zeta)\sigma-\xi(1-\gamma)}\right]n<0$$

接下来,便可得到三个部门的劳动力份额,将式(7-50)、式(7-51)和式(7-68)代入式(7-63),有

$$\frac{l_{E,S}^*}{l_{R,S}^*} = \frac{\xi - 1 + \frac{1}{\epsilon}}{1 - \xi} \frac{1-\gamma}{\sigma} + \frac{1 - \sigma - \frac{1}{\epsilon}}{1-\xi} \frac{1-\gamma}{\sigma} + \frac{\rho}{1-\xi} \frac{(1-\zeta)\sigma - \xi(1-\gamma)}{\sigma n}$$

$$= \frac{n(\xi - \sigma)(1-\gamma) + \rho[(1-\zeta)\sigma - \xi(1-\gamma)]}{(1-\xi)\sigma n}$$

$$= \frac{[\xi(n-\rho) - n\sigma](1-\gamma) + \rho\sigma(1-\zeta)}{(1-\xi)\sigma n}$$

$$(7-69)$$

由于 $g_{l_{D},S}^* < 0$，即 $l_{D,S}^* \to 0$，则有

$$l_{E,S}^* = \frac{[\xi(n-\rho)-n\sigma](1-\gamma) + \rho\sigma(1-\zeta)}{[\xi(n-\rho)-n\sigma](1-\gamma) + \rho\sigma(1-\zeta) + (1-\xi)\sigma n}$$

$$l_{R,S}^* = \frac{(1-\xi)\sigma n}{[\xi(n-\rho)-n\sigma](1-\gamma) + \rho\sigma(1-\zeta) + (1-\xi)\sigma n}$$

在此情形下，我们同样得到了一个渐近 BGP 的结果，并且所有的增长率都与命题 7-1 中的相同。然而，各部门的劳动力份额与去中心化经济中的结果并不相同，但与基准模型中的相同。

命题 7-5 在社会计划者问题中，当 $\epsilon = 1$ 时，各变量的分配结果为：

$$g_S^* = \left\{ \frac{\sigma}{[1-(1-a)\xi - \zeta]\sigma - a\xi(1-\gamma)} \right\} n \qquad (7-70)$$

$$g_{\varphi,S}^* = \left\{ \frac{1-\gamma}{[1-(1-a)\xi - \zeta]\sigma - a\xi(1-\gamma)} \right\} n < 0 \qquad (7-71)$$

$$g_{l_{D},S}^* = 0 \qquad (7-72)$$

但是，在此情形下，我们并不能完全求解出各部门的劳动力份额。

证明 当 $\epsilon = 1$ 时，式(7-18)退化为式(7-19)，则数据集的增长率为

$$g_{\Phi} = a(g_{\varphi} + n) + (1-a)g_{\phi} \qquad (7-73)$$

联立式(7-64)、式(7-65)、式(7-67)和式(7-73)，同时注意到 $g_c = g_N = g$

以及 $g_\phi = g + g_{l_D} + n$，可以得到以下结果：

$$g_S^* = \left\{ \frac{\sigma}{[1-(1-a)\xi-\zeta]\sigma - a\xi(1-\gamma)} \right\} n$$

$$g_{\varphi, s}^* = \left\{ \frac{1-\gamma}{[1-(1-a)\xi-\zeta]\sigma - a\xi(1-\gamma)} \right\} n < 0$$

$$g_{l_D, s}^* = 0$$

与去中心化经济中的结果类似，此时的结果在 a 趋近于 1 时退化为命题 7-4 中的结果，而在 a 趋近于 0 时退化为命题 7-6 中的结果。

命题 7-6 在社会计划者问题中，当 $\epsilon > 1$ 时，各变量的分配结果为：

$$g_S^* = \left(\frac{1}{1-\zeta-\xi} \right) n \tag{7-74}$$

$$g_{\varphi, s}^* = \left\{ \frac{1-\epsilon\gamma}{[1+\epsilon(\sigma-1)](1-\xi-\zeta)} \right\} n < 0 \tag{7-75}$$

$$g_{l_D, s}^* = 0 \tag{7-76}$$

$$l_{E, s}^* = \frac{(1-\xi)S}{(1+S)(1-\xi)+\xi} \tag{7-77}$$

$$l_{R, s}^* = \frac{1-\xi}{(1+S)(1-\xi)+\xi} \tag{7-78}$$

$$l_{D, s}^* = \frac{\xi}{(1+S)(1-\xi)+\xi} \tag{7-79}$$

其中，

$$S = \frac{\xi-1+\gamma}{1-\xi} + \frac{\rho(1-\zeta-\xi)}{(1-\xi)n}$$

证明 当 $\epsilon > 1$ 时，数据集的增长率由数量较大的一类数据决定，即生产者数据，此时

$$g_\Phi = g_\phi \tag{7-80}$$

联立式(7-64)、式(7-65)、式(7-67)和式(7-80),同时注意到 $g_c = g_N = g$ 以及 $g_\phi = g + g_{l_D} + n$,可以得到以下结果:

$$g_s^* = \left(\frac{1}{1-\zeta-\xi}\right)n$$

以及

$$g_{\varphi,s}^* = \left[\frac{1-\gamma}{(1+\epsilon(\sigma-1))(1-\xi-\zeta)}\right]n$$

$$g_{l_D,s}^* = 0$$

接下来,我们求解三个部门的劳动力份额。当 $\epsilon > 1$ 时,有 $\Phi(t) \to (1-a)^{\frac{\epsilon}{\epsilon-1}}\phi(t)$,则式(7-66)变为

$$\xi(1-a)\left[(1-a)^{\frac{\epsilon}{\epsilon-1}}\phi(t)\right]^{-1+\frac{1}{\epsilon}}\phi(t)^{-\frac{1}{\epsilon}}l_R(t)A\beta N(t)l_E(t)L(t) = 1-\xi$$

$$\xi\xi\phi(t)^{-1}l_R(t)A\beta N(t)l_E(t)L(t) = 1-\xi$$

$$\Rightarrow \xi(Y(t)l_D(t))^{-1}l_R(t)A\beta N(t)l_E(t)L(t) = 1-\xi$$

$$\Rightarrow \frac{l_{R,s}^*}{l_{D,s}^*} = \frac{1-\xi}{\xi}$$

$$(7-81)$$

另一方面,将式(7-70)、式(7-71)和式(7-80)代入式(7-63),有

$$\frac{l_{E,s}^*}{l_{R,s}^*} = \frac{\xi-1+\frac{1}{\epsilon}}{1-\xi} + \frac{1-\sigma-\frac{1}{\epsilon}}{1-\xi}\frac{1-\gamma}{1+\epsilon(\sigma-1)} + \frac{\rho(1-\zeta-\xi)}{(1-\xi)n}$$

$$= \frac{\xi-1+\gamma}{1-\xi} + \frac{\rho(1-\zeta-\xi)}{(1-\xi)n} \equiv S$$

将式(7-63)和式(7-69)相结合,有

$$l_{E,s}^* = \frac{(1-\xi)S}{(1+S)(1-\xi)+\xi}$$

$$l_{R,S}^* = \frac{1-\xi}{(1+S)(1-\xi)+\xi}$$

$$l_{D,S}^* = \frac{\xi}{(1+S)(1-\xi)+\xi}$$

此时,增长率和去中心化经济中的对应命题7-3相同,而三个部门中的劳动力份额则不相同。我们将在下一节详细讨论这一差异。

第三节　数值分析与进一步讨论

在本节中,我们转向数值分析的方式以便更清晰地展现出去中心化经济与社会计划者问题所得结果的不同之处。我们的比较将主要分为三个部分:首先,我们将关注最重要的结果——BGP增长率;其次,我们将针对此模型与本书的基准模型中所得到的结果进行一些比较;最后由此得到一些进一步的启示。

一、BGP增长率的比较

由命题7-1到命题7-6所得到的各情形下的BGP增长率,我们可以得到以下推论。尽管我们在命题中求解得到的是受雇于数据清洗部门的劳动力,但更重要的应该是展现出人均生产者数据的使用量这一变量的BGP增长率,即$g_\phi^* = g^* + g_{l_D}^*$。

推论7-1　人均产出的BGP增长率g^*、人均消费者数据提供量的BGP增长率g_φ^*,以及人均生产者数据提供量的BGP增长率g_ϕ^*在去中心化经济和社会计划者问题中均保持相等(记为$g_D^* = g_S^* = g^*$、$g_{\varphi,D}^* = g_{\varphi,S}^* = g_\varphi^*$以及$g_{\phi,D}^* = g_{\phi,S}^* = g_\phi^*$)。 特别地,随着替代弹性$\epsilon$取不同的值,它们有以下的变化模式:

- 当$0 < \epsilon < 1$时,随着ϵ变化,g^*和g_φ^*保持不变,而g_ϕ^*则从与g_φ^*相等的水平增加至与g^*相等的水平。

- 当 $\epsilon = 1$ 时,随着 a 趋向于 1,g^* 和 g_ϕ^* 则趋向于当 $0 < \epsilon < 1$ 时的相应水平;而随着 a 趋向于 0,这两个增长率则趋向于当 $\epsilon > 1$ 时的相应水平。与此同时,g_φ^* 仅在 a 趋向于 1 时趋向于当 $0 < \epsilon < 1$ 时的相应水平。

- 当 $\epsilon > 1$ 时,g^* 和 g_ϕ^* 保持在一个比 $0 < \epsilon < 1$ 时相应的结果要高的水平,并随着 ϵ 的增加而保持不变,而 g_φ^* 则随着 ϵ 增加而减小。

我们可以比较容易地根据各命题证明出以上的推论。为了让这一对比更加直观,我们将人均产出增长率以及人均消费者数据和人均生产者数据的提供量增长率在图 7 - 1 中展示出来。同时,其他参数的取值列于表 7 - 1 中。在图 7 - 1 中,生产者数据的增长率被转换成了人均的形式以使其与其他两个增长率具有可比性。注意到,为了让结果合理,式(7 - 45)和式(7 - 74)中的结果要求 $1 - \xi - \zeta > 0$。因此,我们让代表知识积累的参数 ζ 取 0.4,而不是基准模型中所取的 0.85。此外,由于我们不想让这两种数据有更多的不同,故将柯布-道格拉斯组合形式下代表消费者数据贡献的参数 a 取为 0.5。

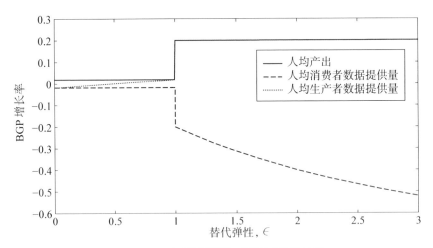

图 7 - 1 不同替代弹性 ϵ 取值下的增长率

注:垂直的虚线将此模型的演进分成了两部分:当 $0 < \epsilon < 1$ 的部分和当 $\epsilon > 1$ 的部分。其他相关的参数取值见表 7 - 1。

表 7-1　比较不同情形下增长率所使用的参数取值

变量	含义	取值	来源
β	劳动力在最终品生产函数中的贡献	2/3	标准
γ	跨期替代弹性的倒数	2.5	标准
ρ	主观贴现因子	0.03	标准
ξ	数据在创新可能性边界中的贡献	0.5	任意决定的
ζ	通过创新可能性边界达到的知识积累效应	0.4	任意决定的
σ	消费者对隐私关注的严重程度	1.5	任意决定的
n	人口增长率	0.02	标准
η	创新可能性边界的效率项	1	标准
a	单位弹性情形下消费者数据的贡献	0.5	标准

我们首先讨论当 $0<\epsilon<1$ 时的情形。此时,人均产出和人均消费者数据提供量的 BGP 增长率均与第四章基准模型所得到的结果相同。然而,人均生产者数据提供量的 BGP 增长率则总是高于人均消费者数据提供量的 BGP 增长率,并且这一差距随着替代弹性 ϵ 的增加而增大。这说明,当 $0<\epsilon<1$ 时,数据复合品 $\Phi(t)$ 由增长率较低的一类数据所主导,即消费者数据。因此,此时的情形就与基准模型基本一致,就好像生产者数据并不对经济造成影响。

当 $\epsilon>1$ 时,经济的增长又变成了另外一种状态。此时,人均生产者数据提供量与人均产出以相同的增长率变化,因为现在受雇于数据清理部门的劳动力份额趋于常数。然而,人均消费者数据提供量的增长率则随着 ϵ 的增加而不断减少。这一趋势体现了随着两类数据的组合变得富有弹性,消费者数据逐渐被生产者数据所主导,也就是说,数据复合品的增长率由增长率较高的生产者数据所主导。随着消费者数据的重要性逐渐减弱,它们的提供量也更快速地发生衰减。

本章的模型可以理解为一个将基准模型与仅含有生产者数据的模型结合在一起的组合模型。纵观整个模型,我们发现,随着替代弹性 ϵ 从缺乏弹性的状态转变成富有弹性的状态,经济总体的 BGP 增长率(包括人均产出和产品种类数的增长率)将转变为一个更高的水平。这一结果展示了生产者数据对经济增长的重要性,同时也显示了在未来我们要利用好这一类数据的重要性。

二、不同模型的进一步比较

最后,但也是最重要的,我们将对基准模型、只含有生产者数据的模型,以及本章所描述的一般化数据模型进行比较。命题 7 - 1 和命题 7 - 4 告诉我们,当 $0 < \varsigma < 1$ 时,一般化模型的 BGP 增长率和受雇于各部门的劳动力比例均与基准模型中的结果相同。同时,命题 7 - 3 和命题 7 - 6 则告诉我们,当 $\varsigma > 1$ 时,一般化模型的对应变量则与只含有生产者数据的模型结果相同,然而,当我们更进一步地去研究这些模型的人均产出水平值时,则会发现一些不同之处。具体地,我们在以下命题中进行总结。

命题 7 - 7 基准模型、只含有生产者数据的模型,以及一般化数据模型尽管在某些情况下可具有相同的 BGP 增长率和受雇于各部门的劳动力份额,但它们的人均产出水平却不尽相同。具体来说,有以下变化模式。

- 在去中心化经济和社会计划者问题中,当 $0 < \varsigma < 1$ 时,一般化模型中的人均产出水平值高于基准模型中相应的结果(分别记为 $y_{D, \text{base}}$ 和 $y_{S, \text{base}}$)。 具体有

$$\left(\frac{y_D}{y_{D, \text{base}}} \right)^* = \left(\frac{y_S}{y_{S, \text{base}}} \right)^* = \left(\frac{y}{y_{\text{base}}} \right)^* = a^{\frac{\xi}{(\varsigma-1)(1-\xi)}} > 1 \qquad (7-82)$$

- 在去中心化经济和社会计划者问题中,当 $\varsigma > 1$ 时,一般化模型中的人均产出水平值低于只含有生产者数据模型中相应的结果(分别记为 $y_{D, \text{prod}}$ 和 $y_{S, \text{prod}}$)。 具体有

$$\left(\frac{y_D}{y_{D, \text{prod}}} \right)^* = \left(\frac{y_S}{y_{S, \text{prod}}} \right)^* = \left(\frac{y}{y_{\text{prod}}} \right)^* = (1-a)^{\frac{\xi}{(\varsigma-1)(1-\xi-\xi)}} < 1 \quad (7-83)$$

证明 首先讨论基准模型与一般化模型的差别。给定了相同的人口水平 $L(t)$ 和消费者数据提供量 $\varphi(t)$,我们可以比较容易地得到去中心化经济和社会计划者问题中基准模型的结果分别是

$$y_{D,\,\text{base}}(t) = \left(\frac{\eta}{g_D^*}\right)^{\frac{1}{1-\zeta}} \left[\frac{(1-\beta)^2}{\psi}\right]^{\frac{1}{\beta}-1} l_{E,\,D}^* (l_{R,\,D}^*)^{\frac{1-\xi}{1-\zeta}} \varphi(t)^{\frac{\xi}{1-\zeta}} L(t)^{\frac{1}{1-\zeta}}$$

和

$$y_{S,\,\text{base}}(t) = \left(\frac{\eta}{g_S^*}\right)^{\frac{1}{1-\zeta}} \left(\frac{1-\beta}{\psi}\right)^{\frac{1}{\beta}-1} l_{E,\,S}^* (l_{R,\,S}^*)^{\frac{1-\xi}{1-\zeta}} \varphi(t)^{\frac{\xi}{1-\zeta}} L(t)^{\frac{1}{1-\zeta}}$$

然后,即可以发现,尽管当 $0<\epsilon<1$ 时一般化模型与基准模型有相同的 BGP 增长率,但它们的人均产出水平值仍然是不同的。具体有

$$\left(\frac{y_D}{y_{D,\,\text{base}}}\right)^* = \left(\frac{y_S}{y_{S,\,\text{base}}}\right)^* = a^{\frac{\xi}{(\epsilon-1)(1-\zeta)}}$$

并且由于 $0<a<1$ 且 $0<\epsilon<1$,我们可以得到这一比值是大于 1 的。

然后讨论只含有生产者数据的模型与一般化模型的差别。关于只含有生产者数据的模型,本书不作详细交代,其推导过程可由读者自行得到,或参见谢丹夏和张龙天(2023)研究中的详细过程。类似地,在给定了相同的人口水平 $L(t)$ 之后,可以分别得到去中心化经济和社会计划者问题中只含有生产者数据的模型的结果分别是

$$y_{D,\,\text{prod}} = \left\{\frac{\eta}{g_D^*}\left[\frac{(1-\beta)^2 l_{E,\,D}^*}{\psi(l_{E,\,D}^* - \beta l_{D,\,D}^*)}\right]^{\left(\frac{1}{\beta}-1\right)(1-\zeta)} (l_{D,\,D}^*)^\xi (l_{R,\,D}^*)^{1-\xi}\right\}^{\frac{1}{1-\zeta-\xi}}$$
$$(l_{E,\,D}^*)^{\frac{1-\zeta}{1-\zeta-\xi}} L(t)^{\frac{1}{1-\zeta-\xi}}$$

和

$$y_{S,\,\text{prod}} = \left\{\frac{\eta}{g_S^*}\left(\frac{1-\beta}{\psi}\right)^{\left(\frac{1}{\beta}-1\right)(1-\zeta)} (l_{D,\,S}^*)^\xi (l_{R,\,S}^*)^{1-\xi}\right\}^{\frac{1}{1-\zeta-\xi}} (l_{E,\,S}^*)^{\frac{1-\zeta}{1-\zeta-\xi}} L(t)^{\frac{1}{1-\zeta-\xi}}$$

其中,$l_{E,\,D}^*$、$l_{R,\,D}^*$、$l_{D,\,D}^*$、$l_{E,\,S}^*$、$l_{R,\,S}^*$ 和 $l_{D,\,S}^*$ 均分别与式(7 - 45)、式(7 - 46)、式(7 - 47)、式(7 - 77)、式(7 - 78)和式(7 - 79)中所列的结果相同。然后,即可以发现,尽管当 $\epsilon>1$ 时一般化模型与只含有生产者数据的模型有相同的 BGP 增长率,但它们的人均产出水平值仍然是不同的。具体有

$$\left(\frac{y_D}{y_{D,\,\mathrm{prod}}}\right)^* = \left(\frac{y_S}{y_{S,\,\mathrm{prod}}}\right)^* = (1-a)^{\frac{\xi}{(\epsilon-1)(1-\zeta-\xi)}}$$

并且由于 $0 < a < 1$ 且 $\epsilon > 1$，我们可以得到这一比值是小于 1 的。

我们将比较结果总结于表 7 - 2 中。由式(7 - 82)和式(7 - 83)可知,人均产出水平值的差别来自消费者数据和生产者数据的组合。在前一种情形中,当消费者数据在经济中占主导时,拥有更高增长率的生产者数据的加入,会将人均产出推向一个更高的水平。相反,在后一种情形中,当生产者数据占主导时,消费者数据不断减少的提供量会将人均产出拖至一个较低的水平。这个一般化模型可以被视为是一个描述经济从使用产生于消费者的数据转变为直接使用来自生产过程的数据的综合性模型。此外,在前面的命题中我们也发现,经济在这一转变过程中取得了一个更高水平的 BGP 增长率,这也说明了本章所述的这一新类型的生产者数据以及此类数据技术在未来应用的重要性。

表 7 - 2　针对不同模型的比较结果

	一般化模型		
	$0 < \epsilon < 1$	$\epsilon = 1$	$\epsilon > 1$
只含有生产者数据的模型	$g_{\mathrm{prod}}^* > g^*$	当 $a = 0$ 时,$g_{\mathrm{prod}}^* = g^*$，$y_{\mathrm{prod}}^* = y^*$	$g_{\mathrm{prod}}^* = g^*$，$y_{\mathrm{prod}}^* > y^*$
基准模型	$g_{\mathrm{base}}^* = g^*$，$y_{\mathrm{base}}^* < y^*$	当 $a = 1$ 时,$g_{\mathrm{base}}^* = g^*$，$y_{\mathrm{base}}^* = y^*$	$g_{\mathrm{base}}^* < g^*$

注:本表是基于命题 7 - 7 中的结果所列。由于去中心化经济与社会计划者问题中的结果具有类似的形式,此处省略了下标"D"和"S"。变量 y^*、y_{prod}^* 和 y_{base}^* 分别代表一般化模型、只含有生产者数据的模型和基准模型中所得到的人均产出。变量 g^*、g_{prod}^* 和 g_{base}^* 分别代表一般化模型、只含有生产者数据的模型和基准模型中所得到的 BGP 增长率。

第四节　本章小结

在本章中,我们在原先基准模型的基础上,提出了一种新类型的数据——

生产者数据。不同于基准模型中所研究的消费者数据，本章所研究的生产者数据在使用过程中由于脱离了消费者自身，将不再产生个人隐私泄露风险，从而避免了拖慢经济增长的这一因素。尽管生产者数据的产生仍然需要有一定的耗费（在本章的模型中被设定为需要一部分劳动力受雇于数据清洗部门），但仍可以发现，使用此类数据可以将经济的增长率推向一个更高的水平。此外，我们还通过一般化的模型对比两类数据分别对经济增长的影响，以进一步地展示数据在此过程中的作用。

　　本章所列的研究是笔者所在研究团队在数据经济长期增长模型领域的最新成果，目前还在不断地完善中，因此相比于前面几章中的模型并未进行较为深入的探讨。

第八章 隐私保护与数据经济发展态势：来自世界各主要经济体的初步证据

在前面的章节中，我们一直都在从理论的角度出发，讨论数据经济背景下的经济增长模型以及这一过程中的隐私保护问题，并已经建立起了比较完整的、能够作为今后研究基础性框架的模型体系。在本书正文部分的最后一章中，我们将转向对前面章节中一些主要结论的验证工作，努力寻找能够支持前面所得结论的证据。然而，受限于数据经济在目前仍然处于发展的初步阶段，所能获得的可用数据非常不完整、不成体系，相关的研究也仅停留在非常初步的阶段，因此本章将仅提供一些初步的经验证据，即一些简单的统计性描述，并结合目前世界各主要经济体在数据隐私立法方面的成果，尝试将本书的模型与现实世界建立起某种程度上的联系。

如果说第三章的作用是引入本书主体内容的基本事实陈述和初步讨论，那么本章在全书中的作用则是对前面几章所讨论的各类基准模型与扩展模型的总结和初步验证，从而为我们的模型结论提供一些现实中的依据。因此，与第三章的编排类似，本章同样分别对欧洲（或者说欧盟）、美国和中国这三大世界主要经济体进行讨论。具体地，我们将通过收集到的一些初步数据，从某几个侧面展现出这三大经济体在数据经济产生并发展的时期，在隐私保护上的投入以及相应经济体内数据经济的发展情况，以此对前面几章中的一个主要结论进行验证：较强的隐私保护可能会拖慢数据经济的发展进程。当然，本书的立场必然不会是直接鼓励各国放宽对个人数据隐私的保护以实现数据经济的快速发展。正如上文所述，对于隐私保护和经济发展之间的权衡，涉及了当前一代和未来几代人之间的福利转移问题，需要人们更审慎地对这个问题进行考虑。

并且,不同国家和地区基于不同的历史与现实的因素,在对待这个问题上会不尽相同。考虑到数据经济仅仅是在近几年才开始快速发展的一种新的经济形式,关于这一权衡问题的对错,可能更多地需要交给未来才能最终得到验证。而本章所要做的,只是通过收集数据来描述目前我们能够观察到的一些特征性事实。

第一节 欧洲的隐私保护与数据经济发展态势

我们首先研究最具有代表性的欧洲。欧洲(尤其是欧盟)在隐私保护方面的立法一直以来都以严格著称。继 2018 年 5 月正式实施的《通用数据保护条例》(GDPR)之后,欧洲还发布了一系列针对数据企业运营和数据隐私保护的各项法案,其中包括针对非法内容的《数据服务法案》(Data Service Act)以及针对反竞争行为的《数字市场法案》(Digital Market Act)。这两项法案不仅对互联网巨头进一步地实行严密监管,同时还准备征收数字税。以下,我们将基于收集到的一些数据,分别从 GDPR 的实际执行以及科技企业用于合规的投入两方面,描述欧洲整体的数据隐私保护情况。此外,我们还将使用一些初步收集的数据,来展示近年来欧洲的数据经济的发展态势。

一、欧洲的数据隐私保护:以 GDPR 相关判罚为例

自 2018 年 GDPR 颁布实施以来至 2021 年的近三年时间里,已经产生出了非常多的判罚案例。在一个名为 GDPR Enforcement Tracker 的网站中,我们可以查询到 500 余条与 GDPR 相关的判罚案例①。这一网站由全球十大顶尖律所之一的 CMS 金马伦麦坚拿律所(CMS Cameron McKenna LLP)收集和维护,该律所在全球 47 个国家拥有 84 个办事处、超过 1 200 个合作伙伴、5 800 位律师以及 9 000 位员工,其中中国办事处有超过 50 位律师。因此,通过对这 500

---

① 该网站的网址为 https://www.enforcementtracker.com/。

余条判罚案例进行分析,应当能够比较清晰地了解欧盟在 GDPR 实施的这几年里的实际执行力度,进而为下面与美国和中国在隐私保护方案的执行情况的比较提供参考。

(一) 总体情况

截至 2021 年 1 月 8 日,该网站数据库内共收录了 519 例援引 GDPR 相关条目进行罚款的案例。其中,有 7 例的罚款数目为未知,并且在这 7 例之中,有 4 例均来自斯洛伐克的案例甚至没有给出具体的判罚时间,只给出了相关报道的链接和违反 GDPR 的具体条例。因此,我们仅对 519 例中的 512 例判罚案例进行进一步的研究。在这 512 例有实际罚款的案例当中,最低的罚款数额为 28 欧元[①],最高的罚款数额高达 5 000 万欧元[②]。该网站将这些判罚案例按照违反 GDPR 的具体形式分为了八个大类,见表 8 - 1。在这些具体的分类中,同一类案例具体违反 GDPR 的条目大体相同,但少数略有区别。考虑到本书是从经济学的角度来描述欧盟对数据保护的态度的,并不需要过于深究 GDPR 各个条目的具体内容,因此我们以这些大类进行描述将更加直观和合适。

表 8 - 1　违反 GDPR 案例的具体分类及数量

类型	援引法案条目	案例数量
数据处理的法律基础不足	主要违反第 5、6 条	201
为确保信息安全而采取的技术和组织措施不足	主要违反第 32 条	114
不服从通用数据处理准则	主要违反第 5 条	83
对数据主体权利的实现不足	违反第 12、13、14 条等多项	52

[①] 此案例主要是谷歌的爱尔兰分公司在匈牙利因违反 GDPR 的第 12 和 15 条规定导致的对数据主体权利的实现不足而产生的判罚,参见 https://www. naih. hu/files/NAIH-2020-5553-hatarozat. pdf。

[②] 此案例的受罚企业同样是谷歌公司,此处是谷歌总公司在法国因违反 GDPR 第 5、6、13 和 14 条规定导致的数据处理过程缺乏法律依据而产生的判罚,参见 https://www. cnil. fr/en/cnils-restricted-committee-imposes-financial-penalty-50-million-euros-against-google-llc。

类型	援引法案条目	案例数量
对信息相关义务的履行不足	主要违反第 12、13 条	29
与监管当局的合作程度不足	主要违反第 31、58 条	22
对数据泄露告知义务的履行不足	主要违反第 33、34 条	13
未任命数据保护官	主要违反第 37 条	5

注:本表中的统计仅涵盖截至 2021 年 1 月 8 日由 GDPR Enforcement Tracker 网站收集到的 519 例因违反 GDPR 而受到处罚的案例,将案例数量从高到低排列共可以分为八个大类。其中,同一类型下的案例受到处罚时所援引的 GDPR 条目不尽相同,此处只选取了几条最为普遍的条目。

由表 8-1 我们可以看出,在这些因违反 GDPR 相关条目而受到处罚的案例当中,企业在数据处理过程中操作不规范、越权操作,从而导致缺乏相关的法律基础这一类型占到了大多数,共有将近 40% 的案例都是这样的情况。其次,因为确保信息安全的相关措施不足而受罚的案例也同样占到了超过 20% 的水平。从 GDPR 开始实施的 2018 年 5 月到 2021 年 1 月的 33 个月时间里,整个欧盟范围内受到判罚的案例数达到了 500 余例,如果除去法案刚开始实施前几个月的准备阶段,平均每个月都有 20 余例的判罚产生,并且呈现出处罚金额越来越大的趋势。可以想象,欧盟在 GDPR 的执行力度上是非常严格的。

(二) 国别情况

在对 GDPR 的执行情况有一个粗略的了解之后,我们还可以深入分析不同国家对 GDPR 执行不同的情况。在该网站的数据库中,共收集到了 29 个国家和地区的数据(其中包括英国在未"脱欧"之前的数据)。我们将仅有一例判罚的国家和地区①去除掉之后,剩余 26 个国家,并将它们分别对应的判罚案例数量列于图 8-1 中。

由图 8-1 可以看出,从判罚数量上来看,西班牙遥遥领先,除此之外,罗马

① 克罗地亚、英属曼岛、马耳他三个国家和地区。

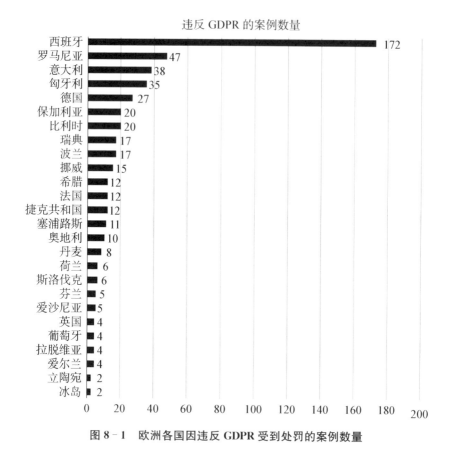

图 8 - 1　欧洲各国因违反 GDPR 受到处罚的案例数量

尼亚、意大利、匈牙利等国的判罚案例数量均较多。然而,仅从案例数量的角度来看并不能完全反映出各国在执行 GDPR 时的不同力度。因此,我们还从判罚涉及的总金额角度对各国进行了比较,见图 8 - 2。

　　与图 8 - 1 形成鲜明对比的是,尽管西班牙在处罚案例数量上遥遥领先,但在判罚总金额上却仅仅位居第六,仅为总金额数占第一位的意大利大约 1/7 的水平。另外,还需要注意的是,英国在该网站的数据库中仅有 4 例判罚案例,但这 4 例案例的判罚金额加起来却能够排到第 4 位。除此之外,欧洲大陆的两个

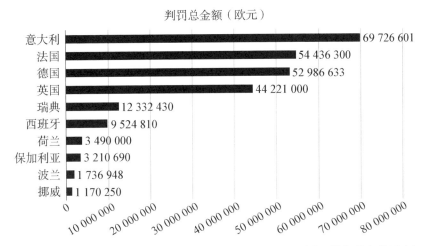

图 8-2 欧洲各国因违反 GDPR 受到处罚案例的处罚总金额(排名前十的国家)
注:统计仅涵盖截至 2021 年 1 月 8 日由 GDPR Enforcement Tracker 网站收集到的 519 个因违反 GDPR 而受到处罚的案例。由高到低对各个国家进行排列,并只列出位于前十位的国家。

主要国家——法国和德国也同样以较少的案例数量取得了较高的判罚总金额(分别位于第二和第三位)。最后,仅意大利同时具有较多的案例数量和较高的判罚总金额数(位于第一位),某种程度上可以反映 GDPR 在意大利境内的执行力度之大。

我们有必要重点关注一下英国境内发生的 4 例判罚案例。按照时间顺序,分别是 2019 年 12 月 17 日对 Doorstep Dispensaree Ltd. 的 320 000 欧元的判罚①、2020 年 10 月 16 日对 British Airways 的 22 046 000 欧元的判罚②、2020 年 10 月 30 日对 Marriott International, Inc. 的 20 450 000 欧元的判罚③,以及

---

① 更多信息见 https://ico.org.uk/media/action-weve-taken/enforcement-notices/2616741/doorstop-en-20191217.pdf。

② 更多信息见 https://ico.org.uk/action-weve-taken/enforcement/british-airways/。

③ 更多信息见 https://ico.org.uk/media/action-weve-taken/mpns/2618524/marriott-international-inc-mpn-20201030.pdf。

2020 年 11 月 13 日对 Ticketmaster UK Limited 的 1 405 000 欧元的判罚[①]。这 4 例判罚案例分别涉及医药、交通、酒店服务和娱乐业,除最早的一例以外,英国政府均开出了百万欧元以上的高额罚单。对比西班牙等国家的高频率判罚,很明显对于 GDPR 的具体执行尺度在不同国家之间存在着较大的差异。具体来说,一部分国家倾向于"抓大放小",即仅针对严重违反 GDPR 的行为并处以高额的罚金;另一部分国家则采取的是"事无巨细"的执行方式,即对各类影响较小的违反行为处以较低的处罚金额。

（三） 分行业情况

最后,我们再按这些受罚的企业所处的不同行业划分对 GDPR 的执行情形进行分析。总体来看,这些企业总共可以被分为十大行业（其中包括一部分未指定行业的企业）。我们分别从罚款的总金额和案例的数量两个维度进行比较,结果列于图 8-3 中。

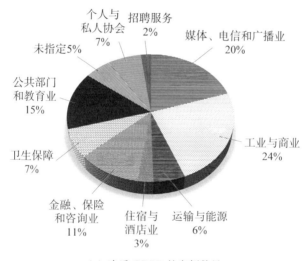

（a）违反 GDPR 的案例数量

---

① 更多信息见 https://ico. org. uk/media/action-weve-taken/2618609/ticketmaster-uk-limited-mpn. pdf。

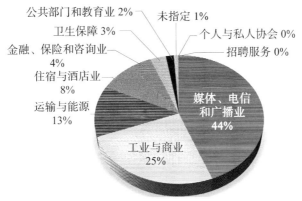

（b）违反 GDPR 的案例罚款总金额

图 8 - 3　违反 GDPR 的案例数量与罚款总金额（按行业划分）

由图 8 - 3 可以看出，工业与商业，以及媒体、电信和广播业这两大行业是违反 GDPR 相关条例的重灾区。就工业与商业而言，其分别有 24% 的案例数量和 25% 的罚款总金额，在这两个维度上比较接近。此外，就媒体、电信和广播业而言，尽管从案例数量上来说略低于工业与商业（占 20%），但从罚款总金额这一维度上来说，则占到了接近一半的份额（44%）。基于这些结果，我们可以得到一些关于数据经济的主要分布领域的结论。显然，媒体、电信和广播业通常包含了各大信息平台网站，这些网络媒体高度依赖用户的数据流量，因此也极为容易出现违反 GDPR 相关条例的行为，并且产生的影响也是最严重的。其次，我们还可以看到工业与商业中同样需要大量使用数据要素，并在总体的份额中占据比较重要的位置。这一结论在某种程度上也为第七章提出的扩展模型提供了一些现实背景——除了消费者产生的数据之外，生产者同样会在生产过程中产生大量数据。

二、欧洲的数据经济发展态势

关于欧洲的数据经济发展态势，我们可以找到很多种来源的研究报告。但是，这些报告通常关注的是比本书所讨论的数据经济范围要更加广泛的数字经济（digital economy）。因此，为了将分析更加具体地限定在由数据所驱动的数字经济

（即我们所研究的数据经济）之内，我们主要参考来自网站 DataLandscape① 的数据。这一网站的数据主要来自一项名为欧洲数据市场研究（European Data Market Study）的项目，该项目的主要目标是定义、评估和度量欧洲的数据经济，并为欧洲委员会的数据价值链政策实现提供支持。这一项计划主要由国际数据公司（International Data Corporation，IDC）和里斯本委员会（The Libson Council）共同执行和推进。前者是一家全球首屈一指的市场情报、咨询服务和信息技术、电信和消费技术市场活动提供商，而后者是位于布鲁塞尔的智库和政策网络。从该网站上可以查询到最早 2013 年的欧盟各成员国（共有 27 个现成员国和英国）的各类相关数据，为我们分析欧洲的数据经济发展态势提供了非常好的素材。

（一）　总体情况

首先，我们可以将欧盟所有成员国（以及英国）视为一个整体，分别从以下几个维度描述自 2013 年以来欧洲数字经济发展的态势：从事数据相关的专业人员数量、数据企业数量（包括数据提供商和数据用户）、数据企业的利润、数据市场价值、数据经济价值（包括总体影响、直接影响、后向影响、前向影响，以及引致的影响），以及数据相关专业人员的供需缺口六个方面。

经过整理，我们将这六大指标从 2013 年至 2020 年的变化趋势分别列于图 8-4 中。在图 8-4(a) 中，数据相关专业人员指的是从事收集、储存、管理，以及/或分析、解释和对数据进行可视化操作的工作者。此外，由图 8-4(f) 可以看出，每年的相关工作岗位均存在供不应求的局面，这也从侧面反映出了由于 GDPR 的实施，各家企业对于数据保护人员的迫切需求。在图 8-4(b) 和 (c) 中，数据企业可分为数据提供商和数据使用商两类。前一类主要以生产和分发数据相关产品、服务和技术为主要活动内容；后一类则主要集中于产生、使用、收集和分析数据，并将他们获得的知识用于改进自身的商业行为。在图 8-4(d) 中，我们给出了数据市场价值的变化趋势。区别于数据经济价值，此概念仅包

---

① 　该网站的网址为 https://datalandscape.eu/。

含数据被作为产品和服务进行交换的市场。而在图8－4(e)中,这些价值则包含着更广泛的概念,度量的是数据市场对于整体经济的影响。具体来说,我们将这些影响细分为五种:总体影响、直接影响、后向影响、前向影响、引致影响。其中,直接影响指的是由数据提供商产生的初始或中间效应;间接影响则是由数据提供商产生,并作用于其价值链的上下游的经济活动,包括后向影响和前向影响;引致影响指的是在整个经济体中作为二次效应所产生的经济活动。

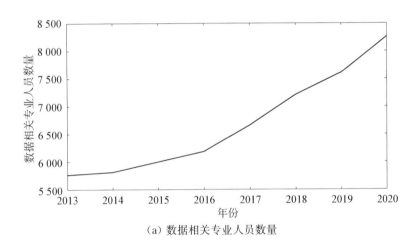

(a)数据相关专业人员数量

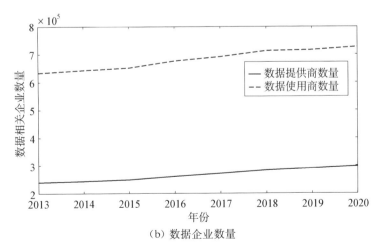

(b)数据企业数量

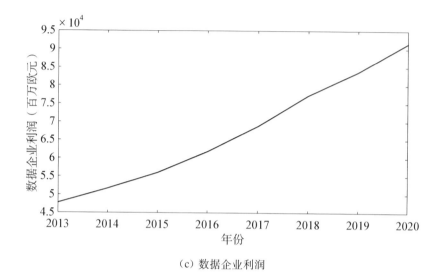

（c）数据企业利润

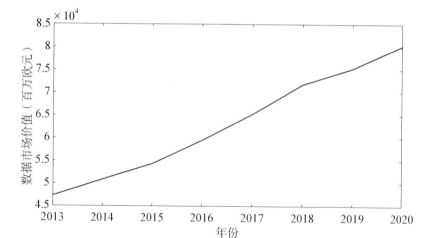

（d）数据市场价值

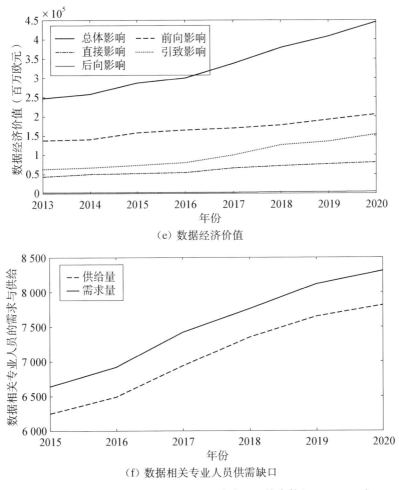

（e）数据经济价值

（f）数据相关专业人员供需缺口

图 8－4 欧盟 27 国和英国的数据经济发展总体态势（2013—2020）
数据来源：https://datalandscape.eu/。

我们着重分析数据经济价值的各组成成分在样本包含的 8 年中的变化趋势。从总体上看，数据经济对整个经济体的总体影响在这 8 年中呈现出稳步提升的趋势，从 2013 年的约 2 400 亿欧元到 2020 年的约 4 400 亿欧元，增长的趋势也比较平稳。我们分别从四个组成部分来看，数据经济的后向影响在全部的影响中占比是最低的，仅由 2013 年的约 16 亿欧元增加至 2020 年的约 53 亿欧元,与其他三种影响渠道相比显得微不足道。在这四种影响中,前向影响所占的比重最高。这一结果某种程度上能够佐证我们的模型设定,即数据在经济中的地位是处于一种比较基础的作用,即受到数据经济影响的经济成分大多数应当处于数据经济的下游。此外,我们还应注意到的是,在样本包含的这8年中,引致影响的变化趋势在四种影响中是最为明显的(实际上应当是后向影响变化幅度最大,但由于其本身体量较小,故对总体的影响也较小)。这一现象也说明了数据经济在产生到发展的近几年中,越发地与经济总体产生各种各样的联系,从而导致因二次效应而联系起来的经济活动范围不断扩大。

（二） 分行业情况

我们还可以按行业分类对欧洲的数据经济发展态势进行进一步的分析。该数据库将各类与数据相关的行业分成了 11 个大类,分别是:建筑业、教育业、金融服务业、医疗服务业、信息与通信业、采矿与制造业、专业服务业、公共管理、零售与批发业、运输与储藏业、公共事业。为了能够更清晰地展示欧洲数据经济在各行业内的发展趋势,对同一个指标我们仅对比 2013 年和 2020 年的数据(部分指标由于 2013 年数据缺失而采用其他年份代替),结果列于表 8-2 中。

由表 8-2 可以看出,从 2013 年到 2020 年,各个行业的大部分指标都有了明显的提升。其中,占比比较大的几个行业分别为:金融服务业、信息与通信业、采矿与制造业、专业服务业、零售与批发业。与第八章第一节第一部分中的结果类似,这些占比较大的行业分别代表了两类来源的数据。其中,采矿与制造业可认为是大多数生产者数据的产生源头,而其他几个行业可以认为是消费者数据的来源。此外,对比 2013 年和 2020 年的数据市场价值,我们可以看到各个行业都有了显著的提升,提升的幅度基本在一倍左右。这也进一步地表明了数据经济不断发展成熟的态势。

三、小结

在这一节中,我们从隐私保护执行力度和数据经济发展态势两个方面对欧洲的数据经济进行了比较全面的描述。就结论而言,正如在第一章引言部分所

表 8 - 2 分行业欧盟 27 国和英国数据经济发展态势(2013—2020)

行业	数据相关专业人员数量		数据企业数量（数据使用商）		数据市场价值		数据经济价值（总体影响）	
	2013	2020	2013	2020	2013	2020	2013	2020
建筑业	121	168	40 389	46 447	226	344	1 760	2 100
教育业	434	616	15 989	14 399	1 319	2 051	10 214	12 073
金融服务业	580	781	40 805	42 298	9 407	16 861	77 225	94 186
医疗服务业	460	666	33 597	31 548	1 454	2 485	12 097	14 593
信息与通信业	613	967	63 484	82 145	4 457	8 453	41 826	48 794
采矿与制造业	673	956	110 143	124 493	10 058	16 816	70 490	84 405
专业服务业	1158	1777	162 075	189 390	6 982	10 778	52 367	65 160
公共管理	370	507	0	0	2 628	4 282	22 149	26 082
零售与批发业	1091	1452	77 672	89 895	5 107	8 623	41 133	50 029
运输与储藏业	181	252	77 591	90 645	2 212	3 769	13 840	17 253
公共事业	91	118	11 861	14 849	1 892	3 373	13 883	17 150

注：数据相关专业人员数量的单位是千人，数据企业数量的单位是个，数据市场价值和数据经济价值的单位是百万欧元。

数据来源：https://datalandscape.eu/。

阐述的,随着数据经济的不断发展,个人数据隐私保护愈发地成为人们关注的话题,相关当局在这方面的投入也越来越大,违反相关法律所面临的惩罚也越来越严厉。在接下来的两个小节中,我们将继续探究美国和中国在这方面的做法和发展趋势。

第二节　美国的隐私保护与数据经济发展态势

与欧洲相比,美国在实际执行的过程中对于数据隐私的保护有着非常不一样的态度。正如我们在第三章中从法律条文的角度所阐述的那样,相比于欧洲严厉的数据隐私保护法律,美国在这一方面显得相对宽松一些。并且,目前美国还没有一部联邦层面的隐私保护相关法律出台,并且在实际执行过程中东西海岸的各州间都存在较大的差异。即使是目前最具有代表性的《加利福尼亚州消费者隐私法案》(CCPA),在处罚措施上也仅针对一些大企业的严重违法事件,而对规模较小的大多数科技企业则通常采取比较宽容的态度。然而,CCPA是从 2020 年 1 月 1 日才开始实施的,目前所能找到的相关案例非常少,也难以从中总结出美国在实际执行层面对隐私保护的态度。本节首先对美国在个人隐私保护方面的几项立法进行梳理,并对近年来美国的各类数据泄露进行初步的总结,以此展现出美国在隐私保护方面的现状。对于美国数据经济的发展态势,则有比较丰富的数据库可供参考,我们将在本节的第二小节详细分析。

一、美国的数据隐私保护

如前所述,目前美国还没有一部联邦层面的隐私保护相关法律。紧跟着加利福尼亚州颁布实施 CCPA,马萨诸塞州、纽约州、夏威夷州、马里兰州以及北达科他州也相继颁布了类似的法律,并且从各方面来说都与 CCPA 相类似。然而,在此之前,美国在这一领域的立法可以说是相当宽松的,尤其是对数据使用量巨大的互联网领域,更是缺乏相关的立法。在本小节中,我们将首先列举几部在 CCPA 颁布之前实行的法律,再梳理近年来的数据泄露事件。

（一） 美国数据隐私相关立法的简要时间线

1. 1974 年美国隐私法案

在 20 世纪，当数据库技术还是 IT 技术领域的一项高端技术时，美国国会就开始担心政府部门会滥用其手中的个人数据。这项法案针对的是政府部门及其代理机构在使用公民个人数据时的一些权利和义务，其中包括公民对其个人数据的复制权、修改权、知情权，以及信息的最小使用范围等一系列在现在仍然通行的原则。

2.《健康保险便利和责任法案》(*Health Insurance Portability and Accountability Act*, HIPAA)

到了 1996 年，HIPAA 的颁布是第一部针对健康领域的隐私立法。在这项法案的保密规则部分，含有对个人健康数据保护的规定。这部法律中所规定的最小必要需求原则对此后的立法是比较重要的参考。

3.《儿童在线隐私保护法》(*Children's Online Privacy Protection Act*, COPPA)

该部法律于 2000 年 4 月 21 日生效，主要针对在线收集 13 岁以下儿童个人信息的行为。

4.《金融服务法现代化法案》(*Gramm-Leach-Bliley Act*, GLB，或称 *Financial Services Modernization Act of 1999*)

该部法律生效于 20 世纪末，规定金融机构要确保客户数据安全保密，规定数据必须保存在隐蔽的媒介中，必须采取特定的安全措施来保护数据存储及传输安全。该部法律的主要意义在于废除了 1933 年制定的《格拉斯-斯蒂格尔法案》有关条款，从法律上消除了银行、证券、保险机构在业务范围上的边界。

以上所列的几部法律仅仅从某个部门出发对个人隐私保护进行了立法，其影响力极为有限，所规范的行业也非常有限。尤其是对于近年来对数据需要越来越大的互联网行业，在 CCPA 颁布实施之前可以说是没有任何一项法律能够有效约束这些行业中的企业（如 Facebook、Uber、PayPal 等）对个人数据的使用。

（二） 美国近年来的数据泄露事件

关于美国近年来在各个领域所发生的各类数据泄露事件,我们可以从一个名为 Privacy Rights Clearinghouse 的网站找到非常全面的整理资料①。该网站于 1992 年建立,是由圣迭戈大学法学院的公共利益法研究中心(University of San Diego School of Law's Center for Public Interest Law)所发起的一个项目。2014 年,这个项目转变成一个独立的、非营利的组织。我们可以从该网站的数据库找到 2005—2019 年总共 9 000 余条大大小小的数据泄露事件,其中大多数事件的过程都给出了比较详细的描述,对于研究美国的隐私保护发展是非常值得参考的。

我们首先按数据泄露的类型对这些事件进行分类。按照该网站的分类方法,总共分成了以下 7 种类型:借记卡或信用卡的伪造(一般指通过跳过终端等的手段,不包括黑客手段)、被外部黑客攻击、内部人员泄露、纸质文件失窃、存储设备失窃、服务器失窃、非故意的敏感信息公开。此外,还有一部分事件无法被明确地归为这 7 类中的一类,此处不再讨论。这些不同类型的事件在样本年份内的变化列于表 8-3 中。

表 8-3　分类型美国数据泄露事件汇总(2005—2019)

年份	总计	卡片伪造	黑客行为	内部泄露	纸质文件失窃	储存设备失窃	服务器失窃	非故意信息公开
2005	136		48	10	8	38	10	20
2006	482	3	75	32	39	186	48	83
2007	453	2	71	26	40	163	36	98
2008	355	5	57	31	53	99	22	78
2009	271	4	53	30	54	62	10	52
2010	806	13	106	103	260	142	37	111
2011	797	14	162	95	223	119	29	119
2012	897	11	245	88	236	112	21	144
2013	902	11	213	101	210	111	24	187

① 该网站的网址为:https://privacyrights.org/。

年份	总计	卡片伪造	黑客行为	内部泄露	纸质文件失窃	储存设备失窃	服务器失窃	非故意信息公开
2014	871	2	323	50	197	39	9	217
2015	550		185	13	131	45	1	162
2016	832	1	408	12	120	46	2	233
2017	862	2	413	11	101	10		186
2018	706		128	4	46			137
2019	72		32		12			28

注:另有部分数据泄露事件无法归类成这 7 种的任何一种,此处不再列出。
数据来源:网站 Privacy Rights Clearinghouse 的数据库。

由表 8-3 可以看出,数据泄露事件在近年来一直保持持续高发的态势,从 2005 年的 100 例左右到近几年的将近 1 000 例。其中,因为黑客行为造成的数据泄露事件在大多数年份都占据了多数,这说明了黑客攻击这种方式在数据窃取上的普遍性,也说明了很多数据提供商或使用商在存储数据时防黑客能力并不尽如人意。其次,诸如因为纸质文件失窃、非故意的敏感信息公开等原因在所有的数据泄露事件中也占据了主要地位。这两种类型均是由于内部管理不善、业务人员不够专业等原因造成的,说明了对相关人员的培训仍然不足。

除了按泄露方式进行分类之外,我们还对这些数据泄露事件按照所处的行业进行分类。按照该网站的分类方法,将这些事件分成了以下 7 个类别:金融与保险业、零售业(包括网络零售业)、其他商业、教育机构、政府部门、医疗行业、非营利组织。同样地,有部分数据泄露的企业无法被直接归类为以上 7 种行业,此处不再讨论。这些不同行业的事件在样本时间范围内的变化列于表 8-4 中。

表 8-4　分行业美国数据泄露事件汇总(2005—2019)

年份	总计	金融与保险业	零售业	其他商业	教育机构	政府部门	医疗行业	非营利组织
2005	136	22	12	10	64	15	11	2
2006	482	106	61	31	102	115	58	9
2007	453	76	62	48	106	89	58	13

年份	总计	金融与保险业	零售业	其他商业	教育机构	政府部门	医疗行业	非营利组织
2008	355	38	50	27	104	69	56	11
2009	271	25	36	12	72	53	65	8
2010	806	98	47	87	75	103	385	11
2011	797	50	94	87	63	86	401	16
2012	897	72	87	107	86	86	438	20
2013	902	62	87	86	48	56	553	7
2014	871	43	84	45	30	27	632	9
2015	550	43	94	11	19	22	352	2
2016	832	36	155	5	21	27	577	3
2017	862	73	156	29	29	22	445	6
2018	706	43	12	33	28	7	235	2
2019	72						72	

注:另有部分数据泄露事件无法归类成这7种的任何一种,此处不再列出。
数据来源:网站 Privacy Rights Clearinghouse 的数据库。

由表8-4同样可以看出,数据泄露事件在进入21世纪10年代之后就一直保持着高发态势。值得注意的是,与前一节中对欧洲违反GDPR的处罚案例的整理结果不同的是,美国在近几年间有很大一部分的数据泄露事件集中在医疗行业,并与其他行业比起来有较大的差别。然而,该网站的数据库中并没有提供这些事件最后的处理结果,因此我们只能知道医疗行业的数据泄露事件发生频率高,而无法确定这些事件的实际影响究竟有多大。联系到近年来关于数据泄露的一些比较引人关注的事件主要都集中于网络平台等领域,我们有理由相信,"零售业"和"其他商业"中的这些事件的实际影响很可能会比较大。

需要说明的是,该网站所提供的数据库不一定能够囊括所有的数据泄露相关的事件,并且由于更新的延迟,2019年的事件明显没有更新全面。然而,我们仍然能够从这些比较片面的证据中发现一些事实,那就是美国的数据泄露事件在近年来确实有越来越严重的趋势。并且,相比于前一节中我们整理的违反GDPR的案例,此处我们所讨论的仅仅是"发生了泄露事件",并且考虑到在CCPA等较为严格的法律措施出台之前,这些事件实际上很难得到应有的处罚,因此对社会的实际影响应当要比前一节中我们所找到的与欧洲有关的事件要更严重一些。

二、美国的数据经济发展态势及与欧洲的比较

不同于欧洲国家提供的翔实数据,有关美国的数据经济相关统计资料获取则较为困难,目前也很难找到比较全面的研究报告。为了尽可能详细地展示美国的数据经济发展态势,本节将从以下两个方面进行描述。首先,我们采用前一节中来自 DataLandscape 网站所收集的比较粗略的美国方面的数据,对美国的数据经济发展态势有一个初步的了解。然后,我们参考来自穆勒和格林达尔(Mueller and Grindal,2018)关于全球信息流动的研究成果,对美国的数据经济在全世界的地位进行阐释。

(一) 总体情况

我们仍然采用来自网站 DataLandscape 的数据。该网站不仅给出了欧洲各国在数据经济方面的翔实数据,还对美国、巴西、日本三国的相应指标进行了估计,给出了 2013—2020 年的结果。我们将与美国有关的这些指标的变化趋势分别列于图 8-5 中。

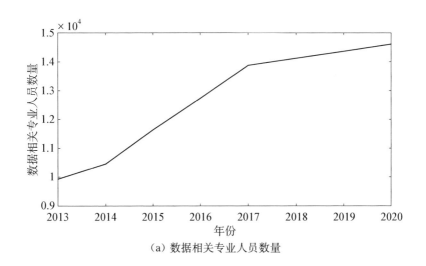

(a) 数据相关专业人员数量

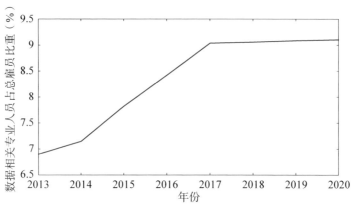

（b）数据相关专业人员占总雇员比重

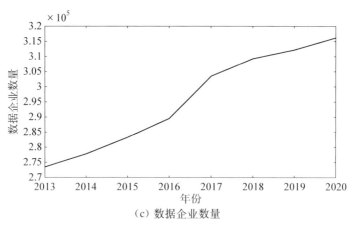

（c）数据企业数量

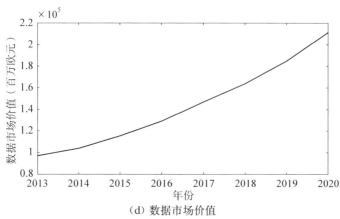

（d）数据市场价值

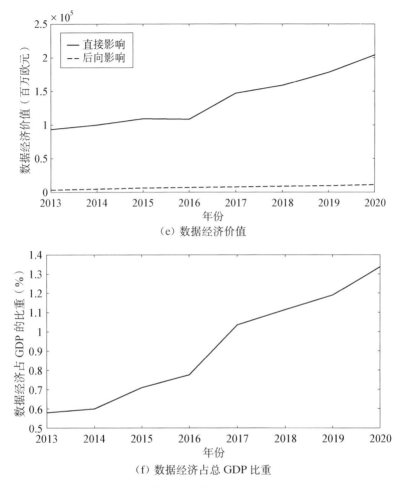

（e）数据经济价值

（f）数据经济占总 GDP 比重

图 8‑5　美国的数据经济发展总体态势（2013—2020）
数据来源：https://datalandscape.eu/。

图 8‑5 中的各个指标含义与上一节中关于欧洲的指标解释相同。总体来看，这 6 项指标在 2013 至 2020 年的 8 年时间里都有了显著的提升，如最重要的数据经济价值（直接影响）由 2013 年的约 930 亿欧元上升至 2020 年的约 2 000 亿欧元（由于这个数据库是由欧洲机构统计的，故采用的货币标价均为欧元）。横向比较看来，欧洲在同一时期仅从 2013 年的约 440 亿欧元上升至了 2020 年

的约800亿欧元,相差了一倍有余。与此形成对比的是,美国在这些年间的数据相关专业人员数量从占全体雇员的比重来看却要稍微低于欧洲的水平。虽然我们并不能确定这其中有多少是跟数据隐私保护相关的专业人员,但是我们仍然可以从中总结出在人员构成方面欧美两大经济体的不同。

（二）国际信息流动情况

参考来自穆勒和格林达尔(2018)的研究成果,我们可以从国际信息流动的角度认识美国的数据经济在全球所占的比重。在穆勒和格林达尔的研究中,他们采用来自 Telegeography GIG 的数据对全世界的一些主要网站的服务器分布进行了分析,在100个国家中分别选取了该国内访问流量最高的100个网站,并通过 IP 地址等方式来确定这些网站及访问者所处的地理位置。通过一系列的数据处理操作,他们得到了如表8-5所示的结果。

由表8-5可以看出,全球所有地区内的互联网用户最常访问的网站,大都指向了来自美国—加拿大地区(尤其应当是美国)的服务器。某种程度上来说,美国的互联网在目前看来仍然几乎是主导了全世界的访问流量。然而,值得注意的是,在中亚、东亚、东欧、西欧这几个地区,尽管来自美加地区的网站仍然占据了最主要的位置,但优势并不如其他地区那么明显。在这些地区内,来自本地区的网站也同样占据着重要的位置(中亚则更多地会访问来自欧洲的网站)。这与这些地区的文化传统与自身的数字经济发展水平是密切相关的。

三、小结

在这一节中,我们从隐私泄露事件的发生频率和数据经济发展态势两个方面对美国的数据经济进行了比较全面的描述,并将其与欧洲等地区进行了初步的对比。由此可以比较明显地看出,相比于欧洲,美国在个人数据隐私保护这方面显得要宽松很多,但与此同时,其数据经济在全世界中却占据着非常重要的位置。某种程度上来说,这些初步的证据都能佐证我们在前几章中所得出的结论,即严格的隐私保护虽然能够增加当代消费者的福利,但从长期来看是会减缓数据经济发展进程的。在下一小节中,我们将针对中国近年来的隐私保护

表8-5 按地区划分的100个顶级流量网站及访问来源的分布

(%)

访问用户所处的位置	被访问网站的位置												
	加勒比	中美洲	中亚	东亚	东欧	南美洲	美加	西欧	中东	南亚	北非	撒哈拉以南的非洲	大洋洲
加勒比	4.2	0.0	0.0	1.9	0.9	0.5	**76.7**	15.8	0.0	0.0	0.0	0.0	0.0
中美洲	0.0	4.3	0.0	1.0	0.0	1.4	**78.1**	15.2	0.0	0.0	0.0	0.0	0.0
中亚	0.0	0.7	16.4	0.0	22.4	0.0	**36.8**	23.0	0.7	0.0	0.0	0.0	0.0
东亚	0.0	0.0	0.0	42.0	1.5	0.4	**49.5**	6.4	0.0	0.0	0.0	0.0	0.2
东欧	0.0	0.0	0.1	0.0	40.6	0.0	**41.4**	17.9	0.0	0.0	0.0	0.0	0.0
南美洲	0.0	0.0	0.0	0.5	0.0	13.6	**71.8**	14.1	0.0	0.0	0.0	0.0	0.0
美加	0.0	0.0	0.0	4.0	0.0	1.6	**74.2**	20.2	0.0	0.0	0.0	0.0	0.0
西欧	0.0	0.0	0.0	1.7	2.9	0.9	**49.1**	45.3	0.0	0.0	0.0	0.0	0.0
中东	0.0	0.0	0.0	1.7	1.6	0.5	**60.3**	21.6	13.5	0.8	0.0	0.0	0.0
南亚	0.0	0.0	0.0	6.2	0.8	0.0	**66.9**	17.3	0.0	8.8	0.0	0.0	0.0
北非	0.0	0.0	0.0	0.7	0.7	0.0	**75.3**	22.7	0.0	0.0	0.7	0.0	0.0
撒哈拉以南的非洲	0.0	0.0	0.0	1.4	1.4	0.4	**59.7**	28.1	0.0	0.5	0.0	8.6	0.0
大洋洲	0.0	0.0	0.0	3.4	0.0	1.7	**62.4**	14.5	0.0	0.0	0.0	0.0	17.9

注:每行中加粗的一项对应于该地用户最常访问的网站所处的地理位置。

数据来源:穆勒和格林达尔(2018)。

情况和数据经济发展态势进行梳理和总结。

第三节　我国的隐私保护与数据经济发展态势

相比于前面两节欧美在对数据隐私保护实际执法过程中以罚款为主的方式,我国对侵犯公民个人信息安全的行为则更多地诉诸于刑事处罚,而通常附带的罚款部分也远低于欧美国家的普遍水平。尤其是相较于欧洲对隐私保护的高度重视,我国在近两年才起步,并逐渐构建成一个比较完善的体系,做到了"最低必要"的法律体系基础。然而,与隐私保护所不同的是,我国的数据经济(或在比较广义的范围内可称为数字经济)在近年来得到了非常快速的发展,有关这一方面的研究也层出不穷,为我们提供了翔实的资料。本节首先从几个案例出发对我国的隐私保护在实际执行层面有一个初步的概述,然后再通过整理来自各方面的资料以展现目前我国的数据经济发展态势。

一、我国的数据隐私保护现状

关于我国的数据隐私保护,目前多是集中在针对相关法律条文的解读等工作,而未见有针对实际法律执行层面比较系统的研究。由于本书的主要内容也并不在于对这一方面进行系统的梳理和阐释,故本节仅通过对近年来部分影响比较重大的案例来展示我国的数据隐私保护现状。

与我们的日常生活息息相关的一个问题是,因信息泄露导致的电信诈骗层出不穷,以及日常生活中几乎每个人每天都会收到的各类骚扰电话和短信。具体来说,我国目前的个人数据隐私保护现状可能存在以下几个问题。

(一) 个人信息收集行为存在随意收集、过度收集等问题

以金融机构为例,尽管相关法律规定,金融机构应当建立客户身份识别制度,但在实践中,这些机构所收集的个人信息显然不仅限于法律所规定的范围。一些商业银行的手机 App 软件,还能够进一步拓展收集范围,包括客户的地理位置信息和通讯录等信息。不仅如此,一些第三方支付、理财机构的软件也普

遍要求开放地理位置、通讯录等权限,而对于收集这些信息做什么、如何保存,则没有给出专门的解释。

金融机构在业务经营过程中为了获取更多的客户信息,通常会利用格式合同、"一揽子"授权协议等方式进行任意的采集和使用。以商业银行放贷为例,为了能够获得信贷融资机会,借款人必须提供部分的个人信息以供银行评估其还款能力、还款意愿和风险等情况。并且,除了一些基本信息之外,商业银行通常还会收集借款人的家庭信息、教育情况、学历、职务职级等额外信息。对这些信息的管理和使用也非常需要加以规范。

(二) 存储、管理环节存在疏漏

近年来频繁出现个人信息被非法泄露的事件,甚至很多机构的内部员工成为"内鬼",将一些敏感信息倒卖给外部人员获利。2020年8月,河北省某物流公司报案称:其公司员工账号被本公司物流风险控制系统监测出有违规异地查询非本网点运单号信息的行为,导致大量客户隐私信息有可能泄露。警方调查,涉案人员为某物流公司内部员工。

(三) 消费者个人信息保护意识缺失

据张继红(2019)提到的一项由作者团队进行的调查结果称,通过在线上及线下发放的调查问卷显示,只有16%的消费者会仔细阅读金融机构的隐私保护政策及相关条款,与之相对比的是有43%的消费者选择大概浏览,而41%的消费者根本不会仔细阅读这些隐私条款。更进一步地,当遭遇个人信息泄露时,只有5%的消费者会选择采取相应的维权措施,而31%的消费者不清楚该如何进行维权,并且另有64%的消费者会选择放弃维权。不仅仅是金融机构,平时生活中比如快递包装盒上的个人信息,如果不加以注意,也会成为信息泄露的一大来源。

二、我国的数据经济发展态势

关于我国数据经济发展的态势,我们将主要参考来自中国信息通信研究院(以下简称"信通院")所编纂的历年的《中国数字经济发展白皮书》。需要指出的是,在此处我们将"数据经济"的范围适当扩展为了"数字经济",因为目前国内的相关研究并没有将"数据经济"相对独立出来。正如前面几章所提到的,这两个概念之间是包含关系,即数字经济包含了大部分数据经济的概念。本节将对近年来我国数字(据)经济的发展态势从以下两个方面进行描述。首先,我们从数字经济增加值总体规模的角度对目前的发展态势有一个总体的把握。然后,我们以数字经济的一个具体表现形式——普惠金融为例,对数字经济的发展以及对人民福利的提升进行描述。

需要特别说明的是,目前关于"信通院"对我国数字经济规模的估算结果,学术界仍然存在着非常大的争议,其中的一大方面就在于,该机构对我国数字经济规模的估计过高,甚至在近几年占到了当年总体 GDP 比重的 30% 以上。这一估计结果相比于前两节中来自欧美国家的数据,差别是非常大的。产生这一差别的主要原因,在于该机构对数字经济这一经济形式的定义过于宽泛、统计口径过宽,将许多仅仅是发生了产业数字化的行业都囊括在内,其结果很可能具有误导性。有其他学者同样开始尝试对我国的数字经济规模进行估计,如清华大学的许宪春教授团队对近年来的数字经济发展趋势进行了估计。此外,由中国社会科学院数量经济与技术经济研究所牵头编写的《中国数字经济前沿(2021):数字经济测度及"十四五"发展》一书中,也对数字经济规模进行了一些测度(李海舰和蔡跃洲,2021)。这两个团队对当前我国的数字经济规模估计大约在总体 GDP 的 10% 至 15% 之间,对比前文所述欧美国家的估计结果,应该是较为可信的。但是,截至笔者完成本书时,仍无法完整地收集到这两项研究的详细数据,无法在本书中呈现出来。因此,以下将仍然采用"信通院"的报告中所列的估计结果,仅供读者参考。

(一) 总体情况

我们收集了"信通院"从 2015 年至 2020 年的系列《中国数字经济发展白皮书》[①]内

---

① 中间有几年的名字为《中国数字经济发展与就业白皮书》和《中国信息经济发展白皮书》,但内容编排上大体一致,属于一个系列的研究报告。

关于我国数字经济规模在历年的估算,绘制出图8-6。

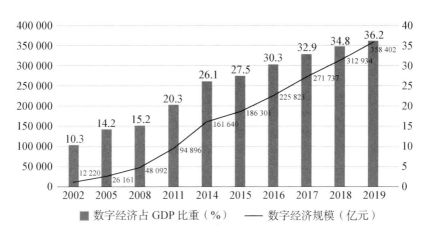

图8-6 我国数字经济发展总体态势(2002—2019)
数据来源:中国信息通信研究院,《中国数字经济发展白皮书》。

从总体上看,我国的数字经济在近几年里一直保持了非常强劲的增长势头。数字经济的规模不断扩张,由2002年的1.2万亿元增长到了2019年的将近36万亿元。从占GDP的比重来看,数字经济由2002年的10%左右一直增长到了2019年的36%左右。需要注意的是,此时我们展示的是数字经济,与数据经济在统计口径上可能存在不同,并且"信通院"的这篇报告对数字(据)经济的定义,也可能与欧洲的定义有一些区别。因此,我们可以看到,相比于欧洲和美国的数据经济在总GDP中的比重,我国的这一比重是非常大的。不过,尽管从统计口径上存在了些许不同,但也同样可以说明我国近几年数字经济领域相比于欧美是迅猛发展的。并且,类似地我们也可以看到,在2010年前后,我国的数字经济同样经历了较高的增长速度,这说明在这一段时期,这一经济形式在全世界范围内确实处于一个爆发期。

(二) 我国普惠金融发展现状

普惠金融(Financial Inclusion,或可译为包容性金融),一般定义为能够有效和全方位地服务于社会所有阶层和群体的金融体系。在我国,普惠金融的实现更多地与数据经济的兴起和发展联系在一起。以一些互联网科技企业为代表的机构,通过信息化技术和产品创新,降低了金融服务产品的成本,同时也扩大了金融服务的覆盖范围。因此,了解普惠金融在我国的发展现状,则有助于了解数字(据)经济在我国经济增长中的地位和作用。

本节采用郭峰等(2020)编制的"北京大学数字普惠金融指数",初步展示这一新的经济形式在我国发展的现状[①]。这一指数从数字金融覆盖广度、数字金融使用深度和普惠金融数字化程度 3 个维度来构建,共包含 33 个细分指标,采用的数据来源主要是支付宝的大数据平台。由于本节仅旨在从我国普惠金融发展状况的角度说明数字(据)经济的发展态势,故不会对这一指标进行深入挖掘。参考上述提到的已有研究,各省份的指标之间存在一定的空间溢出效应,因此,我们将全国内地的 31 个省级行政区域划分成六个地区[②],再将这六个地区从 2011—2018 年的数字普惠金融指数总指标的平均值列于图 8-7 中。以2011 年为基准年,在这一年中,每个相应指标的无量纲化数值得分区间在 0 和100 之间,得分越高的地区,相应指标的发展水平就越高。而在基准年之后年份(即 2011 年之后)的数据,指标的功效分值就有可能小于 0 或大于 100。

由图 8-7 可以看出,我国普惠金融在近年来发展非常迅速,尤其是在 21世纪 10 年代初的几年最为迅速,这与之前从其他角度统计的结果是一致的。从各地区间的差异来看,在各个年份,在六个区域间的排序大致相同。华东地区的普惠金融指数一直是最高的,其次是华北地区;东北和中南地区的水平在2011 年左右是相当的,但到了近年,中南地区开始有较大幅度的超越;西南地区和西北地区一直保持相当的水平,并位于最末的梯队。这样的高低排序,基本

---

① 目前对于这一"数字普惠金融指数"的准确性在学术界仍有很大争议,实际的情况还有待更多的学者对此进行深入的调查和研究。

② 这六大行政分区分别为:华北地区(北京、天津、河北、山西、内蒙古)、东北地区(辽宁、吉林、黑龙江)、华东地区(上海、江苏、浙江、安徽、福建、江西、山东)、中南地区(河南、湖北、湖南、广东、广西、海南)、西南地区(重庆、四川、贵州、云南、西藏)、西北地区(陕西、甘肃、青海、宁夏、新疆)。

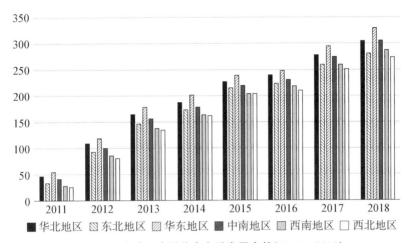

图8-7　分地区我国普惠金融发展态势(2011—2018)
数据来源:北京大学数字普惠金融指数,具体编制方法参见郭峰等(2020)。

上与近年来全国各地区的经济发展差异相关,也反映出了一个事实:越是在偏远和经济发展落后的地区,越应当发展普惠金融,但同时又受限于经济发展水平,普惠金融的发展程度仍无法赶上发达地区的步伐。

三、小结

本节对我国的隐私保护的现状与数据经济发展的态势进行了初步的梳理和描述。与前面两节中关于欧洲和美国的相应描述所不同的是,在我国,数据经济的兴起和发展对人们的生活影响是非常深入的,当然,伴随而来的一系列隐私侵害也是不可避免的。我国对于个人信息保护的立法和执法也同样与欧洲和美国的实践有非常大的不同,体现在主要依靠公安部门的打击,多以刑事手段对这一问题进行治理。这些不同也是由不同的国情所决定的。除此之外,从我们展示的数据经济的发展态势来看,这一新的经济形式已然成为我国目前的主要经济增长点之一,也是GDP中的一大非常重要的成分。然而,从分地区的统计结果来看,数据经济的发展在各地区间还存在着较大的差异,而这一差异也直接地与地区间经济发展差异相关。

第四节 本章小结

本章从现实的角度出发,为整个研究的主要结论提供了一些初步证据,在全书的框架中起到了让研究最终落地的作用。由于数据经济就目前来看仍然是一种新兴的经济形式,世界各国在这一领域的发展仍然处于一个非常初步的状态,目前并没有太多、太系统的数据可供我们进行比较严格的经济学分析。因此,本章主要采取的方法是通过收集和整理世界各主要经济体(主要指欧洲、美国和中国)近年来的一些初步研究结果,以求部分地展示目前数据隐私保护和数据经济发展的态势。考虑到本章对不同经济体所收集到的证据通常采用的是不同的统计口径,甚至不同经济体间对数据经济的定义都不尽相同,严格上来说,这些统计数据之间并不具有可比性。然而,我们仍然能够大致地从中得出一些初步的结论,而这些结论在某种程度上也印证了我们在前面几章的模型部分所得到的结果。

本章主要分为三个部分,分别对应于欧洲、美国和中国在隐私保护和数据经济发展态势的描述。首先,我们对欧洲的情况进行了比较详细的研究。在本章所研究的三个经济体中,欧洲(或者说欧盟)在隐私保护方面的起步是最早的,并且从目前来看,保护的执行力度也是最强的。并且,欧洲的相关统计数据相比于美国和中国,也非常丰富、完整和易得。例如 GDPR Enforcement Tracker 网站和 DataLandscape 网站,就为我们提供了非常翔实的数据,让我们能够直接从这些数据中得到一些初步的结论。并且,在欧洲的一些相关的研究报告当中,也对数据经济,而不仅仅是数字经济,给出了具体的定义,并有专门的研究可以查询。鉴于欧洲的数据比较丰富,可以预期在未来,我们能够继续在这方面深入挖掘,进行更多的研究。

相比于欧洲,美国对隐私保护所持有的态度就很不相同了。然而,不可否认的是,就目前来说,美国的数据经济,或称数字信息领域,仍然在全世界占据着主导地位。按照本书的一个主要结论,较强的隐私保护程度在数据经济发展的初期会减缓发展的进程,那么美国在这一领域的快速发展是否就是得益于相对欧洲来说宽松很多的隐私保护政策呢?这一问题非常值得我们在未来的研究中进行深入的思考。

最后,我们将视线移回到国内。相比于欧美,我国的立法体系有着非常大的不同,这也导致了在隐私保护方面的做法采取的是一条与欧美有很大差别的路线。总体来说,由于我国各类隐私侵害事件频发,对于隐私的保护主要依赖公安部门进行的各类打击行动,处理的方法则越来越多地以刑事为主,而罚金方面,相比于欧美的案例来说是非常少的。采用这一形式的发展路径,一方面是由我国一直以来的立法传统所决定的,另一方面则是现实国情的自然选择。从执法强度来看,由于我国采取的是完全不同于欧美的思路,因此无法比较绝对地给出谁的执法力度比较强的结论。此外,从数据经济的发展态势来看,一些证据可以部分证明我国在数据经济领域发展的强劲态势,同时还能反映出全国各地区间发展的差异。这些初步的证据都能够作为本书主要结论的一些佐证。

第九章 结论、启示与展望

第一节 主要结论

本书的研究提出了一个加入了"数据"作为研发过程关键要素的内生经济增长模型，并从公民个人数据隐私保护的角度对当今正蓬勃发展的数据经济在长期的发展趋势给出了一些初步的分析和预测，可以作为数据在长期经济增长的效应这一领域的奠基性研究之一。本书展示的所有研究都一脉相承，相互之间的联系非常紧密。在书的开始，我们从现实中世界各主要经济体(欧洲、美国、中国以及其他一些重要经济体)对个人数据隐私保护的立法实践出发，展示了目前在这一领域人们普遍的一些认识，并初步探讨了几个目前无论是学术界还是业界都非常关心的话题。随后，本书提出了贯穿于全文的基准模型，在这个模型中，数据由消费者的消费活动伴随产生，并由创新型的企业通过支付一定费用从消费者处收集，而消费者数据被使用时则会面临一定程度的隐私泄露风险。基于这一基准模型，我们还提出了若干个相关的扩展模型，以对我们想要描述和刻画的数据经济有一个更加完善的补充。在对基准模型大致有了一个完整的讨论之后，我们还初步提出了另一个新的模型：数据还可以作为副产品通过生产过程产生，而这类数据是不会影响到消费者的个人隐私的，这一新的数据类型将极大地解放隐私问题对数据使用的限制。最后，我们从现实中寻找了一些初步证据，用以佐证之前几章得到的一系列结论。具体来说，本书所得到的结论列示如下。

第一，由第四章所讨论的基准模型，我们可以得到结论：在长期，经济中的消费、产出、技术水平将会沿着相同的正的增长率变化,而数据的使用量将会沿着一个负的增长率变化,即数据在长期的使用会越来越少,直至趋近于零。这一结论来源于数据在本书模型中的一个重要性质:数据被转换成专利的形式保留在经济中,不断地对未来时期的经济增长起作用。另外,通过对比在长期去中心化经济与社会计划者问题的结果,我们还可以得到进一步的结论:在长期,相比于社会最优的社会计划者问题的分配,去中心化经济中研发部门所雇用的劳动力将会处于不足的水平,而与之相对的,所使用的数据量将会高于社会最优的水平。这一结论揭示了去中心化经济中的无效率,也为后面几章讨论关于如何消解这样的无效率奠定了基础。

第二,由第五章所展示的若干个扩展模型,我们还可以得到一些进一步的结论。首先,如果我们参照琼斯和托内蒂(2020)的模型设定,考虑数据具有动态的非竞争性,即在位的中间品生产厂商能够将其先前从消费者处收集来的数据再转手卖给新进入的中间品生产厂商获取一些额外的收益(同时面临自身所持有的专利被新进入的中间品生产厂商由此新产生的专利所取代的创造性破坏风险),而这样的交易行为不会影响到其自身对数据的使用(但数据的重复使用会给消费者带来额外的隐私泄露风险)。在这样的模型设定下,我们发现只要创造性破坏的风险没有达到某些极端情形,去中心化经济下在位的中间品生产厂商总是会倾向于销售高于社会最优水平的历史数据,从而造成了对消费者隐私的额外侵害,而这样的安排是劣于数据由消费者拥有的情形的。除此之外,我们还讨论了不同的数据所有权属产生的影响,具体来说,当数据变为由企业所有的情形时,虽然经济的增长率提升了,但数据的使用增长率在长期也由负值变为了正值,即消费者隐私在长期将受到持续的侵害。最后,我们还讨论了几种可能的政策以试图将去中心化经济的分配接近于社会最优的水平,结果发现:直接对数据的使用进行征税是无法有效地将经济推向社会最优的水平的,而与之相对的是,对研发部门雇用劳动力进行补贴,或是对中间品生产的利润进行补贴,都可以达到我们想要的效果。

第三,由第六章的数值分析结果,我们还可以得到一些关于这个数据经济在到达长期稳态之前的一些过渡态的变化趋势:部分劳动力逐渐地由生产部门移动到研发部门,与此同时,数据使用量的增长率由经济发展初期的正值逐渐下降为长期状态下的负值。这也就是说,在数据经济发展的初期,数据的使用量是会逐渐增多的,而当经济发展到了一定程度之后,数据的使用量在到达某个峰值之后会转而开始下降,直至最后越来越接近于零。同时,如果我们改变经济发展初期的隐私保护力度,那么是能够在一定程度上影响到后期经济的发展状态的。由此,也引申出了关于短期和长期经济发展与公民个人隐私保护权衡关系的讨论。

第四,第七章另外提出了一个新的模型,即除了原有的消费者数据来源形式外,我们还额外假设了数据还可能作为副产品由生产过程产生的新形式。由于这种新的生产者数据的使用并不会影响到消费者的个人隐私,在这样的环境下,我们得到了 BGP 增长率结果要高于基准模型中所得到的增长率。并且,通过将这类新数据与原先所讨论的数据结合在一起构建一个一般化的模型,我们发现随着两类数据在组合时替代弹性的逐渐变化,经济将经历一个从类似于基准模型所描述的消费者数据经济逐渐转向这个具有更高增长率的经济形式。这一结论揭示了利用生产者数据对经济增长的重要性,对于在未来推动下一代数据技术的发展方向具有重要的理论和现实意义。

最后,第八章所收集的关于欧洲、美国和中国一系列经验证据中,我们可以大致地得到一些能够用于佐证上述模型的结论。具体来说,欧洲对公民个人数据隐私的保护是非常严厉的,无论是在立法层面还是在实际执行层面都是如此,而美国在这方面相对来说就显得比较宽松;而与之相对的,我们可以很清楚地看到,美国的数据经济(以互联网企业为代表)发展水平要远远高于欧洲的水平。另外,在讨论我国的隐私保护立法和数据经济发展水平时,由于目前我国的立法实践尚处于起步阶段,且对数据泄露等相关行为的惩罚多以刑事惩罚为主(不同于欧美的以罚款为主),因此不好与欧美的情况直接进行比较。但显然的是,数字(据)经济已经成为我们在未来一段时期内保持经济强劲增长的一大重要动力,在后疫情时代则更显得尤为重要。

第二节　政策启示

本书主要从理论建模的角度,对近几年来新出现的数据经济这一经济形式在长期的可能趋势进行了深入的分析,并从公民个人数据隐私保护的角度给出了许多有价值的政策启示,对于今后在权衡好隐私保护与数据经济发展之间所应作出的各项政策设计提供了理论基础和参考。具体来说,本书的研究主要有以下四点政策方面的启示。

第一,在长期,我们仍然需要通过政策调节企业对个人数据的使用,并且,对于直接作用于数据使用的政策,在制定和执行时应当慎重。由第四章基准模型的结论我们可以得出,在长期,尽管数据的使用量是不断下降的,但相比于社会最优的水平,去中心化经济中的数据使用量仍然是过高的。此外,由第五章第五节的分析可知,在我们的模型设定下,直接对数据使用征税加以限制,在长期是无法将去中心化经济的分配结果推向社会最优水平的。取而代之的是,我们应该对研发部门雇用的劳动力进行补贴,或者直接对中间品生产的利润进行补贴。将这些结论放到现实中考虑,便是政府应当鼓励更多的创新型企业投入研发当中,通过给予用人成本以及生产收益两方面的扶助,达到鼓励创新的目的。例如,近年来南方的许多省份都相继出台了一系列鼓励博士后等高端人才去当地工作的政策,以及对一些创新型企业给予税收等方面的减免,都是现实中对这些政策很好的实践形式。

第二,政府应当有效地规范数据交易市场,避免无序化和过度化造成的对公民个人隐私的额外侵害。从第五章第二节的结论可知,如果在位的中间品生产厂商能够将其在过去时期从消费者处收集来的历史数据转卖给新进入的中间品生产厂商,则只要创造性破坏效应没有增长到比较极端的程度,去中心化经济中的交易水平都会高于社会最优的水平。政策实践层面,政府应当首先识别哪些领域是满足前述条件的,即该领域的创新较为频繁,更新换代的难度较低,而后应该适当地规范和限制这些领域的企业间数据交易行为。具体操作中,目前可以借鉴的做法主要有:加强对数据的脱敏处理、保护数据来源的公民个人隐私等。此外,由第五章第三节所得结论可知,如果数据完全由企业所拥有(即企业不需要为使用数据对消费者进行补偿),则这样的经济中虽然增长率有所提升,但数据的使用量也大幅增加。并且,对比社会计划者问题还可知,这样的安排同样是缺乏效率的。基于这些论述,我们应该期望政府部门有效地规范和约束企业收集公民个人数据的行为,确保数据在被收集的同时公民获得了有效且足够的补偿。

第三,在数据经济发展的初期,政府应当处理好公民个人数据隐私的保护和长期经济增长之间的关系。从第六章的模拟结果可知,尽管在长期数据的使用量会逐渐下降,但在数据经济发展的初期,数据的使用是会不断增多的,并且如果在这一时期对数据使用加以过度限制,还会阻碍数据经济的发展,并对长期造成影响。针对这一问题,从第八章中提供的证据来看,欧洲和美国分别给出了不同的做法,从而取得了截然不同的发展成果。同时,我国也在探索不同于欧美做法的第三条道路,以更好地适应当前的国情和人民群众的需求。

最后,同时也仅仅是一些初步的政策建议,我们应当大力发展如工业物联网大数据这样的新的经济形式。基于新出现的一些经济形式的观察,由第七章所得结果可知,当数据可以通过最终品的生产过程以副产品的形式产生时,由于这种新形式的数据不会对消费者隐私造成影响,将推升经济的增长率。由这一章的结论,当经济逐步地由目前的消费者数据形式转向生产者数据的新形式,将直接地对经济的长期增长形成正向影响,而这一收益与基准模型相比,是更具有实际意义的。

第三节　研究展望

本书的大部分研究仅从理论建模的角度出发，虽然到目前为止，已经对数据经济这一新的经济形式作出了较为全面的论述，相关的工作也获得了国际同行的认可，但未来的研究中仍然有许多工作等待着我们去完成。总结来看，在未来我们主要可以分别从完善理论和寻找实证证据两个方面继续深入地对这一领域进行挖掘。

在完善理论方面，首当其冲的就是对第七章的研究进一步完善。由于篇幅与时间所限，这一章中我们仅仅给出了模型的一些初步结果，并展示了与先前的基准模型相比具有本质区别的发现。在未来的研究中，我们将深入探索造成这一不同的本质原因，讨论可能的政策建议，以及研究过渡状态是否也会有所不同等问题。除了这一研究之外，一个可能的理论建模方向还可以是，讨论企业在由传统的创新模式（即仅雇用劳动力进行研发）转向数据经济的创新模式时，经济将会经历什么样的发展过程。这样的研究对当前各国如何抓住正在进行着的第四次工业革命中的机会具有重要的意义。

实证方面，我们仍将继续努力寻找相关的经验证据，采用创新的方法对本书得出的一系列结论进行检验。同时，由实证研究发现的新的、未预想到的现象，也是新理论产生的一个重要来源，相互之间是相辅相成的关系。因此，在基本搭建好数据经济的理论框架之后，未来的研究工作重心应当逐渐地转移到实证检验上来。

参考文献

［1］郭峰,王靖一,王芳,等.测度中国数字普惠金融发展:指数编制与空间特征
［J］.经济学(季刊),2020,19(4):1401-1418.

［2］洪永淼,汪寿阳.大数据、机器学习与统计学:挑战与机遇［J］.计量经济学报,
2021,1(1):17-35.

［3］姜婷凤,汤珂,刘涛雄.基于在线大数据的中国商品价格粘性研究［J］.经济研
究,2020,55(6):56-72.

［4］纪海龙.数据的私法定位与保护［J］.法学研究,2018,6:72-91.

［5］李海舰,蔡跃洲.中国数字经济前沿(2021):数字经济测度及"十四五"发展
［M］.北京:社会科学文献出版社,2021.

［6］李建军,彭俞超,马思超.普惠金融与中国经济发展:多维度内涵与实证分析
［J］.经济研究,2020,55(4):37-52.

［7］刘航,伏霖,李涛,等.基于中国实践的互联网与数字经济研究——首届互联网
与数字经济论坛综述［J］.经济研究,2019,54(3):204-208.

［8］刘涛雄,汤珂,姜婷凤,等.一种基于在线大数据的高频 CPI 指数的设计及应
用［J］.数量经济技术经济研究,2019,36(9):81-101.

［9］刘涛雄,徐晓飞.互联网搜索行为能帮助我们预测宏观经济吗?［J］.经济研
究,2015,50(12):68-83.

［10］孟雁北.大数据竞争:产业、法律与经济学视角［M］.北京:法律出版社,2020.

［11］邱泽奇,张樹沁,刘世定,等.从数字鸿沟到红利差异——互联网资本的视角
［J］.中国社会科学,2016,10:93-115.

［12］申卫星.论数据用益权［J］.中国社会科学,2020,11:110-131.

［13］王融.数据要素——数据治理:数据政策发展与趋势［M］.北京:电子工业出版
社,2020.

［14］向书坚,吴文君.OECD 数字经济核算研究最新动态及其启示［J］.统计研究,
2018,35(12):3-15.

［15］徐晋.大数据经济学［M］.上海:上海交通大学出版社,2014.

［16］徐明.大数据时代的隐私危机及其侵权法应对［J］.中国法学,2017,1:130-
149.

［17］徐明星,李雯月,王沫凝.通证经济［M］.北京:中信出版社,2019.

［18］徐翔,赵墨非.数据资本与经济增长路径［J］.经济研究,2020,55(10):38-54.

［19］许竹青,郑风田,陈洁."数字鸿沟"还是"信息红利"? 信息的有效供给与农民
的销售价格——一个微观角度的实证研究［J］.经济学(季刊),2013,12(4):
1513-1536.

[20] 张继红.大数据时代金融信息的法律保护[M].北京:法律出版社,2019.

[21] 张新宝.从隐私到个人信息:利益再衡量的理论与制度安排[J].中国法学,2015,3:39-59.

[22] 张勋,万广华,张佳佳,等.数字经济、普惠金融与包容性增长[J].经济研究,2019,54(8):71-86.

[23] ABIS S, VELDKAMP L. The changing economics of knowledge production [J]. Review of Financial Studies, 2023,37(1):89-118.

[24] ACEMOGLU D, CAO D. Innovation by entrants and incumbents [J]. Journal of Economic Theory, 2015,157:255-294.

[25] ACEMOGLU D, MAKHDOUMI A, MALEKIAN A, et al. Too much data: prices and inefficiencies in data markets [J]. American Economic Journal: Microeconomics, 2022,14(4):218-256.

[26] ACQUISTI A, TAYLOR C, WAGMAN L. The economics of privacy [J]. Journal of Economic Literature, 2016,54(2):442-492.

[27] ADMATI A R, PFLEIDERER P. A monopolistic market for information [J]. Journal of Economic Theory, 1986,39(2):400-438.

[28] ADMATI A R, PFLEIDERER P. Direct and indirect sale of information [J]. Econometrica, 1990,58(4):901-928.

[29] AGHION P, HOWITT P. A model of growth through creative destruction [J]. Econometrica, 1992,60(2):323-351.

[30] AGHION P, HOWITT P. Endogenous growth theory [M]. Cambridge: MIT Press,1998.

[31] AGHION P, JONES B F, JONES C I. Artificial intelligence and economic growth [M]//[S.l.]: University of Chicago Press,2019: 237-282.

[32] AKCIGIT U, CELIK M A, GREENWOOD J. Buy, keep, or sell: economic growth and the market for ideas [J]. Econometrica, 2016,84(3):943-984.

[33] AKCIGIT U, LIU Q. The role of information in innovation and competition [J]. Journal of the European Economic Association, 2016,14(4):828-870.

[34] AKÇURA M T, SRINIVASAN K. Research note: customer intimacy and cross-selling strategy [J]. Management Science, 2005,51(6):1007-1012.

[35] AKERLOF G A. The market for "lemons": quality uncertainty and the market mechanism [J]. Quarterly Journal of Economics, 1970,84(3):488-500.

[36] AMOORE L, PIOTUKH V. Life beyond big data: governing with little analytics [J]. Economy and Society, 2015,44(3):341-366.

[37] ATKESON A, CHARI V V, KEHOE P J. Taxing capital income: a bad idea [J]. Federal Reserve Bank of Minneapolis Quarterly Review, 1999,23(3):3-17.

[38] BERGEMANN D, BONATTI A, SMOLIN A. The design and price of information [J]. American Economic Review, 2018,108(1):1-48.

[39] BLOOM N, JONES C I, REENEN J V, et al. Are ideas getting harder to find? [J]. American Economic Review, 2020,110(4):1104-1144.

[40] BOYD D, CRAWFORD K. Critical questions for big data [J]. Information, Communication & Society, 2012,15(5):662 – 679.

[41] BRAULIN F C, VALLETTI T. Selling customer information to competing firms [J]. Economics Letters, 2016,149: 10 – 14.

[42] BROCK W A, TAYLOR M S. The Green Solow model [J]. Journal of Economic Growth, 2010,15(2):127 – 153.

[43] CASADESUS-MASANELL R, HERVAS-DRANE A. Competing with privacy [J]. Management Science, 2015,61(1):229 – 246.

[44] CHANG H F. Patent scope, antitrust policy, and cumulative innovation [J]. RAND Journal of Economics, 1995,26(1):34 – 57.

[45] COASE R. The nature of the firm [J]. Economica, 1937,4:386 – 405.

[46] COASE R. The problem of social cost [J]. Journal of Law & Economics, 1960,3: 1 – 44.

[47] COBLE K H, MISHRA A K, FERRELL S, et al. Big data in agriculture: a challenge for the future [J]. Applied Economic Perspectives & Policy, 2018, 40(1):79 – 96.

[48] COEN R M. Tax policy and investment behavior: a comment [J]. American Economic Review, 1969,59(3):370 – 379.

[49] CONG L W, HOWELL S T. Policy uncertainty and innovation: evidence from initial public offering interventions in China [J]. Management Science, 2021,67(11):7238 – 7261.

[50] CONG L W, WEI W, XIE D, et al. Endogenous growth under multiple uses of data [J]. Journal of Economic Dynamics and Control, 2022,141: 104395.

[51] CONG L W, XIE D, ZHANG L. Knowledge accumulation, privacy, and growth in a data economy [J]. Management Science, 2021,67(10):6480 – 6492.

[52] DOU W, JI Y, REIBSTEIN D, et al. Inalienable customer capital, corporate liquidity, and stock returns [J]. Journal of Finance, 2021,76: 211 – 265.

[53] DUAN Y, JI T, LU Y, et al. Environmental regulations and international trade: a quantitative economic analysis of world pollution emissions [J]. Journal of Public Economics, 2021,203: 10452.

[54] FARBOODI M, VELDKAMP L. Long-run growth of financial data technology [J]. American Economic Review, 2020,110(8):2485 – 2523.

[55] FARBOODI M, VELDKAMP L. A growth model of the data economy [R]. NBER Working Paper 28427,2021.

[56] GALLIPOLI G, MAKRIDIS C A. Structural transformation and the rise of information technology [J]. Journal of Monetary Economics, 2018,97: 91 – 110.

[57] GINOSAR A, ARIEL Y. An analytical framework for online privacy research: what is missing? [J]. Information & Management, 2017,54(7): 948 – 957.

[58] GLAESER E L, KOMINERS S D, LUCA M, et al. Big data and big cities:

the promises and limitations of improved measures of urban life [J]. Economic Inquiry, 2018, 56(1):114 - 137.

[59] GROSSMAN G M, HELPMAN E. Quality ladders in the theory of growth [J]. Review of Economic Studies, 1991, 58(1):43 - 61.

[60] HERMALIN B E, KATZ M L. Privacy, property rights and efficiency: the economics of privacy as secrecy [J]. Quantitative Marketing and Economics, 2006, 4(3):209 - 239.

[61] HIRSHLEIFER J. The private and social value of information and the reward to inventive activity [J]. American Economic Review, 1971, 61(4): 561 - 574.

[62] ICHIHASHI S. Competing data intermediaries [J]. RAND Journal of Economics, 2021, 52(3):515 - 537.

[63] JENTZSCH N. Secondary use of personal data: a welfare analysis [J]. European Journal of Law and Economics, 2017, 44(1):165 - 192.

[64] JONES C I. R&D-based models of economic growth [J]. Journal of Political Economy, 1995, 103(4):759 - 784.

[65] JONES C I. Life and growth [J]. Journal of Political Economy, 2016, 124 (2):539 - 578.

[66] JONES C I. The end of economic growth? unintended consequences of a declining population [J]. American Economic Review, 2022, 112(11): 3489 - 3527.

[67] JONES C I, TONETTI C. Nonrivalry and the economics of data [J]. American Economic Review, 2020, 110(9):2819 - 2858.

[68] JUDD K L. Numerical method in economics [M]. Cambridge: MIT Press, 1998.

[69] KASTL J, KASTL J, PAGNOZZI M, et al. Selling information to competitive firms [J]. RAND Journal of Economics, 2018, 49(1):254 - 282.

[70] LANE J. Big data for public policy: the quadruple helix [J]. Journal of Policy Analysis & Management, 2016, 35(3):708 - 715.

[71] LIAO L, WANG Z, YAN H, et al. When fintech meets privacy: the consequence of personal information misuse in debt collection [Z]. 2020, Unpublished.

[72] LIU J Z, SOCKIN M, XIONG W. Data privacy and temptation [R]. NBER Working Paper 27653, 2020.

[73] LUCAS R E. Labor-capital substitution in U. S. manufacturing [G]// HARBERGER A, BAILEY M J. The taxation of income from capital. Washington, DC: The Brookings Institution, 1969:223 - 274.

[74] MALGIERI G, CUSTERS B. Pricing privacy: the right to know the value of your personal data [J]. Computer Law & Security Review, 2018, 34(2):289 - 303.

[75] MANYIKA J, CHUI M, BROWN B, et al. Big data: the next frontier for innovation, competition and productivity [R]. Institute M. G. McKinsey & Company, 2011.

[76] MARTIN K. The penalty for privacy violations: how privacy violations impact trust online [J]. Journal of Business Research, 2018,82: 103 - 116.

[77] MUELLER M, GRINDAL K. Is it "trade"? data flows and the digital economy [Z]. 2018, Unpublished.

[78] MURPHY R S. Property rights in personal information: an economic defense of privacy [J]. Georgetown Law Journal, 1996,84(7):2381 - 2417.

[79] POSNER R A. The economics of privacy [J]. American Economic Review, 1981,71(2):405409.

[80] REINSEL D, GANTZ J, RYDNING J. The digitalization of the world: from edge to core [R]. 2018, IDC White Paper.

[81] ROBERDS W, SCHREFT S L. Data breaches and identity theft [J]. Journal of Monetary Economics, 2009,56: 918 - 929.

[82] ROMER P M. Increasing returns and long-run growth [J]. Journal of Political Economy, 1986,94(5):1002 - 1037.

[83] ROMER P M. Endogenous technological change [J]. Journal of Political Economy, 1990,98(5):S71 - S102.

[84] SCHUDY S, UTIKAL V. "You must not know about me" — On the willingness to share personal data [J]. Journal of Economic Behavior & Organization, 2017, 141: 1 - 13.

[85] SCHUMPETER J A. The theory of economic development [M]. Cambridge: Harvard University Press, 1934.

[86] SOLOW R M. A contribution to the theory of economic growth [J]. Quarterly Journal of Economics, 1956,70: 65 - 94.

[87] STIGLER G J. The economics of information [J]. Journal of Political Economy, 1961,69(3):213 - 225.

[88] STIGLER G J. Information in the labor market [J]. Journal of Political Economy, 1962,70(5):94 - 105.

[89] STIGLITZ J E, ROTHSCHILD M. Equilibrium in competitive insurance markets: an essay on the economics of imperfect information [J]. Quarterly Journal of Economics, 1976,90(4):629 - 649.

[90] STOKEY N L. Are there limits to growth? [J]. International Economic Review, 1998,39(1):1 - 31.

[91] SUNYAEV A, KANNENGIESSER N, BECK R, et al. Token economy [J]. Business & Information Systems Engineering, 2021,63:457 - 478.

[92] SWAN T W. Economic growth and capital accumulation [J]. Economic Record, 1956,32: 334 - 361.

[93] TAYLOR C R. Consumer privacy and the market for customer information [J]. RAND Journal of Economics, 2004,35(4):631 - 650.

[94] The Economist. Worries about the rise of the gig economy are mostly overblown [J]. The Economist, 2018, Oct. 4th: 64 - 66.

[95] TIKKINEN-PIRI C, ROHUNEN A, MARKKULA J. EU general data protection regulation: changes and implications for personal data collecting companies [J].

Computer Law & Security Review, 2018,34: 134 – 153.

[96] TIROLE J. Economics for the common good [M]. Princeton: Princeton University Press,2017.

[97] Van de WAERDT P J. Information asymmetries: recognizing the limits of the GDPR on the data-driven market [J]. Computer Law & Security Review, 2020,38: 105436.

[98] VARIAN H R. Big data: new tricks for econometrics [J]. Journal of Economic Perspectives, 2014,28(2):3 – 27.

[99] VARIAN H R. Artificial intelligence, economics, and industrial organization [R]. NBER Working Paper 24839, 2018.

[100] VELDKAMP L. Slow boom, sudden crash [J]. Journal of Economic Theory, 2005,124(2):230 – 257.

[101] VELDKAMP L, CHUNG C. Data and the aggregate economy [J]. Journal of Economic Literature, 2019,57(1):3 – 43.

[102] VISSING-JØRGENSEN A. Limited asset market participation and the elasticity of intertemporal substitution [J]. Journal of Political Economy, 2002,110(4):825 – 853.

[103] XIE D, ZHANG L. A generalized model of growth in the data economy [Z]. 2023, Available at SSRN 4333576.

[104] ZEIRA J. Workers, machines, and economic growth [J]. Quarterly Journal of Economics, 1998,113(4):1091 – 1117.

后　记

从 2018 年 1 月确定被清华大学经济学研究所录取之后,我的导师谢丹夏老师便给了我"数字经济长期模型"这一课题让我思考。在当时,数字经济(包括数据经济、数据要素)还是一个鲜少人提及的概念。无论是国内还是国际上,除了一些早期的对数据和个人隐私的法律问题以及微观市场理论进行一些初步探讨的文章以外,几乎找不到可以参考的研究,尤其是在宏观领域的研究。当时对于学术还非常懵懂的我并未意识到研究这一课题将面临的困难,还处在即将踏入清华校园的喜悦之中,便初生牛犊不怕虎地开始了探索。在接下来一年多的时间里,尤其是在系统地上完了博士生的"三高"①课程之后,对经济学研究便有了更深刻的认识,也在这一过程中将我所研究的问题逐渐细化,最后在 2019 年暑假临近结束时形成了论文的初稿。

初稿完成之后不久,我们便发现国际上在经济增长理论领域最为活跃的学者之一——美国斯坦福大学的查尔斯·I.琼斯教授——也在酝酿着一篇与数字经济有关的长期增长模型的工作论文,并已将其放在他的个人主页上。所幸的是,在仔细研读了他的论文之后,我们发现两篇论文从模型设定开始所走的路线就有非常大的不同,由此得到的结论也侧重于数字经济的不同方面。在得知这件事之后,我一方面感到自己在做的事情切切实实地是走在经济学前沿的,为这一领域的"大佬"也在与我们关注同一件事情感到荣幸,另一方面也感

---

① "三高",即一整个学年的《高级微观经济学》《高级宏观经济学》和《高级计量经济学》三门课程。

受到了危机感，如果琼斯先于我们发表了他的文章，那我们的文章是否还能顺利发表出来呢？

事实证明这一担心并不是多余的。琼斯毕竟是三十年如一日地在经济增长理论领域深耕的领军人物，大约在 2019 年年底，他便在个人主页上更新了这篇文章已经拿到了经济学领域顶级期刊《美国经济学评论》（*American Economic Review*）的 R&R（Revise & Resubmit，即国内通常所说的返修）。于是，谢老师邀请了他的多年好友，美国康奈尔大学的丛林（Lin William Cong）副教授加入我们的团队，一起努力将我们的论文尽早发表。2020 年可能对全世界的人来说都是非常特殊的一年，这一年因为新冠肺炎疫情改变了很多事情。还记得从 1 月起丛老师加入之后，他便逐词逐句地对论文进行了非常细致的修改，并在这一过程中教会了我非常多的关于如何更好地展示自己的研究成果的写作技巧，理顺论文的逻辑，最后取得了可以说是脱胎换骨的效果。那段时间因为疫情没法返校而一直待在家里，也给了我大把时间能够沉下心来修改这篇论文，最终完成了一次"艰难的蜕变"。到了 4 月，我们基本上敲定了论文的终稿，并听从丛老师的建议，将论文投稿至《管理科学》（*Management Science*）这一管理类顶级期刊以获得更大的发表机会。到了 6 月中旬，我们顺利拿到了R&R。在经过了大约 4 个月的修改之后，我们在 10 月底将修改稿投回①。最终，在 2020 年 12 月 16 日凌晨 1 点多，我们收到了论文被正式接收的邮件。

乍看之下，对于这一类顶刊来说，从 4 月初次投稿到 12 月正式接收，8 个月的投稿周期可以算是非常非常短的了。就连丛老师在论文被接收的那个晚上都不禁在微信群里感慨："This is relatively less painful than most publications... so in retrospect, our decision to go with MS is good②."现在回想起来，这篇论

---

① 本书第五章的内容就是在回答审稿人的各种问题，这是一个比完成论文正文还要艰辛的过程，给审稿人的回信几乎是正文的两倍长度。
② "这相对大多数的发表来说要轻松很多了，所以回想起来，我们向 MS（*Management Science*）投稿的决定是正确的。"

文的顺利发表正是乘上了数字经济在近几年高速发展的东风,并且因为我们从2018年起就在思考这一问题,所以比别人要占据更大的主动权,因此得以站到理论的前沿。这件事也深刻告诉了我选题的重要性,正是谢老师对未来经济发展趋势的前瞻性把握,以及丛老师一眼就认定了这一方向的发展前景并作出了正确的决策,才有了今天的发表。文章接收之后,我的求职过程很快就变得柳暗花明了。最后,我幸运地加入了中央财经大学国际经济与贸易学院并担任助理教授,实现了我多年以来的理想,正式开启了我的学术职业生涯。并且,我还凭借着这篇论文,顺利地在2023年年底晋升为副教授。现在,当我带着学生写论文时,也同样会鼓励他们要不畏困难,勇于解决最前沿的学术问题。也只有这样,才能算得上是真正的研究。

本书所展示的研究是我们团队在数字经济领域研究的首轮成果,是基于本人的博士学位论文改写而成的。在2021年获得博士学位之后,本人以及谢老师领导的研究团队中的其他成员们又相继完成了多篇数字经济领域的相关论文。例如,有考虑数据要素进入人力资本积累过程的、有考虑数据基础设施对数据经济增长的限制性作用的,还有尝试将数据增长模型扩展至国际背景下的研究等。这些文章都有较高的质量,可以预期,在未来都有希望发表于国际权威期刊上。读者如对笔者以及所在研究团队的系列研究感兴趣,可访问清华大学社会科学学院谢丹夏副教授的个人主页,也可访问笔者的个人主页(http://longtianzhang.com)以查看最新的研究进展。同时,也欢迎各位学术同仁与笔者取得联系,一起讨论数字经济相关的学术问题。

当代经济学创新丛书

第一辑(已出版)

《中国资源配置效率研究》(陈登科　著)

《中国与全球产业链:理论与实证》(崔晓敏　著)

《气候变化与经济发展:综合评估建模方法及其应用》(米志付　著)

《人民币汇率与中国出口企业行为研究:基于企业异质性视角的理论与实证分析》(许家云　著)

《贸易自由化、融资约束与中国外贸转型升级》(张洪胜　著)

第二辑(已出版)

《家庭资源分配决策与人力资本形成》(李长洪　著)

《资本信息化的影响研究:基于劳动力市场和企业生产组织的视角》(邵文波　著)

《机会平等与空间选择》(孙三百　著)

《规模还是效率:政企联系与我国民营企业发展》(于蔚　著)

《市场设计应用研究:基于资源配置效率与公平视角的分析》(焦振华　著)

第三辑(待出版)

《中国高铁、贸易成本和企业出口研究》(俞峰　著)

《从全球价值链到国内价值链:价值链增长效应的中国故事》(苏丹妮　著)

《市场结构、创新与经济增长:基于最低工资、专利保护和研发补贴的分析》(王熙麟　著)

《数据要素、数据隐私保护与经济增长》(张龙天　著)

《中国地方政府的环境治理:政策演进与效果分析》(金刚　著)

图书在版编目(CIP)数据

数据要素、数据隐私保护与经济增长/张龙天著.—上海：
上海三联书店,2024.7
(当代经济学创新丛书/夏斌主编)
ISBN 978－7－5426－8503－2

Ⅰ.①数…　Ⅱ.①张…　Ⅲ.①信息经济－研究
Ⅳ.①F062.5

中国国家版本馆 CIP 数据核字(2024)第 088928 号

数据要素、数据隐私保护与经济增长

著　　者 / 张龙天

责任编辑 / 李　英
装帧设计 / 徐　徐
监　　制 / 姚　军
责任校对 / 王凌霄　章爱娜

出版发行 / 上海三联书店
　　　　　(200041)中国上海市静安区威海路 755 号 30 楼
邮　　箱 / sdxsanlian@sina.com
联系电话 / 编辑部：021－22895517
　　　　　发行部：021－22895559
印　　刷 / 苏州市越洋印刷有限公司

版　　次 / 2024 年 7 月第 1 版
印　　次 / 2024 年 7 月第 1 次印刷
开　　本 / 655mm×960mm　1/16
字　　数 / 220 千字
印　　张 / 16
书　　号 / ISBN 978－7－5426－8503－2/F・916
定　　价 / 58.00 元

敬启读者,如发现本书有印装质量问题,请与印刷厂联系 0512－68180628